当代河南教育发展报告

A REPORT ON THE DEVELOPMENT OF
THE CONTEMPORARY HENAN'S EDUCATION

胡大白／主编   王建庄／执行主编

当代河南幼儿教育
发展报告

A REPORT ON
THE DEVELOPMENT OF THE CONTEMPORARY HENAN'S
PRESCHOOL EDUCATION

贾全明／著

社会科学文献出版社
SOCIAL SCIENCES ACADEMIC PRESS (CHINA)

作者简介

贾全明　硕士，黄河科技学院讲师，河南民办教育研究院研究员。2007年入职黄河科技学院以来，主要从事教育史、民办高等教育发展、高等教育政策与管理方面的研究工作。自2009年起，主持或参与民办教育研究相关的省级以上课题7项。2016年10月，参与筹建黄河科技学院势科学与信息动力学研究中心，对势科学与教育动力学有较为深入的研究。自2017年起，参与"河南民办教育蓝皮书"的研创工作，对当代民办教育发展及民办教育的组织转型、发展模式、办学特色构建进行了系统研究，先后参与《中国民办教育通史》《河南民办教育发展报告（2017）》《黄河科技学院志》《黄河科技学院校史》《创新人才培养新论》等著作的编写、研创工作。

总　序

　　中华人民共和国成立 70 年来，河南教育实现了跨越式发展。一是教育优先发展的战略地位得到确立：省委省政府把教育放在经济和社会发展的基础性、先导性、全局性的位置，逐步确立了教育事业优先发展的战略地位。二是发生了"三个转变"：其一，在体制上由适应计划经济到适应市场经济转变；其二，在发展方式上由注重规模扩张到注重科学发展转变；其三，在人才培养模式上由知识本位到注重提高综合素质转变。三是实现了"六个跨越"：其一，义务教育实现了由"人民教育人民办"向"人民教育政府办"的跨越；其二，职业教育实现了由薄弱徘徊到快速发展的跨越；其三，高等教育实现了由精英教育向大众化教育的跨越，正在迈过普及化的门槛；其四，实现了由文盲、半文盲的大省向教育大省的跨越；其五，教育结构实现了由单一普通教育到现代国民教育的跨越；其六，实现了办学主体由单一政府办学到多元化办学的跨越，民办教育和中外合作办学快速发展，正在成为教育改革发展的重要力量。

　　河南教育经过 70 年的发展，实现了规模扩张。1949 年，全省各级各类学校在校生 144.46 万人，仅占全省总人口 4174 万人的 3.46%。到 2019 年，全省各级各类学校在校生达到 2677.10 万人，比 1949 年增加 2532.64 万人，是 1949 年的 18.53 倍，占全省总人口 10952 万人的 24.44%。学前教育毛入学率达到 89.50%，九年义务教育巩固率达到 95.45%，高中阶段毛入学率达到 91.62%，高等教育毛入学率达到 49.28%。

　　河南教育 70 年取得的成就离不开党的正确领导。从新中国成立到 1956 年，河南省各级政府和广大教育工作者在中国共产党的领导下，完成了对旧教育的根本改造，并在此基础上，实现了从新民主主义教育向社会主义教育的过渡。1957年党和国家教育方针的提出，为教育的发展确立了方向。"文化大革命"结束后，特别是党的十一届三中全会后，省委省政府"科教兴豫"的战略方针为教育的发展开辟了广阔的前景，增添了巨大的活力。2018年9月，习近平总书记在全国教育大会上强调指出，教育是国之大计、党之大计，教育的根本任务是立德树人，工作目标是凝聚人心、完善人格、开发人力、培育人才、造福人民。自全国教育大会召开以来，全省上下把思想和行动统一到习近平总书记关于教育的重要论述上来，围绕立德树人这一根本任务，强化举措、补齐短板、提升质量，加快推进教育现代化，建设教育强省，办好人民满意的教育，为中部崛起、中原更加出彩提供强大支撑。

70年来的社会稳定和经济繁荣提供了教育的发展动力。社会长期的安定团结有利于教育工作的开展，发展经济需要掌握先进技术的高级科技人才，而且需要大批有一定文化科学知识的熟练劳动力。同时，经济的发展也为教育的发展提供了经费保障和发展的动力。读书改变生活、教育改变命运一度成为较为流行的一种价值观，极大地刺激了教育的发展。

科学技术的发展也推动着河南教育的进步。随着以核子、电子技术为代表的新的科学技术的应用，社会生产力迅速发展。机械化、电子化、智能化设备逐步在相关产业活动中普及，不仅发达的高科技产业渴求人才，社会需要的各类经济、管理、法律等相关人才也亟须提高水平和增加供给。这不仅促进高等教育有了较大的发展，而且高等教育的内容也随着新科技的发展和需要进行了大幅度的变革。

不可回避的是，70年来的教育发展和改革并不是一帆风顺的。对短期利益的追求，导致基础教育教师流失率、学生辍学率上升。同时，教育的大发展也带来了数量和质量的矛盾。教育质量下降、教育不能适应社会经济发展的需要给很多人带来了困惑。优质高等教育资源匮乏，河南考生承受着其他省市考生不能承受的高考之重。教育向何处去，新的出路在哪里，如何评估大众化、普及化后的各级各类教育，如何找到普及与提高的平衡点，各级各类教育应如何适应科技革命的发展和挑战，远距离教育、数字化教育、终身教育、合作教育该如何开展，这些都是我们应该思考的问题。

70年的教育发展和改革为我们提供了极其丰富的经验和教训，在中华人民共和国成立 70 周年之际，总结这个时代的教育，把握教育发展的本质特征和规律，实在是当务之急。这也是我们出版《当代河南教育发展报告》的旨趣所在。

《当代河南教育发展报告》立足于当代河南的教育发展，高等教育、基础教育、学前教育、民办教育、职业教育等几个方面独立设卷，单独成册，分别对河南教育 70 年的发展进行了回溯性研究，对其中的成就、经验和教训进行了客观的总结。对与教育发展整体相关的管理体制、投资体制、教研管理等部分专设一册，既可以与其他几卷相互补充，又对相关部分做了系统和重点的论述。参与研创的人员历时三年，长期在河南省档案馆、各市区（县）档案馆和河南省图书馆以及有关高校图书馆认真查找资料，用翔实的数据和丰富的第一手资料来反映河南教育发展的轨迹。

河南教育事业虽然取得了令人瞩目的成就，但与人民群众日益增长的对优质教育的需求还有一定距离。优质高等教育资源的紧缺和希望接受优质高等教育资源考生过多的矛盾、人民群众对优质教育的需要和不平衡不充分的发展之间的矛盾依然存在。本书在全面介绍河南教育发展成就的前提下，也对当前河南教育发展存在的短板进行了初步剖析。

社会科学文献出版社出于对教育事业的热忱和支持，组织力量承担了这套丛书的出版工作，诚为一件很有远见、很有意义的工作。

由于时间仓促，加之作者水平有限，本书肯定存在不少有待提高之处，期待方家指正。

胡大白

2019 年 9 月 28 日

目　录

引　言

　　幼儿教育主要指的是对 3~6 岁年龄阶段的幼儿所实施的教育,幼儿教育是学前教育或者说早期教育的后半阶段,前面与 0~3 岁的婴儿教育衔接,后面与初等教育衔接,是一个人教育与发展的重要而特殊的阶段。"重要"指的是它是一个人发展的奠基时期,许多重要能力、个性品质在这个时期形成基本特点;"特殊"指的是这个阶段是儿童身心发展从最初的不定型到基本定型,转而可以开始按社会需求来学习并获得发展的过渡时期。

　　我国对幼儿教育性质的认识经历了一个从"福利性"到"教育性"的曲折过程。从新中国成立之初到 20 世纪 80 年代末,我国的幼儿教育被定位为"社会公共福利事业"。政府、企业办有许多幼儿园,为职工提供"托幼服务",其目的在于解除父母的后顾之忧,特别是将妇女从家庭事务中解脱出来。20 世纪 80 年代以后,随着改革开放的深入,国有企业纷纷改制,绝大部分企业开办的托儿所、幼儿园进入了市场。社会各界对幼儿教育的定位发生了变化,幼儿教育的"福利性"逐渐被弱化,"教育性""社会主义教育事业的重要组成部分"日益成为社会各界对学前教育的共识。

　　与这一认识过程相伴的是对幼儿教育作用的认识的变化,也相应地经历了从"一切为革命,一切为孩子"向"一切为孩子,一切为生产"转化,再发展为"倡导树立'爱护儿童,教育儿童,为儿童做表率,为儿童办实事'的公民意识",保护所有儿童的最大权益,为其提供适宜的幼儿教育环境等,是全社会的责任和使命的过程。随着对幼儿教育性质和作用的认识的逐渐转变,全社会对幼儿教育基础性、社会性、公益性地位的认识也日渐清晰和强化。

　　新中国成立 70 年来,在党和政府的高度重视下,在全省人民的共同努力和奋斗下，河南幼儿教育从 1949 年的几乎毫无基础，发展到 2018 年底的拥有 22128 所幼儿园，在园幼儿 437.99 万人，教职工 36.77 万人的规模，学前三年幼儿毛入园率达到 88.13%。无论是园所数量还是在园幼儿数量，都达到了全国总量的近 1/10。一个多规格、多层次、多形式、多渠道办幼教的格局已经形成。在 70 年的发展中，河南幼儿教育事业既有曲折和波澜，又有艰辛和探索；既有令人欣悦的成功经验，又有发人深省的失误和教训；既离不开各级党和政府的引导和全省人民的大力支持，又离不开全省幼教工作者的辛勤耕耘。特别是近年来，河南省坚持从幼儿教育的基础性、社会性和公益性出发，深化幼儿教育体制改革，开创了一条符合河南省情的、以民办园为主体的道路，极大地提高了幼儿教育的质量。

第一章　破茧重生 奠定基础
（1950～1966 年）

第一节　新中国成立前极端薄弱的发展基础

　　回顾中国教育发展的历史，幼儿教育作为一个独立的学段得到关注的时间很晚，在很长一段时间里，6 岁以下儿童的教育还是以家庭教育的形态而存在的。家庭以外的幼儿教育机构带有很强的社会救助性质。乾隆二十三年（1758），唐县知县黄梅在县城东建蒙养义学 1 所，这是南阳最早的幼儿教养场所。光绪三十年（1904），清政府颁布了我国第一个涵盖幼儿教育阶段的法规——《癸卯学制》（即《奏定学堂章程》），确定了幼儿教育在学制中的地位，并设专章"奏定蒙养院章程及家庭教育法章程"以规范幼儿教育。该章程的第三、四节建议："凡各省府厅州县以及极大市镇，现在均有育婴堂及敬节堂，兹即于育婴、敬节二堂内附设蒙养院。"光绪二十八年至三十四年（1902～1908），河南各地创设了一批蒙养院。光绪三十二年（1906），全省蒙养院 53 所，入院儿童 547 人。次年，入院儿童增加到 903人。当时的蒙养院条件简陋，且集中在罗山县。光绪三十四年（1908），全省蒙养院发展到 57 所。宣统元年（1909），上蔡县立蒙养院 40 所，为当时河南省蒙养院最多的县。

　　光绪三十三年（1907），清政府颁布《女子师范学堂章程》规定："女子师范学堂当设附属女子小学堂及蒙养院一所。"宣统三年（1911），河南省城开封省立女子师范学堂附设一蒙养儿童班，招收儿童 33 名，这是河南具有现代教育性质的幼儿教育的开始。1912 年 9 月公布的《师范教育令》

和 1915 年 7 月公布的《国民学校令》，都分别要求在女子师范学校和国民学校内附设蒙养园。有名无实的蒙养院改为蒙养园，第一次将其从慈善机构中剥离出来，附设于学校，使之具有教育性。省立第一师范附属小学、省立女子师范附属小学及其他省立师范附属小学相继附设幼稚园。1913 年，开封县立第一小学创议设立幼稚园，但未能实现。

辛亥革命后，开封等处幼教机构已改称幼稚园，幼儿教育机构一般都附设在女子师范学校和小学内，从 20 世纪 20 年代至 30 年代在全省渐趋发展。1922 年到 1926 年，省立信阳师范附小附设幼稚园（1 班 40 人），信阳县始有正规的幼儿教育。1926 年扶沟县创设 1 所，1928 年春许昌县立第一小学附设 1 所，1929 年扶沟练寺镇三民小学附设 1 所。1931 年，通许、密县、汲县、汝南、郏县、西平等县先后设立幼稚园。1931 年，西平县在城内县立女子小学附设幼稚园 1 班，西平县幼稚园组织健全，是当时全省最为完备的幼稚园。设主任 1 人，主持全面工作。下分研究、保育、事务三系，各系设主任 1 人。研究系又分艺术、游戏、讲话、识字、计算五科，保育系又分养护、集会、校运、调查四股，事务系则分交际、事务、学籍三股。学生分为四班，程度不同，每季都可升级。

1932 年孟津县又创设 1 所；新乡县立第一小学附设幼稚园 1 班，幼儿 30 人，有教工 8 人。1932 年，信阳县境内自然灾害严重，冬来大雪十日不止，流浪孤儿日增，地方筹建庇寒所（民间称"信阳孤儿院"），计募款 1500 银元，两次收孤儿 98 人，延师教孤儿识字、学习园艺等方面知识。安阳县于 1933 年前后在安阳县立女子师范学校附设幼儿园 1 所（在县西街），有幼儿 1 班，教师 2 人。至 1933 年，全省省立师范附属小学共附设幼稚园 8 所（班）。1934 年，济源县立第二小学附设幼稚园 1 班，人数不详。1934 年，河南全省幼稚园有公立 34 所，私立 3 所，其中，在开封设 4 所，伊川县设 3 所，汲县、武安、济源、西华、上蔡、信阳 6 县各设 2 所，郏县、通许、荥阳、安阳、滑县、涉县、新乡、辉县、获嘉、许昌、襄城、鄢陵、扶沟、沈丘、西平、洛阳、孟津、郏县等 18 县各设 1 所，入园幼儿共 1396 人。到全面抗战前的 1936 年，全省幼稚园达到 84 所，入园幼儿达 2705 人，教职工 100 人。

全面抗战爆发后，日军入侵河南，开封及许多县相继沦陷，省立师范附属小学多随师范迁移豫西山区，幼稚园也多停办，只有少数未沦陷县的幼稚园还存在。1938 年，孟县有私立和公立育幼园各 1 处，至 1942 年育幼园增至 7 处，年入园幼儿 240 余名，多为收容战乱和灾荒年景失去抚养之童婴。1938 年 1 月，南阳县于县城内红庙（今中药厂）设立儿童教养院，收容儿童 80 余人，经费由县财政开支。儿童在教养院里，除在生活上给予必要的供应外，还对他们进行文化启蒙教育。安阳沦陷后，1940 年，在城内小颜巷路北成立彰德县立幼稚园 1 所。抗日战争胜利后，幼稚园逐步恢复和发展。1946 年，河南省共有幼稚园 60 所，在园幼儿 9051 人，其中男童 7378 人，女童 1673 人，教职工 85 人。1947 年，新乡县第一国民学校附设幼稚园 1 所。

1939 年 12 月，南京国民政府教育部公布的《幼稚园规程》规定，幼稚园收受 4 周岁及以上至 6 周岁及以下之儿童，予以 1 年或 2 年以上之保育，但必要时得呈准主管教育行政机关，收受未满 3 周岁的婴儿予以保育。1943 年 12 月，教育部废止《幼稚园规程》，颁布《幼稚园设置办法》，规定幼稚园附设于国民学校中心学校或小学并得单独设置。幼稚园由各市、县政府视地方需要及经济能力设置，各级师资训练机关及私人亦可设置。20 世纪 40 年代，独立设置的幼稚园逐渐增多，有教育部门办园，有社会团体、群众团体和私人办园。幼儿按年龄分为大、小班（组），办园形式有整托、午托或整托兼午托、午托兼整托。

私人办理及其他民间办理的幼儿教育机构数量极少，见于各地方志记载的有：宣统三年（1911），崔本裕、田光华分别在南阳县潦河坡、董营创办幼稚园，是较早的民办幼儿教育机构。1937 年 3 月，由焦作中原公司教育处创办一所幼稚园。1942 年，南阳芳林酒精有限公司经理邸士林在城内（今南阳市十小）创办私立士林幼儿园，入园儿童 30 余人。该园经费由邸士林筹集，除课桌、小凳等应有的教学设备外，还有少量供儿童游戏的玩具。入园儿童服装统一，很有生气。该园设备虽然简陋，但教师认真负责，教学秩序良好，深受群众好评。该园于 1946 年停办。1942 年，由旅居界首、许昌等地的济源籍商民捐资，办过一所儿童保育院，收容童婴 75 人，配备工作人员 8 人。院里除供给童婴伙食外，还备有被褥、桌凳，供其作息应用，每日上、下午由指导员教童婴唱歌、识字，经费开支除旅外济源籍商民捐助外，不足部分由地方募捐和庙产课租弥补。

教会组织也在河南办有少量的幼儿教育机构。1917 年 2 月，中华圣公会在开封创办幼稚园一班，收幼儿 10 名。1921 年，意大利传教士安西满在南阳县靳岗天主教堂创办西满幼稚园。其经费由教会拨给，教师由修女担任，入园儿童 50 名左右。1945 年，南阳天主教会在德星女子小学（今联合街中段）内附设 1 个幼稚班，所需经费由教会承担。共收 2 个班，80 名幼儿，教职工 4 名，另有修女任保育员。

幼稚园招收的对象，多是官僚、地主、资产阶级子女，劳动人民子女无权入园，即使偶尔有入园的也倍受歧视。

在中国共产党领导的河南境内各革命根据地，开始时对军、工、烈属的幼儿采用公费分散托养于农民家中的办法。随着革命根据地的巩固与发展，逐渐创办起有组织和集中的幼儿教育。冀鲁豫保育院成立于 1944 年 5 月，最初设于冀鲁豫抗日根据地境内的范县（今山东省莘县南部和河南省范县的西部），直属平原分局组织部领导。随着战争形势的变化，曾多次与军队一起辗转迁徙，游击设院于范县、寿张和菏泽地区的东北部双庙、陈庄等地。1949 年 8 月，平原省人民政府成立，该保育院也随人民政府由农村迁往城市——新乡市，改名为平原省保育院，现为新乡市育才幼儿园。

保育院成立之初，上级抽调两名干部进行组织管理，一名叫樊策，一名叫张玉合，当时正值战争年代，缺少经过专门训练的保育员，于是采取谁送孩子谁找保姆或奶妈，同孩子一起入保育院的措施。后来，保育院逐渐发展，工作人员也逐步配备齐全，其组织机构有政委、院长（实际上只有副院长），下设三个科：卫生科、保育科和总务科。卫生科即妇产科，配有医生、助产士和护士，负责接生与治疗；保育科有保育员和保姆；总务科之下又设会计、炊事班和保管员，全院计有工作人员 50 多人，1947 年秋，将妇产科移交冀鲁豫区哈利生医院，余有保育科和总务科。第一任政委是樊策，1945 年春第二任政委由余冰一接任，副院长是任苏。

保育院的主要任务是抚养、保育革命军人和革命干部的幼小子女，特别是要解决革命队伍中女同志生、养子女的困难问题，其方针是"一切为了革命""一切为了孩子"，保障革命者的子女生命安全和健康，重视对儿童的品德教育和智力培养。

保育院的经费全部由边区政府负担，儿童免费长期住院，工作人员实行供给制。为了保证儿童健康成长，院内喂养了 20 多只奶羊，供婴儿和产妇使用。院内接收幼儿最多时达 60 余人，还接受过被俘的日军的产妇和儿童。

冀鲁豫保育院从成立到迁往新乡市历时 7 年，为教养革命后代和抗日战争、解放战争的胜利作出了贡献。

1947 年，沁阳二次解放，民主政府重视发展幼儿教育，当时全县各初级小学基本上校校附设幼稚班。1949 年 5 月，全县 8 个区入幼稚班幼儿共2371 人，其中女童 768 人。

在解放战争后期，中国人民解放军每到一地，均对学校及其教师奉行保护政策，从而也惠及幼稚园及其保教人员。1948 年 1 月 18 日，毛泽东发出《关于目前党的政策中的几个重要问题》的指示。其中，重申了党的知识分子政策：对于学生、教员、教授、科学工作者、艺术工作者和一般知识分子，必须避免采取任何冒险政策。……中国学生运动和革命斗争的经验证明，学生、教员、教授、科学工作者、艺术工作者和一般知识分子的绝大多数，是可以参加革命或者保持中立的，坚决的反革命分子只占极少数。[①] 为此，他明确要求，对知识分子实行保护、团结、教育和任用的政策。

1948 年 6 月 20 日，中共中央发出《关于保护和改革新收复区学校教育的方针给中原局宣传部的指示》，要求对于当地学校教育，"应采取严格的保护政策。我军所到之处，不许侵犯学校的财产、图书、仪器及各种设备"。同年 12 月 23 日，中国人民解放军平津前线司令部布告军民："保护学校、医院、文化教育机关、体育场所及其他一切公共建筑，任何人不得破坏，学校教职员、文化教育卫生机关及其他社会公益机关供职的人员，均望照常供职，本军一律保护，不受侵犯。"[②] 1949 年 4 月 25 日，毛泽东、朱德又在《中国人民解放军布告》中，重申了"保护一切公私学校"的精神。在整个解放战争中，保护学校和教师的指令始终得以严格执行。大多

---

① 《毛泽东选集》第 4 卷，第 1212～1213 页。

② 中国教育科学研究所编《中国现代教育大事记》，教育科学出版社，1988，第 622 页。

省区在成立政府前，均由军管会下设的文教组以就地维持、尽快复课为原则负责接收工作。新中国成立前，河南全省仅有 7 所幼儿园，在园幼儿500 人。

第二节　社会主义幼儿教育事业的奠基

1949 年 10 月，中华人民共和国成立，中国幼儿教育事业获得新生。1949 年 11 月，中央人民政府教育部成立，在初等教育司内设置幼儿教育处。1952 年 11 月，中央人民政府委员会第 19 次会议决定成立高等教育部，中央教育部机构相应调整，幼儿教育处由原来的司属处调整为部的一个直属单位。幼儿教育事业在中央教育部直接领导下迅速发展。

1949 年 12 月 23～31 日，第一次全国教育工作会议在北京召开。会上确立的"教育改造"的方针为："以老解放区新教育经验为基础，吸收旧教育有用经验，借助苏联经验，建设新民主主义教育。"其中又要求："老区教育，现在以巩固与提高为主，解决师资、教材问题。""新区教育工作的关键，是争取、团结、改造知识分子。此外，必须维持原有学校逐步改善。"这项方针的核心精神是，借助苏联的教育模式，用以取代此前的美国模式，此即为"教育改造方针"。1950 年 5 月 1 日，时任教育部副部长钱俊瑞在《人民教育》创刊号上发表《当前教育建设的方针》一文，指出"为工农服务"是苏联教育的基本经验之一，新中国的教育亦当奉之为圭臬，此即为"教育建设方针"的重心之一。为解除工农的后顾之忧，举办大批托儿所、幼儿园也就成为必要选择，这在 1951 年 8 月召开的第一次全国初等教育工作会议上更是得以进一步明确。

根据《中国人民政治协商会议共同纲领》规定的"妇女在政治的、经济的、文化教育的、社会的生活各方面，均有与男子平等的权利"，要"注意保护母亲、婴儿和儿童的健康"和第一次全国教育工作会议精神，教育部幼儿教育处认为当时的"幼稚园""一般是旧社会的遗产"，应该"有计划有步骤地进行改造"；同时要"有计划地培养典型，创造经验，打好基础，准备迎接经济建设高潮到来的文教建设高潮中发展学前教育的新任务"。幼儿教育面临着改造旧教育和建设新民主主义教育并进的任务。

1949 年 12 月，河南省开始对幼儿园进行改造、整顿和创建。在开封，把原设在小学的幼稚班改为全日制幼儿园，增加班次，发展幼儿入园，同时将 2 所民办幼稚园改成为寄宿制幼儿园。在郑州，由市政府、市民政局创办幼儿园，吸收市局机关干部职工子弟入园。

1950 年 8 月 8 日，中央人民政府财政部公布利息所得税的三项免税规定：①教育、文化、公益、救济机关或团体之全部用于本事业之事业基金，其定期存款之利息所得，免税。惟存款人须事先将证明文件报经税务机关核准，交由付息人保存备查。②银钱业之放款，及其总分支机构或同业间往来款项之利息所得，免税。③投资于企业之股息所得，免税。

1950 年下半年，中共河南省委行政处育英托儿所交省民政厅领导，吸收县团级以上干部的学前幼儿入园，不久改名育英幼儿园，后又改名省实验幼儿园。1951 年 1 月，河南省按照教育部指示，接收了帝国主义国家设在全省各地的"孤儿院""慈幼院""育婴堂"等，收回了幼儿教育的自主权。除接管的旧有幼儿园外，新中国成立初期新建的幼儿教育机构主要有四类。一是各级机关儿童保育院。二是学校附属幼儿园或幼儿班。1951 年，信阳师范学校附属小学创办 1 所幼稚园，入园幼儿 2 班 75 人，保教人员 4 人。1952 年改称幼儿园，全区办有 2 所，入园幼儿 4 班 165 人，保教人员 9 人。1951 年，汝南县城关一小附设幼儿园 1 班。次年驻马店三小附设幼儿园 1 班，为新中国成立后全区最早开办的幼儿园。三是教育部门办的独立幼儿园。四是工厂企业附设的幼儿班或托儿所。1951 年 12 月焦作矿区第一所幼儿园——焦作矿务局幼儿园建立，当时仅有保教员 4 人，幼儿 7 人。

1951 年 9 月，第一次全国初等教育会议讨论通过了《幼儿园暂行规程（草案）》（以下简称《规程》），1952 年 3 月 18 日，由教育部正式颁发，成为规范幼儿园教育办理的重要法规。《规程》共分 8 章 43 条。章目顺序为：①总则；②学制；③设置、领导、教养原则；④教养活动项目；⑤入园、结业；⑥组织、编制；⑦会议制度、经费、设备；⑧附则。《规程》所确定的主要目标有四：一是培养幼儿基本的卫生习惯，注意其营养，锻炼其体格，保证幼儿身体的正常发育和健康；二是培养幼儿正确运用感官和语言的基本能力，增进其对于环境的认识，以发展幼儿的智力；三是培养幼儿爱国思想、国民公德和诚实、勇敢、团结、友爱、守纪律、有礼貌等优良品质和习惯；四是培养幼儿爱美的观念和兴趣，增进其想象力和创造力。[①]

《规程》在学制项下规定，"幼儿园以收三足岁到七足岁的幼儿为标准"；幼儿园分整日制、寄宿制和季节性三类。"整日制幼儿园，幼儿每日在园时间，以八小时至十二小时为标准"；"季节性幼儿园，以便利在农业、游牧、渔业和蚕业等地区的劳动妇女进行生产"；"为便利妇女工作，以不放寒、暑假为原则"。幼儿园必须承担教育幼儿和便利妇女参加社会建设的双重任务。办园形式的多样和幼儿在园时间的延长，解除了劳动妇女的后顾之忧。

《规程》规定了幼儿园的教养原则：一须"根据幼儿的年龄特点"，二须"使教养内容与幼儿实际生活相结合"，三须"培养其主动性和独立活动的能力和习惯"，四须"使幼儿习惯于集体生活"，五须"使必须作业、选修作业以及户外活动配合进行"，六须"使幼儿家庭教育和幼儿园教育密切配合"。

有关幼儿园教养活动的项目，具体规定为：一、体育（包括日常生活、卫生习惯、体操、游戏、舞蹈和律动等）；二、语言（包括谈话、讲述故事、歌谣、谜语）；三、认识环境（包括日常生活环境、社会环境、自然环境）；四、图画、手工（包括图画、纸工、泥工、其他材料作业等）；五、音乐（包括唱歌、表情唱歌、听音乐、乐器、表演）；六、计算（包括认识数目、心算、度量）。明确规定了"幼儿园不进行识字教育，并不举行测验"。

关于幼儿园的组织和编制，《规程》规定"每一幼儿园所设班数，以三班至四班为原则"；"幼儿园分设小、中、大班"，小班招收 3~5 足岁幼儿（每班人数 15~25 人），中班招收 5~6 足岁幼儿（每班人数 20~35 人），大班招收 6~7 足岁幼儿（每班人数 20~35 人）；"幼儿园采取园长责任制"，"幼儿园园长，应兼任教养员"，"幼儿园各班采教养员责任制，每班设教养

---

① 《中国教育年鉴》编辑部编《中国教育年鉴（1949~1981）》，中国大百科全书出版社，1984，第 725 页。

员 2 人”，"幼儿园设生活助理员（每班 1 人）"，"并得酌设医生"。①

1951 年 10 月，《政务院关于改革学制的决定》明确规定："实施幼儿教育的组织为幼儿园。幼儿园收三足岁至七足岁的幼儿，使他们的身心在入小学前获得健全的发育。幼儿园应在有条件的城市中首先设立，然后逐步推广。要求从 1952 年至 1957 年，在全国基本完成学制改革的工作。该学制依照新中国成立初期"教育改造方针"和"教育建设方针"订立，特别突出了"教育为国家建设服务""学校向工农开门"的实施原则，将成人教育和政治教育均纳入学制系统，使之成为中国近现代学制建设史上第一个具有"社会本位"色彩的法令化学制系统。《关于改革学制的决定》也是新中国成立以来的第一个学制规定。幼儿教育被列入学制体系之中，成为小学教育的基础。至此，自 1922 年壬戌学制定名的、沿用了 30 年的"幼稚园"，从此改称"幼儿园"。幼儿教育由蒙养院（园）制度、幼稚园制度时期迈入了幼儿园制度发展时期。

1952 年，焦作机器厂为解决带孩子女职工上班困难问题，在本厂 30 平方米的油毡棚下，建立了局属企业最早的一个托儿所。当时，有保育员 5人，入托婴儿 20 多个。1958 年，该厂又建立了幼儿园，有房子 11 间，入托幼儿 30 多人。1965 年，局属企业增加到 14 个，有 10 个企业办起了托儿所。1952 年，安阳市北关区豫北纺织厂建立厂办幼儿园，为安阳市企业出现最早的幼儿园。

1952 年 6 月 14 日，毛泽东在北京市委呈报的《关于北京市中小学校学生负担及生活情况的报告》上批示："如有可能，应全部接管私立中小学。"教育部遵照批示精神，于同年 9 月 10 日发出通知，要求将全国中小学和幼儿园全部由政府逐渐接办，限期在 3 年内完成。至 1954 年底，全国所有的私立幼儿园均已收归公办。除少数季节性、临时性的托幼机构仍属私立性质外，全日制、寄宿制的托幼机构均改为了公办。

1952 年，根据教育部《幼儿园暂行规程（草案）》，河南省城市幼儿园开始实行新学制：一是寄宿制，即幼儿全天生活在园，一周接送一次；

---

① 《中国教育年鉴》编辑部编《中国教育年鉴（1949～1981）》，中国大百科全书出版社，1984，第 725～726 页。

二是整日制，幼儿白天生活在园，早晚接送；三是日托制，活动在园，食宿在家。在农村，多为季节性幼儿园（班），农忙时开办，农闲即停办。经过三年的恢复、发展，1953 年全省幼儿园由 1950 年的 7 所增加到 124 所，在园幼儿由 1950 年的 500 人增加到 7200 人。1952 年 7 月，教育部拟订颁行《幼儿园暂行教学纲要（草案）》，包括幼儿园体育教学纲要、幼儿园语言教学纲要、幼儿园认识环境教学纲要、幼儿园图画手工教学纲要、幼儿园音乐教学纲要、幼儿园计算教学纲要六大部分，除阐述了各班幼儿的年龄特点外，又在各科纲要中分列了目的、内容、教学要点和设备要点诸项，对幼儿园的教学内容和方法进行了更为详明的规定。

1953 年 1 月，政务院文化教育委员会在北京召开各大区文教委员会主任会议，针对 1952 年下半年教育工作的盲目冒进倾向，提出了 1953 年的教育工作方针："整顿巩固，重点发展，提高质量，稳步前进。"[1] 这项工作方针虽对盲目乐观、急躁冒进有所抑制，但并未从根本上纠正"运动式"推进各级各类教育的偏颇。

第三节　新中国成立后初创期的幼儿教育
（1953～1957 年）

随着社会主义改造的完成，以及一系列根本改革措施，如《关于学制改革的决定》《幼儿园暂行规程（草案）》等文件的颁布，明确了我国幼儿教育的性质、任务和发展方针，对促进我国幼教事业的发展，建立一支又红又专的幼教队伍，提高幼儿园教育质量和管理水平等都打下了良好的基础。

党和政府关心妇女和儿童，幼儿教育得到发展。1953 年 10 月，因广大妇女参加手工业生产，迫切要求解决孩子无人照管的困难，新乡市红旗区政府在群众支持下，组织有关部门于北街建立五道街联合民办托儿所，招收幼儿 43 名，后先后易名西街幼儿园和染织厂幼儿园。1954 年后，随着经济建设和各项事业的发展，先后建起师范学院幼儿园、中原棉纺织厂幼儿

---

[1] 《中国教育年鉴》编辑部编《中国教育年鉴（1949～1981）·教育大事年表》，中国大百科全书出版社，1984，第 932 页。

园、市银行幼儿园、商业幼儿园、棉织厂幼儿园等。孟津县平乐村幼儿园创建于 1954 年 9 月，面向农民，勤俭办园，根据农业生产特点，除每年一次寒假外，教师没有假期，轮流休息。

1955 年 1 月，国务院发布了《关于工矿、企业自办中小学和幼儿园的规定》，坚持在"两条腿走路"方针指导下，鼓励多渠道办学或办园。1955 年 7 月，内务部、财政部、教育部和国务院人事局联合发出《关于取消中小学、幼儿园学生公费待遇的通知》，要求自 1955 年 8 月起，一律停止幼儿园中的供给制，取消对干部子弟的公费待遇，以免产生新的不公平鸿沟，增加干部子弟的优越感。幼教领域自延安时期实施的供给制，自此取消，也给了各类幼儿园提供了较为公平的发展空间。

1956 年 2 月，教育部、卫生部和内务部联合发布了《关于托儿所、幼儿园几个问题的联合通知》，强调发展幼儿教育事业应"全面规划，加强领导"，贯彻"又快、又多、又好、又省"的发展方针，对幼儿教育的发展采取"两条腿走路"、公办和民办并举的方法。要求托儿所、幼儿园的办理，宜采用多种多样的办法，不必过于强调统一，也不应要求过高。在城市，工矿、企业、机关、团体、街道，群众皆可举办；在农村，则提倡由农业生产合作社举办。《通知》规定招收 3 岁以下儿童者为托儿所，收 3～6 岁儿童者为幼儿园，明确了托儿所由卫生行政部门领导管理，而幼儿园则统一由教育行政部门领导管理的体制。

据此精神，全省统一了幼儿园和托儿所的名称，明确了领导关系，幼儿教育管理逐步规范，并向着"生、养、教、保"发展。随着农业合作化高潮的到来，各级政府动员妇女走出家门，参加工农业生产。为解除妇女的后顾之忧，河南省提倡在城市由厂矿、企业、机关、团体和群众举办幼儿园、幼儿班；在农村，由农业社举办幼儿园、托儿所。各地发动群众自筹资金，幼儿入园自带桌凳，教师就地录用，发展了多种形式的托幼机构，全省各地办起大批托儿所和抱娃娃组，使幼儿入园人数大量增多。

1956 年，丰乐里托儿所在丰乐里（新乡市郊区，现牧野区）首先创办，同年，孟营、新乐、"八一"农业社也相继开办，入园（所）幼儿共 128 名。1958 年幼儿园（所）发展到 28 个，1960 年增加到 35 个。至此，新乡市队队都办有幼儿园（托儿所），对解放妇女劳力起了重大作用。但在三年自然灾害中，除丰乐里托儿所外，全部停办。丰乐里托儿所成绩显著，先后多次受到区、市和省表彰。1979 年被全国妇联评为"全国三八红旗单位"。村妇联主任刘秀兰，因办托儿所成绩显著，两次荣获"全国三八红旗手"称号。

1956 年，新乡县县直机关在老县城建立幼儿园 1 所，收学龄前儿童 45 名，教师 2 名。1958 年，在"大跃进"形势影响下，农村社队纷纷兴办幼儿园，全县幼儿班增至 410 个，入园儿童 14338 名，保教人员 508 名。1960 年，因经济困难，幼儿园多数自行停办。1972 年，幼儿园恢复至 54 个班，入园儿童 1620 人，教师 54 人。

1956 年 12 月，仅南阳地区就有农村托儿所 2053 个，抱娃娃组 4118 个，托管幼儿 141296 名，解放妇女劳动力 128390 人；城区机关托儿所 2 个，街道托儿站 1 个，学校托儿所 1 个，托儿间 1 个，工厂哺乳室 2 个，共收托幼儿 242 人。全省幼儿园由 1955 年的 185 所增加到 1329 所，入园幼儿由 1.16 万人增加到 6.42 万人。其中，民办幼儿园入园人数占入园儿童总数的 83%。

第四节　社会主义幼儿教育的探索
（1958～1966 年）

1958～1966 年，幼儿教育事业经历了比较曲折的发展过程。在 1958 年的"大跃进"运动中盲目地发展，短时期内，农村幼儿园急剧增加，发展速度大大超越了我国当时农村经济发展水平，违背了幼教事业发展的客观规律。在这种情况下，教育部对有的地区适应现实条件和幼教特点的措施比较重视，并以文件的形式将有关经验或具体做法转发至全国各地，力图对发展失控地区能有积极的影响。如 1958 年 7 月 22 日教育部转发的《江苏等省关于办农村幼儿园的四个文件的通知》是当时具有代表性的一个文件。但是，这类文件未能从根本上改变农村幼教机构发展失控的状况。1961 年在中央"调整、巩固、充实、提高"八字方针的指引下，幼儿教育机构根据经济、师资等实际条件采取了保留、撤销、充实等手段进行整顿，农村幼儿教育朝着巩固和提高的目标逐步恢复正常发展秩序。

1958 年 5 月 30 日，刘少奇在中共中央政治局扩大会议上发言，明确提出了"两种教育制度和两种劳动制度"的设想，主张将全日制学校和半工半读学校均视为正规学校，"都要规定为国家制度"。在1958年9月颁发的《中共中央、国务院关于教育工作的指示》中，在明确"教育工作方针"时，同时规定："全国将有三类主要的学校：第一类是全日制的学校，第二类是半工半读的学校，第三类是各种形式的业余学习的学校。"该指示还要求："各省、市、自治区的党委和政府，有权对新的学制积极进行典型试验，并报告中央教育部。经过典型试验取得充分的经验之后，应当规定全国通行的新学制。"①

1958年5月，中共八届二中全会在北京举行。会上制定了"鼓足干劲，力争上游，多快好省地建设社会主义"的总路线。毛泽东在会上强调，必须要破除迷信，解放思想，发扬敢说、敢想、敢做的创造精神。会后，全国城乡迅速掀起了"大跃进"的高潮。

1958年7月22日，教育部转发了《江苏省教育厅关于办理农忙幼儿园的几点意见》、《山东省范县人民委员会关于1958年幼教工作的意见》、《湖南省教育厅关于农村幼儿教育工作的通知》和《湖南省第三届优秀保育工作者代表会议的总结》。教育部在转发的按语中同时强调，在当前工农业生产"大跃进"的高潮中，依靠群众大量发展幼儿园，更是具有重大意义，并视此为教育配合"大跃进"的重要举措。自此，幼儿园的"大跃进"已开始全面发动。

1958年8月的北戴河会议上发表的《号召全党全民为生产1070万吨钢而奋斗》和《关于建立人民公社问题的决议》中，规定了建立工、农、兵、学、商相结合的人民公社，以及工农业生产等项事业发展的高指标。在教育方面，提出全国要在3～5年内基本上扫除文盲，普及小学教育，使每个农业合作社都有中学，大多数学龄前儿童都能入托儿所和幼儿园，用15年左右的时间，使全国有条件的成年人和青年人基本上都可普及高等教育。

《中共中央、国务院关于教育工作的指示》明确提出了"党的教育工作方针"。它要求："教育为无产阶级政治服务，教育与生产劳动相结合；为

---

① 《中国教育年鉴》编辑部编《中国教育年鉴（1949～1981）》，中国大百科全书出版社，1984，第689页。

了实现这个方针,教育工作必须由党来领导。"① 全国应在三年到五年的时间内,基本完成扫除文盲、普及小学教育、农业合作社社社有中学和使学龄前儿童大多数都能入托儿所和幼儿园的任务。应当大力发展中等教育和高等教育,争取在十五年左右的时间内,基本上做到使全国青年和成年,凡是有条件的和自愿的,都可以受到高等教育。② 这种盲目乐观的情绪,使各级各类教育的发展趋于失控,并陷于无序的状态。该指示强调,必须动员一切积极的因素发展教育事业,要求国家办学与厂矿、企业、农业合作社办学并举,成人教育与儿童教育并举,并计划在 3~5 年内,"使学龄前儿童大多数都能入托儿所和幼儿园"。③ 为了响应党中央的号召,全国各地迅速掀起创设幼儿园的热潮。1958 年 12 月 10 日,在中共八届六中全会上,通过了《关于人民公社若干问题的决议》,要求人民公社须办理托儿所和幼儿园,同时须担负起培育保育员和幼儿教师的任务。这从体制上为农村幼教事业的"大跃进"提供了可能。

修武县在一县一社的人民公社建立后,迅速实现了食堂化、托儿所化、幼儿园化、幸福园化、妇产院化和公费医疗化。全社共建立食堂 479 个,所有的社员全部加入了食堂。全社共建立托儿所 464 个,入托儿童 9737 名;建立幼儿园 277 个,入园儿童 7769 名,做到了 2 周岁以下的婴儿全部加入托儿所,2~6 岁的儿童全部加入幼儿园。有部分托儿所、幼儿园做到了集体住宿、吃饭等。全社建立老人幸福园 192 个,年满 60 岁以上的女性和 65 岁以上的男性社员 1688 人,全部加入了幸福园。全社建立起妇产院 165 个,在妇产院内已生产了 224 个婴儿。实行了全民公费医疗,每人全年包干医疗费 2 元,按户颁发了公费医疗证。食堂、托儿所、幼儿园、幸福园、妇产院、医院(所)的设备及各种开支,由公社负责。幼儿、老人、产妇的伙食标准高于一般社员 5% 左右,单另设立食堂,给予照顾。

---

① 《中国教育年鉴》编辑部编《中国教育年鉴(1949~1981)》,中国大百科全书出版社,1984,第 688 页。
② 《中国教育年鉴》编辑部编《中国教育年鉴(1949~1981)》,中国大百科全书出版社,1984,第 688~689 页。
③ 《中国教育年鉴》编辑部编《中国教育年鉴(1949~1981)》,中国大百科全书出版社,1984,第 688~690 页。

妇女们对"六化"特别拥护，她们到处歌唱："托儿所、幼儿园、服装厂、妇产院，处处为的照顾咱，里里外外有分工，取消家务大负担，以前穿衣自己做，现在机器供咱穿，不引孩，不做饭，决心搞好大生产。"老年人特别是无子女的老人对幸福园更是感激不尽，他们在入了幸福园后心花怒放，并编了许多快板来形容自己的快乐心情，他们唱道："入了幸福园，多活百十年，重活不能干，轻活要争先，公社增了产，都过幸福年。"幼儿们对自己的新家庭——托儿所、幼儿园更是兴奋不尽，会唱歌、会跳舞、懂礼节、守纪律、爱护公社财产，已成了当时的新风尚。

1958年秋末，信阳地区农村小学实行"四集体"。从幼儿园到小学六年级，全部集中到公社完小，教师粮食关系交到生产队，师生与社员集体吃大食堂，集体劳动，师生集体住学校，集体上课；强调"四同"，即同吃、同住、同劳动、同学习。但是由于孩子太小，离不开父母，管理困难重重，问题很多。只实行了两个多学期，又恢复原来完小、中心小学、乡小编制，学生分散。

1958年，采取大搞群众运动的办法，新乡市红旗区各企事业单位和多数街道建立幼儿园。1959年底，全区有45所幼儿园，入托幼儿3479名。由于一哄而起，脱离实际，办园经费困难，到1962年街道幼儿园仅剩1所，入园幼儿61名。

1958年，河南幼教事业盲目发展，1959全省幼儿园达到78698所，入园幼儿2944800人，超越了当时在师资、设备、经费等方面的承受能力。阶级斗争也生硬地被搬进幼儿教育领域，原来开展的一些活动内容如游戏"娃娃家"等不准玩了，幼儿歌曲《我有一个好妈妈》《好阿姨》等被批判为母爱教育，不准唱了，把《摇啊摇》说成是"摇来摇去不符合大跃进精神"，也不让唱了。代之以玩枪玩炮，教唱"三面红旗"。浮夸风也吹入幼儿园，幼儿园墙壁上出现了孩子骑在大苞谷、大西瓜上的图画，幼儿园也发动幼儿缴废钢铁，有的幼儿园还带领幼儿外出拾废钢铁。各幼儿园普遍办工厂，养一只鸡就是一个养鸡场，做几件玩具、教具，就是玩具厂、教具厂。在教育教学上，抹杀了幼儿的年龄特点，小学化加重了。幼儿园作业加进了拼音、识字、写字和算术，在算术中加进笔算等。作业内容加深加多，上课时间加长，有的园大班一天上6节课。

尽管"大跃进"中幼儿园的畸形发展并非正常现象，但广大幼教工作者所表现出的极大热情和高度敬业的精神，则是不宜轻易加以抹杀的。他们所付出的无私努力，不仅解除了家长的后顾之忧，而且有助于幼儿渡过经济上的难关，甚至为后来国民经济的调整做出了铺垫。幼儿教育也有成绩突出的单位，焦作中站红旗幼儿园被中华全国总工会、全国妇联、共青团中央、中国人民保卫儿童全国委员会等单位联名授予"儿童教育先进集体"。1959 年春，时任中华全国总工会主席刘宁一亲临该园视察。

1961 年 6 月 29 日，全国妇联党组在广泛调查的基础上，向中央呈交的《关于农村托儿组织问题的请示报告》指出，农村"六七岁的孩子一般不需要寄托，而有 30% 左右的 5 岁以下孩子在农忙时需要寄托"。同时建议"农村托儿组织的形式和规模，应由群众自己选择，自愿参加；从生产需要、群众需要出发，因地制宜，不能千篇一律地规定"。[①] 中共中央于同年 7 月 20 日转发了该报告，使之成为调整农村幼教事业的基本原则。1961 年，河南省在对国民经济进行"调整、巩固、充实、提高"的同时，主要依照《幼儿园暂行规程（草案）》和《幼儿园暂行教学纲要（草案）》，撤销了前三年中不顾条件、一哄而起创办的大批农村幼儿园（班），压缩城镇街道办的幼儿园（班），对城市及县镇条件较好的幼儿园予以充实提高。1961 年后，幼儿教育出现了稳步发展的形势，至 1965 年年底，全省有幼儿园 481 所，入园幼儿 51500 人。

总的来说，在 20 世纪 50 年代幼儿教育发展方向中，对于"大跃进"背景下的幼儿教育普及运动，虽然它因盲目发展而导致教育质量下降，但将之放在 1956～1960 年的经济、政治背景中来看，它是历史的必然产物，因为大多数劳动力被抽去兴修水利、大炼钢铁，幼儿的照顾与教育就主要由社会性幼儿教育机构来承担。当时幼儿教育的（保育为主）普及对促进幼儿身心健康发展起到了一定的作用。

20 世纪 50 年代的中国幼儿教育虽提出学习苏联幼教理论，但这种学习并非"照搬"。20 世纪 50 年代的苏联幼教是以培养"天才人物"为指导思

---

① 《中国教育事典》编委会编《中国教育事典·初等教育卷》，河北教育出版社，1994，第 418 页。

想的，主张实施全面发展的幼儿教育；而中国幼教明确提出实施初步的全面发展教育，以普及为主、提高为辅，并根据中国城乡的不同情况，走正规化和非正规化相结合的办园道路，1958年的幼教普及运动即是中国幼教独立探索发展道路的印证。这次幼教普及运动虽然是一次付出沉重代价的尝试，但它是当时中国社会因素影响下的必然产物和中国幼教发展的历史必然。

中国20世纪50年代提出并选择了幼儿教育普及道路，这是历史的必然，且符合世界幼儿教育的发展潮流。而且新中国20世纪50年代的幼儿教育普及，并不要求所有幼儿受同样的正规教育，只是在实践活动中对家庭不利幼儿给予各种形式的照顾、补偿和一定程度的保教措施。正如张逸园和一些幼儿教育工作者所认同的看法，农村幼儿教育的任务在于多开展有益于幼儿身心健康的活动，如游戏、唱歌、卫生、体育活动等，不要求按照课程大纲规定来执行。从这种意义上看，这是由人多地广、经济发展水平不均衡的农村幼儿教育的客观条件所决定的，其积极意义是应该肯定的。

当时的幼儿教育活动并不要求农村与城市达到一致，这可以从当时两首儿歌的差别中体会到：其一，"爸爸叔叔炼钢铁，妈妈姨姨搞深翻，请你们安心去生产，我会去到幼儿园"；其二，"大麦黄、小麦黄，人民公社收麦忙。小弟弟，小妹妹，一起来帮忙。打下麦子磨成粉，蒸起馒头喷喷香"，它所反映的是农村特定的教学氛围和要求，这种不拘一格的幼儿教育形式是当时农村幼儿教育的真实写照。

此期的幼教事业，虽然经历了"大跃进"和"教育革命"的摧折，但由于及时调整而未成为致命伤。总的来说，此期的幼教事业还是获得了稳步发展，并挣脱了苏联模式的束缚，在"自力更生"的旗帜下获得了诸多宝贵经验。

第二章　逆势而进 浴火重生
（1976~1991 年）

第一节　百废待兴 全面整顿幼儿教育

1966 年开始的"文化大革命"，对我国的幼教事业造成了极大的摧残和破坏。1976 年 10 月，江青反革命集团被一举粉碎，我们国家的历史进入了一个新的发展时期。教育战线拨乱反正，广大教育工作者的积极性重新被调动了起来。幼儿教育在经历了 1975~1976 年的幼教"小跃进"之后，1977~1978 年又对幼教事业进行了必要的调整，幼儿园数由 1976 年的 44 万余所调整到 1978 年的 16 万余所，在园幼儿数由 1976 年的 1395 万余人调整到 1978 年的 787 万余人，每园的平均幼儿数也由 1976 年的 32 人上升至 1978 年的 48 人。规范化办园的思路又重新被确认。

1977 年 11 月 3 日，中共河南省委召开河南省科学教育工作会议，这是粉碎"四人帮"以后河南召开的第一次教育工作会议。会议提出要集中批判"四人帮"的"两个估计"。11 月 26 日，省委又召开省会宣教战线干部师生员工万人大会，号召全省各级党组织立即行动起来，放手发动群众，砸碎"两个估计"的精神枷锁，彻底肃清其流毒和影响。

批判"两个估计"是教育界以至全社会的一次思想解放运动。它彻底推翻了"四人帮"炮制的"两个估计"，标志着我们党在邓小平同志及党中央的领导下，开始从根本上纠正长期以来教育领域的极左路线，调动了广大教育工作者的积极性和工作热情，为全面落实党的知识分子政策奠定了基础。

一　拨乱反正，党和国家十分重视幼儿教育

1978 年，教育部在普通教育司设立幼教特教处，失去国家机关专职领导已达 16 年之久的幼教事业又有了行政领导机构。1978 年 12 月，党的十一届三中全会做出了把工作重点转移到社会主义现代化建设上来的战略决策，1979 年 4 月召开的中央工作会议上提出对整个国民经济实行"调整、改革、整顿、提高"的方针后，教育工作开始进入以教学为中心的正确轨道，幼儿教育事业也同其他各级各类教育事业一样，经过认真的整顿和充实，有了较大程度的恢复和提高，幼儿教育的春天来到了。

1979 年 3 月 29 日，中国人民保卫儿童全国委员会恢复。1979 年 6 月 18 日，五届全国人大二次会议的《政府工作报告》中指出"要十分重视发展托儿所、幼儿园，加强幼儿教育"。学前教育作为教育事业的重要组成部分，被纳入"科教兴国"战略措施之中，进入了党中央、国务院的议事日程。不久，经康克清协调，教育部、卫生部、计委、建委、农委、财政部、商业部、民政部、劳动总局、城建总局、中华全国总工会、全国妇联、中国人民保卫儿童全国委员会共 13 个单位于 1979 年 7 月 24 日至 8 月 7 日联合召开全国托幼工作会议。会议认为，托幼工作恢复和发展缓慢的主要原因是，不少领导干部对托幼工作的重要意义认识不足，重视不够。做好托幼工作，是体现党和国家关心群众疾苦，减轻职工和社员家务拖累，使他们能够集中精力干"四化"的一项重要措施。做好托幼工作，对于搞好计划生育、彻底解放妇女，也有重要的意义。会议就如何加强托幼工作领导，各有关部门如何分工合作，怎样尽快恢复、发展、巩固、提高各类园所，以及培训保教队伍、提高保教质量和扩大经费来源等问题做了部署。会议作出了由国务院设立"全国托幼工作领导小组"的决定，以加强对托幼工作的领导。托幼工作领导小组成员由上述 13 个政府部门和群众团体的负责同志组成，时任国务院副总理陈慕华任组长，办事机构设在全国妇联，负责全国学前教育事业的统筹协调工作。会议同时要求各省（区、市）成立地方托幼工作领导小组，以保证全国托幼工作领导小组的有关指示精神在基层得到贯彻落实。

二 制定政策，党和国家全面整顿幼儿教育

1979 年 10 月，中共中央和国务院以中发〔1979〕73 号文件批转了《全国托幼工作会议纪要》。该纪要指出，"做好婴幼儿的保健和教育工作是党和国家的一项战略任务"，"发展托幼事业，培养体魄健壮、品德良好和智力发达的祖国幼苗，是关系国家和民族前途的根本大计。在孩子身上舍得下功夫，花必要的人力、物力和财力，是一项重要的建设事业，是为未来投资"。会议分析了当时托幼工作存在的问题及其原因，并提出解决这些问题的五项建议：加强托幼工作的统一领导和分工合作；积极解决托幼工作的经费和保教人员工资、劳动保险、福利待遇问题；坚持公办和民办"两条腿走路"的方针，恢复、发展、整顿、提高各类托幼组织；建设一支又红又专的保教队伍；努力提高保教质量。会议对学前教育"是关系国家和民族前途的根本大计"，发展学前教育"是为未来投资"的认识已经达到了当时国际社会所能达到的最高水平。

该纪要特别指出，"农村社队园所保育人员的待遇，应相当于同等劳动力的报酬；经过培训考核或工作成绩突出的保教人员，其报酬可高于同等劳动力"，"农村要大力发展农忙托幼组织，有条件的社队要举办常年托儿所、幼儿园（班），要普及婴幼儿卫生保健和教养知识，提高现有园所的保教水平"，"幼儿师范要逐步地为农村社队托儿所、幼儿园代培幼教骨干"。这次会议及中央转发的会议纪要和所建立的托幼工作领导小组都体现了中央对幼儿教育包括对农村幼儿教育的重视，是对幼儿教育政策进行拨乱反正的重要标志。中共中央、国务院在转发通知中进一步强调，"加强对婴幼儿的保健和教育工作，培养体魄健壮、品德良好和智力发达的后一代，是关系国家和民族前途的根本大计。各级党委和各级政府应关怀和重视托幼事业，积极抓好这项工作"。

1979 年 11 月 6 日，中共中央批转了《中共湖南省桃江县委关于发展农村教育事业的情况报告》，宣传了湖南省坚持"两条腿走路"的方针，普通教育、业余教育、幼儿教育一起抓，全面发展农村教育的先进经验。该报告就发展农村幼儿教育的意义、幼儿教育与小学一年级的衔接、幼儿教师队伍建设等问题做了介绍。

1979 年 11 月 8 日，教育部颁布了《城市幼儿园工作条例（试行草案）》。该条例作为国家"拨乱反正"后的第一个学前教育政策文件，对学前教育发展方针、教育目标、内容和管理制度做出了详尽的规定，为学前教育事业迅速摆脱"文化大革命"造成的混乱状态指明了正确的发展方向。

1979 年 12 月，卫生部妇幼卫生局在南京召开了全国儿童保健工作座谈会，会议认为儿童保健工作是关系四个现代化建设和提高整个中华民族素质的问题，必须把儿童保健工作从点的试验迅速普及到城乡。重点放在保护我国上亿的 7 岁以下儿童健康成长方面。加强婴幼儿早期教育和婴幼儿智力发展。

1980 年儿童节时，中共中央书记处在中南海邀请中小学教师和少先队辅导员、幼教工作者举行茶话会，指出培养下一代是一项伟大的事业。勉励儿童少年工作者真正做到自爱——热爱自己的工作，自尊——尊重自己的事业，自豪——豪情满怀地投身培养我们未来的主人的事业。1981 年 3 月 17 日和 24 日，中共中央书记处又一次在中南海召开儿童少年工作座谈会，专门讨论如何加强儿童少年工作的问题，并要求全国妇联"要把抚育、培养、教育三亿以上儿童和少年作为自己工作的重点"，"要为儿童做几件好事"。中央领导同志在全国托幼工作会议的讲话中还强调指出："实现四个现代化，科学是关键，教育是基础，婴幼儿教育是教育工作的基础。"党和政府将幼儿教育的重要性提到了一个新的高度。

1980 年 10 月，教育部发布《幼儿师范学校教学计划试行草案》，规定了幼儿师范学校的培养目标、修业年限、课程设置、教育实习与生产劳动、学时分配。1981 年 10 月，教育部颁发了《幼儿园教育纲要（试行草案）》，主要包括幼儿年龄特点与幼儿园教育任务、幼儿园教育的内容与要求、教育手段及注意事项三部分内容，是各地幼儿园进行教育工作的依据。为了保证该纲要的试行，教育部委托上海市教育局幼儿园材料编写组及有关专业人员编写教材。这些文件对于发展幼儿教育都有一定的指导意义。

1981 年 5 月，全国妇联、中华全国总工会、共青团中央、中国人民保卫儿童全国委员会、教育部、中国科协、财政部等 16 个单位，又在北京发起成立了"全国儿童和少年工作协调委员会"，由康克清担任主任。协调学前教育工作，也成为该委员会的职责之一。该委员会和全国托幼工作领导小组的设立，均对加强幼教工作的领导发挥了一定的作用。

全国托幼工作领导小组于 1981 年 5 月在中南海召开了京、津两地托儿所、幼儿园代表座谈会，时任国务院副总理万里到会讲话指出，"幼儿教育工作是一门科学……要发展幼儿师范，大学也应该设立幼儿教育专业"，对托幼工作质量提出进一步要求。

1981 年 10 月，教育部正式颁布《幼儿园教育纲要（试行草案）》，作为"各类幼儿园进行教育工作的依据"，要求各地幼儿园结合实际试行。这是我国第一部科学、全面的幼儿教育的指导性文件，它标志着我国幼儿教育的发展达到了一个新的水平。在颁布该纲要的同时，教育部委托上海市组织编写了幼儿园教材，由人民教育出版社出版发行，并通过上海教育出版社绘编出版与教材配套的挂图。

1983 年 5 月 17 日，新中国成立以来第一次盛大的全国先进儿童少年工作者和儿童少年工作先进集体表彰大会在人民大会堂举行。党和国家领导人万里、习仲勋、王震等与首都有关人士 6000 多人参加了大会。来自全国各地的 198 位优秀园丁，代表着新近评选出的 1327 名全国先进儿童少年工作者和 161 个全国儿童少年工作先进集体受到表彰。时任中共中央书记处候补书记郝建秀代表党中央和国务院讲话，向大会表示热烈祝贺，对今后的儿童少年工作提出了希望，要求全体儿童少年工作者和社会各方面人士振奋革命精神，为儿童少年事业的发展，为祖国的繁荣、昌盛共同奋斗。当日，李先念、邓颖超、万里、习仲勋、王震、韦国清、乌兰夫、杨尚昆、胡乔木、邓力群、郝建秀、赛福鼎、阿沛·阿旺晋美、班禅额尔德尼·确吉坚赞、朱学范、康克清、胡子昂、周培源等在人民大会堂会见了出席全国先进儿童少年工作者和儿童少年工作先进集体表彰大会的代表。

为满足广大农民迫切要求掌握文化科学知识的需要，中共中央、国务院于 1983 年 5 月 6 日发布了《关于加强和改革农村学校教育若干问题的通知》，明确提出了"积极发展幼儿教育"的要求。为推动农村幼儿教育的发展，根据我国农村人口占 80% 以上的最大国情，国家有关部门接着发布了两个对农村幼儿教育具有显著意义的政策文件——《教育部关于发展农村幼儿教育的几点意见》和《国家教委关于进一步办好幼儿学前班的意见》，明确了农村幼儿教育的领导和管理，发展农村幼教事业的方针，幼儿教师的培养与培训、地位与待遇，办园经费、办园条件与质量等内容，对农村幼儿教育的发展起到了积极的指导作用。

1983 年 9 月 21 日，教育部发布《关于发展农村幼儿教育的几点意见》。该意见提出了五方面的内容：一是要积极创造条件，有计划地发展农村幼儿教育，首先发展学前一年教育，同时逐步创造条件招收 3～5 岁的幼儿入园（班）；二是要高度重视和采取有效措施，建立一支稳定、合格的幼儿师范队伍，如有计划地发展幼儿师范学校，制定幼儿师范教育的发展规划，对现有幼儿教师进行整顿和培训提高，妥善解决农村幼儿教师的报酬等；三是全面贯彻教育方针，努力提高保教质量，不断探索农村幼儿教育规律；四是通过多种渠道筹集资金，逐步改善办园条件；五是加强对农村幼儿教育工作的领导和管理。该意见强调各级教育行政部门要在当地党委和政府的领导下，与妇联、卫生、农业等有关部门密切配合，共同努力，积极推动农村幼儿教育事业健康发展。首次明确肯定了农村小学"穿靴式"地附设一年制的幼儿班形式，此即为"学前班"。此后，农村学前班得以较为广泛地办理，并成为农村幼教事业发展的真正增长点。少数城市小学也开始了办理学前班的实验。

针对农村学校办学条件差、办学经费不足，严重影响农村教育事业发展的状况，1984 年 12 月 13 日国务院发布《关于筹措农村学校办学经费的通知》指出，要大力举办农村学前教育，以适应经济发展的需要。

1986 年 6 月 10 日，国家教委发布《关于进一步办好幼儿学前班的意见》。该意见首先强调，在中国大部分地区学前教育尚不发达的情况下，开展学前班是现阶段发展农村学前教育的一条重要途径。在城镇地区，也是满足群众送子女接受学前教育的一条重要途径。该文件倡导因地制宜、利用现有资源发展学前教育的新思路，推动了学前教育事业的健康稳定发展。该意见提出了五个方面的要求。一是端正办班思想。明确反对以"创收"为办班目的，批评了忽视幼儿身心发展规律、将幼教小学化的做法。二是规范教育内容和时间。规定须按《幼儿园教育纲要（试行草案）》确定各项教育活动内容，绝不允许搬用小学一年级课本；学前班可以是全日制，也可以是半日制，每周上课不得超过 12 节或 14 节，每节课不得超过 30 分钟。三是加强教师培训。学前班教师须在任职前接受一定时间的专业培训，并须加强在职进修。四是改善办班条件。设有学前班的学校须专辟幼儿活动室，须添置必要的设施、器皿、教具、玩具、幼儿读物等；有条件者，还须配置风琴、幻灯机、录音机等教学辅助设备。五是强化领导和管理。学前班的办理和停办，必须经过教育行政部门的审批；教育行政部门须定期检查学前班的办理情况，并负指导之责。该意见对规范学前班的办理意义重大。

为解决幼教实践中的若干问题，国家教委于 1987 年 10 月 12 日召开了全国幼儿教育工作会议。与会代表深感当前条块分割、职责不清的学前教育管理体制制约了学前教育的发展。于是由国家教委牵头，联络国家计委、卫生部、劳动人事部、城乡建设环境保护部、轻工业部、纺织部、商业部，向国务院呈交《关于明确幼儿教育事业领导管理职责分工的请示》。国务院于同月 15 日迅速批转了该请示，要求各部门遵照执行。该请示除继续维持由教育部门管理幼儿园、由卫生部门管理托儿所外，还要求：计划部门负责将幼儿教育事业发展和建设列入各级计划；财政部门负责会同有关部门研究制定有关幼儿教育事业经费开支的制度和规定；劳动人事部门负责会同有关部门研究制定幼儿园工作人员有关编制、工资、劳动保护、福利待遇等方面的制度和规定；城乡建设环境保护部门负责统一规划与居住人口相适应的幼儿园设施，并督促有关部门和单位进行建设；轻工、纺织、商业部门按各自分工，负责幼儿食品、服装、鞋帽、文化教育用品、卫生生活用具和教具的研制、生产和供应。更为重要的是，确立了"地方负责，分级管理"的原则；同时，明确了有关幼儿教育的重大决策由国家教委牵头制定的意向。

1988 年夏，国家教委针对当时幼教工作中所存在的若干问题，指出这些问题的存在同一些地方、部门和单位的领导同志对幼儿教育的性质及其重要性缺乏认识有关，并就此提请国务院批示解决办法。同年 8 月 15 日，国务院批转发布了《关于加强幼儿教育工作意见的通知》，要求各级政府"明确职责，加强领导"，以使幼教事业在数量和质量两方面均有提高。此后，幼儿园管理条例、工作规程的出台，实为加强管理思想的具体化。再后，各省、自治区、直辖市逐渐理顺了幼儿教育领导管理体制，或设立了幼教处，或配备了专职管理干部，省、地（市）、县（区）、乡（街）四级幼教管理体制和教研网络初步形成，为幼教事业的稳定发展提供了坚强的组织保证。

1989 年 8 月 20 日，国务院批准了新中国成立后的第一个幼儿教育行政法规《幼儿园管理条例》，1989 年 9 月 11 日以国家教育委员会第 4 号令发布。该条例对幼儿园的基本条件、行政管理、保教工作等做了规定。

第二节　深化改革 探索幼儿教育发展新路径

1979 年 7 月，全国托幼工作会议之后河南省学习相关的文件精神，积极整顿和提高幼儿园组织，出现了全日制、半日制、寄宿制、农忙班等多种形式的幼儿园。城市和农村部分小学举办了一年制学前班。省教育厅和市、地、县教育行政部门普遍办起实验性幼儿园，城市在新建居民区办起一批幼儿园，机关、厂矿、大专院校、部队和其他单位自行办园，民主党派、社会团体集资办园，街道居民和农村行政村集体办园，公民个人也办起了家庭幼儿园。在城市，一些幼教基础较好、工作成效显著的地方，出现了发展适当、布局合理、形式多样的幼儿教育组织。幼儿入园率显著提高。有条件的村也都兴建一些学前教育机构，进行学前儿童的教育工作。

1977 年，鲁山县城关镇和昭平台水库管理局各办幼儿园 1 所，入园儿童 51 人，教师 4 人。1978 年后，有不少小学附设"育红班"，招收 6~7 岁的儿童进行学前教育。1983 年，恢复县办幼儿园，招收幼儿 139 名，设 4 班，同时，有不少乡（镇）、企事业部门开办幼儿园。1985 年，鲁山县幼儿园和学前班发展到 69 所 152 班（其中学前班 99 班），幼儿教师 156 人，保育员 6 人，行政管理人员 9 人，招收儿童 4500 人，1988 年，全县公办幼儿园 2 所，加上民办和集体办的共 230 班，入园儿童 9155 人，按儿童年龄，分为大班、中班、小班，大班 188 班 8017 人，中班 29 班 540 人，小班 13 班 598 人，共有教师、保育员、行政管理人员 259 人。其中，具有中师、高中文化程度的园长 3 人，教师 112 人；具有中师、高中肄业和初师、初中毕业文化程度的园长 1 人，教师 115 人；具有初师、初中以下文化程度的教师、保育员 4 人。

1978 年后，新乡县幼儿教育有较大发展，1985 年，全县有 138 个班，教职工 149 人，入园儿童 6235 人。幼儿园教学内容有看图识字、数数、记数、简单的加减法、唱歌、跳舞、游戏、讲故事等。

1979 年，鹤壁市科教办、教育局、妇联等 13 家单位联合成立了市幼托工作领导小组。是年，幼儿园发展到 128 所，共 159 个班，入托儿童 5382 名。农村成立农忙托儿所 288 处。1979 年 11 月，洛阳市西工区成立托幼领导小组，下设办公室。办公室设在区妇联，配专职干部 1 人。1981 年 4 月，唐河县妇联设立了幼儿教育委员会。1981 年开封市鼓楼区有 3~6 岁幼儿 5839 人，办幼儿园 50 所，入园幼儿达 5429 人，入园率达 90% 以上。1982 年，信阳市成立少年儿童工作协调委员会和幼托工作领导小组，还成立幼儿教育中心教研组，开展教学研究，提高了保教水平。

1980 年，濮阳县幼儿集体教育处于重新起步阶段，仅有濮阳县第一幼儿园一家。自中央批转《全国托幼工作会议纪要》后，濮阳县兴起办幼儿园、学前班的热潮，大部分企业、城镇小学、乡村小学开办了幼儿园和学前班。全县各小学普遍设有学前班，分为大班（5~6 岁）和小班（4~5 岁）。不管是幼儿园还是学前班，大的以学为主，小的以游戏为主。

1978 年之前，河南农村的学前儿童的教育多由家长负责，是家庭式的教育，没有一个正规的、专门的场所让儿童接受学前教育。并且家长由于农忙及工作，无暇顾及学龄前的儿童，家里的孩子多由祖辈负责养育，或者采用的是放纵式的管理。1979 年后，各地、市把发展农村幼儿教育的重点放在乡和村委会，依靠集体办园，较好地解决了师资和办园条件问题，促进了农村幼教事业健康发展。农村幼儿教育，沈丘、扶沟发展较快。1980 年，全国妇联授予沈丘县幼儿教育“红旗单位”称号。全国基础教育先进县扶沟县，在巩固普及小学教育成果中，全县 326 个行政村，村村办起了幼儿园或学前班，幼儿入园率 80% 以上，为接受一年级教育打下了良好的基础。1983 年，全省县镇乡村幼儿园有 5789 所，占全省总数的 89.4%；入园幼儿 451498 人，占全省入园幼儿总数的 82.6%。

一部分个人利用自己的庭院或租赁别人的闲置房屋办起了私立幼儿园。1981 年，鹿邑退休工人段效全在家属区创办 1 所幼儿园，招 1 班 30 人。1983 年，太康县退休教师祝玉立自费创办“育苗幼儿园”，招大、中、小各

1班，共招收幼儿120人。1983年，安阳市北关区退休医生冯宝英自费办幼儿园，为市第一个个体幼儿园。随后，辖区小清流村又建立了一所个体办"聪聪乐园"幼儿园。1983年，济源县王召乡尚香村始创家庭幼儿园。1984年，家庭幼儿园发展到6班。次年，发展到8班，入园幼儿326人，教师14人。

1980~1987年，在普及初等教育的活动中，城市有些小学附设起幼儿学前班，使5~6岁的儿童在入小学前接受一年的学前教育，省教育厅把办学前班作为发展幼儿教育的一条重要途径，要求各地教育行政部门加强对学前班的领导和管理。1983年学前班教育开始有大的发展，1985年学前班幼儿占全部受教育幼儿的56.6%。1986年7月，省教委为进一步办好学前班，对小学附设学前班的管理机构、入学审批制度、分级领导职责、业务上的指导和监督等，提出了具体要求和意见。经过倡导和组织，小学附设学前班已成为发展幼儿教育的重要阵地之一。1987年，全省幼儿教育机构共有教学班26012个，其中有16559个是设在小学的学前班，占总数的63.66%；全省受教育的幼儿988952人，其中小学学前班幼儿616789人，占入园（班）幼儿总数的62.37%。

长葛的幼儿教育，1988年以前由县妇联管理。除县城有一所成建制的幼儿园外，学前班（幼儿班）都附设在小学，幼儿教师由小学调配。1988年5月，幼儿教育与县妇联脱钩，由县教委管理。

1989年，省教育厅、省计经委等11部门联合发出了《关于改革和加强幼儿教育工作的意见》，根据河南省幼儿教育事业的发展和城市幼儿入园难的突出问题，要求动员和依靠社会多方面的力量，多渠道、多形式举办幼儿园；幼儿教育事业的发展重点应放在城市和经济、教育基础比较好的农村地区。城镇要积极创造条件举办幼儿园，市政建设应把幼儿园建设纳入规划，统筹安排。新建、改建或扩建居民区，都要统筹配建与居民人口相适应的幼儿园，逐步满足居民子女入园的需要。农村的幼儿教育，当前以发展学前一年教育为主。举办集体性质的幼儿园，是河南城乡发展幼儿教育事业的一条重要渠道，是群众集资办园的好形式，要大力提倡。要继续调动机关、团体、部队、厂矿等企事业单位办园的积极性。500人以上的企事业单位应自办或联办幼儿园，同时要鼓励有条件的幼儿园向社会开放，吸收附近居民子女入园。各级政府和各有关部门要鼓励和扶持个人举办幼儿园，并对他们加强指导和帮助。

1990年，省教委统一编写了一套"幼儿园大班辅助教材"，全套分上、下两册（每册4本），分别为《说说写写》（语言）、《学学算算》（计算）、《看看想想》（常识）、《做做玩玩》（美工），适合教师在幼儿园课堂和家长在课外对幼儿进行辅导时使用。同年，南阳地区教委下发文件，在全地区幼儿园和学前班推广使用该套教材，稳定了幼儿园大班的教学秩序，促进了幼儿园教育与小学教育的衔接。

进入20世纪90年代后，幼儿园的教育和教学步入了一个新的台阶，除正常的教学内容外，还特别重视对幼儿整体素质的培养，开设了特长班、舞蹈班、美术班、电子琴班等，大大丰富了幼儿在园的一日生活，使幼儿在玩中学、学中玩，寓教于乐。

1991年3月18日，时任国务院总理李鹏在人民大会堂代表中国政府签署了《儿童生存、保护和发展世界宣言》和《执行九十年代儿童生存、保护和发展世界宣言行动计划》。《儿童生存、保护和发展世界宣言》是1990年9月30日在联合国世界儿童问题首脑会议上通过的，其目的是促使国际社会高度重视儿童特别是关心发展中国家的儿童，为他们创造一个良好的生存和发展条件。

1991年6月11日，国家教委发布《关于改进和加强学前班管理的意见》指出，当前学前班比较普遍地存在着"小学化"的倾向，重申了学前班的性质和办班原则，提出了学前班领导和管理、保育和教育、改善办班条件、教师的管理和培训等方面的要求；同时以附件形式颁发了《学前班保育与教育的基本要求》。这份文件的下发，对农村学前班管理归属不明的问题，尤其是教育的内容、形式和方法不符合幼儿身心发展特点和规律的问题，起到了及时纠偏的作用。

第三章　风雨兼程 世纪见证
（1992～2018 年）

　　20 世纪 80 年代以来，中国幼儿教育从城市转向农村，从正常儿童转向特殊儿童。在发展过程中，为大多数儿童提供多种形式的幼儿教育机会，成为 20 世纪 90 年代幼儿教育的发展政策。进入 20 世纪 90 年代后，随着改革开放国策始终不渝地推行，幼教体制改革不断深化。城市中，不少个体企业家视教育为一种特殊的产业。他们以营利为目的，投资兴办了一批贵族学校（或称高收费学校）。其中，包括一些设备精良的幼儿园。随着人民公社制度的解体，农村原有的社队办理的幼儿园，大多转由乡镇、村街办理；在县、乡两级，也开始涌现一批私人个体所办理的幼儿园。随着私立幼儿园的不断涌现以及家长对子女期望值的不断攀升，首先创设了多种私立特色幼儿园。其特色分别定向为美术、音乐、舞蹈、书法、英语、围棋、足球或其他体育项目。有名气的公立幼儿园也批量地转办为特色幼儿园或开办特长班，开始参与特色园的竞争。在建立现代企业时，"企业办社会"的传统理念逐渐被弃置，企业办幼儿园大量减少，幼儿教育社会化发展成为必然的趋势。2002 年颁布的《民办教育促进法（草案）》则在法律上确立了民办教育在中国教育史上的地位。中国民办学前教育的数量和质量节节攀升，并于 2004 年超过公办幼儿园的数量。民办幼儿园已经成为中国学前教育新生的主要力量。随着国家由计划经济体制向市场经济体制的转型，城市企事业单位的转制及农村"包产到户"的推行，占学前教育体系 70%～80% 的作为单位福利存在的企事业单位园和集体园被推向改革的前沿。学前教育体制改革的涟漪立即在社会生活中掀起了大浪，公众对学前教育的满意度普遍降低，"入园难、入园贵"的抱怨声不绝于耳。此后，以政府为主导的三期学前教育三年行动计划，大力倡导和奖补普惠型幼儿园的建设，使这一局面得到了很大程度的扭转。世纪之交，农村幼儿教育受到了国家和社会的重视，从注重发展学前一年教育到有条件地开办学前三年教育，逐步走上了以创办乡镇中心幼儿园为重点的农村幼儿教育体系的构建。

第一节　幼教办学工作规范化得到加强

为了加强政府对幼儿教育的管理和指导，国家教委发布《幼儿园工作规程（试行）》和《幼儿园管理条例》，规定了国家对幼儿园的基本要求和管理的基本原则，这两个文件也成为举办、管理和评估幼儿园的基本依据。各地在依据这两个文件基本精神的基础上，从具体实际出发，制订了相应的地方性行政法规和必要的规章、制度，标志着我国的幼儿教育管理工作逐步走上规范化、制度化和科学化轨道。

一　《幼儿园工作规程》和《幼儿园管理条例》的颁布

1989 年 6 月 5 日，国家教委发布《幼儿园工作规程（试行）》。该规程分为 10 章 60 条，对幼儿园的性质、任务、保育和教育的主要目标，幼儿园的园舍和设备，工作人员必备的条件和保育、教育、组织管理等工作，都做出了明确具体的规定。该规程的颁布，对于加强幼儿园内部的科学管理，提高保育和教育质量起着重要作用。各地根据实际情况，制定了相应的行政性法规和必要的规章、制度，分期分批达到该规程的要求。1989 年 9 月 11 日，国家教委发布了《幼儿园管理条例》。该条例共 6 章 32 条，确立了幼儿教育事业发展方针，强调动员和依靠社会各方面力量举办幼儿园，明确了幼儿园的管理实行地方负责、分级管理和各有关部门分工负责的原则，规定了举办幼儿园的基本条件和审批程序以及幼儿园保育和教育工作的主要目标和基本原则。该条例在以往法规的基础上形成，是国务院批准颁发的第一个幼儿教育法规，它将对幼儿园的管理和发展进行宏观调控，以加强国家对幼儿教育事业的领导。

自《幼儿园工作规程（试行）》和《幼儿园管理条例》颁布实施以

来，各地贯彻实施，坚持依法治教，取得了明显的成绩。为进一步促进两个法规的深入实施，推动我国幼儿教育事业稳步、健康发展，1996 年 5 月 24 日，国家教委发布《关于表彰全国幼儿教育先进县（市）、区的决定》，决定表彰 100 个幼儿教育先进县（市）、区，并授予全国幼儿教育先进县（市）、区光荣称号。河南省受到此次表彰的有南阳市卧龙区、郸城县、夏邑县、汝南县、邓州市，新密市 2001 年受到全国表彰。这些县（市）、区是贯彻实施国家幼儿教育法规，推动事业发展的先进典型。其基本经验是：当地党委和政府重视幼儿教育工作，切实将幼儿教育纳入本地经济和社会发展的总体规划，摆上政府的议事日程；根据国家幼儿教育事业的发展方针，因地制宜制定切合本地实际的幼儿教育事业发展政策；建立健全幼儿教育领导管理机构，明确政府各有关部门对幼儿教育的领导管理职责；制定并逐步完善地方幼儿教育行政法规和各项规章制度，坚持依法治教；坚持采取地方财政投入，社会各界和群众集资、捐资，家长缴费等办法多渠道筹措资金，不断改善办园条件；加强师资队伍建设，通过多种渠道提高师资质量和稳定教师队伍；深化幼儿教育改革，更新教育观念，努力提高幼儿园的保育和教育质量。他们的经验具有指导意义，值得各地学习和借鉴。

1996 年 6 月 24 日，国家教委发布《关于正式实施〈幼儿园工作规程〉的意见》，标志着《幼儿园工作规程》的正式实施。

1999 年 9 月 20~22 日，教育部基础教育司召开全国纪念《幼儿园管理条例》和《幼儿园工作规程》两个法规颁布 10 周年研讨会。会议指出，坚持在地方政府办园的同时，多形式、多渠道发展幼儿教育方针的指导下，在农村大力发展了学前一年教育，有的地区已向学前两年延伸，同时，为满足边远贫困地区、少数民族地区，散居在山区、牧区、猎区、林区等偏僻地区的幼儿接受学前教育的需要，各种灵活多样的非正规的幼儿教育也得到了较大的发展。针对当前幼儿教育改革与发展中存在的问题，会议提出要继续推动农村特别是边远、贫困地区幼儿教育的发展；要加强乡镇中心幼儿园的建设，充分发挥其在农村幼儿教育中的骨干、示范作用。

2016 年 3 月 1 日，教育部颁布了新修订的《幼儿园工作规程》。新规程主要对坚持立德树人、规范办园行为、强化安全管理、注重与法律法规和有关政策的衔接、完善幼儿园内部管理机制等方面做出了修订。

二 其他与幼儿教育相关的规范性法规和制度

1993 年 10 月 31 日，第八届全国人大常委会第四次会议通过了《中华人民共和国教师法》，要求"取得幼儿园教师资格应该具备幼儿师范学校毕业及其以上学历"。《教师法》颁布后，我国城市公办园幼儿教师待遇得到了基本保障，但地区差异较大；占我国幼儿教师总数 70% 的城乡非公办教师特别是农村幼儿教师的待遇，一直没有得到妥善解决。

1994 年 12 月 1 日，为进一步提高托儿所、幼儿园卫生保健工作质量，卫生部、国家教育委员会颁发了《托儿所、幼儿园卫生保健管理办法》。

1995 年 1 月 27 日，国家教育委员会印发新的三年制幼师教学方案，即《三年制中等幼儿师范学校教学方案（试行）》，对培养规格首次做出了十分详细的规定。

1995 年 3 月 18 日，第八届全国人民代表大会第三次会议通过了《中华人民共和国教育法》，提出"国家实行学前教育、初等教育、中等教育、高等教育的学校教育制度"，由此明确确定了学前教育在学制中的地位。

1995 年 9 月 19 日，国家教育委员会等 8 部门联合下发《关于企业办幼儿园的若干意见》，以适应我国经济体制改革的日益深入和社会主义市场经济体制的建立，解决在当时企业转换经营机制过程中，学前教育工作面临的一些新情况和新问题，保证学前教育事业的健康发展。

1996 年 1 月 25 日，国家教育委员会颁发《关于开展幼儿园园长岗位培训工作的意见》。为确保培训质量，国家教育委员会同时制定并颁布了《全国幼儿园园长岗位培训指导性教学计划（试行草案）》，并由基础教育司组织编写了幼儿园园长岗位培训的教学大纲及教材。1 月 26 日，国家教育委员会颁布《全国幼儿园园长任职资格、职责和岗位要求（试行）》，以作为选拔、任用、考核培训幼儿园园长的基本依据。

1997 年 7 月 17 日，国家教育委员会印发了《全国幼儿教育事业"九五"发展目标实施意见》，就"九五"期间幼儿教育事业发展的指导思想、具体目标、措施保障等提出了基本要求，为实现《全国教育事业"九五"计划和 2010 年发展规划》对幼儿教育事业提出的目标奠定了基础。1997 年

9 月，华东师范大学学前教育专业、心理系特殊教育学院和上海幼儿师范高等专科学校合并成立华东师范大学学前教育与特殊教育学院，成为全国学前教育领域率先成立的一个二级学院。随后，中专层次的幼儿师范学校也纷纷通过并入高校、独立升格、未升格但举办"三二分段"或"五年一贯制"专科教育等方式来适应提升层次的需要。同时，原有的高师本科学前专业也开始加入培养幼儿教师的行列。幼师的转型、原有高师的加入，再加上综合性大学和非师范高等学校的参与，使幼儿教师培养层次快速提高。

2005 年 3 月 1 日，教育部颁发《关于做好 2005 年中小学幼儿园安全工作的意见》，3 月 18 日，教育部办公厅下发《关于加强中小学幼儿园校车安全管理的紧急通知》，6 月 15 日，教育部印发《关于进一步做好中小学幼儿园安全工作六条措施》，以进一步做好中小学幼儿园安全工作，保障广大中小学生和少年儿童的生命安全和健康成长。

2006 年 6 月，教育部联合公安部、司法部、建设部、交通部、文化部、卫生部、国家工商行政管理总局、国家质量监督检验检疫总局、新闻出版总署制定发布了《中小学幼儿园安全管理办法》，总结了我国近年来学校安全管理工作的成功经验，规定了各有关部门对中小学、幼儿园安全管理的职责，校内安全管理制度、安全教育、安全事故处理办法，以及各有关部门、学校及其他单位应承担的法律责任等。

2007 年 8 月，教育部、公安部、国家安全监督管理总局颁布《关于加强农村中小学生幼儿上下学乘车安全工作的通知》，对学生乘车安全提出了六条要求，以进一步加大对农村地区各类"黑校车"的查处和打击力度，正确引导学生和家长乘坐安全的校车，切实保障学生上下学交通安全。国家质量监督检验检疫总局发布第 101 号文件《儿童玩具召回管理规定》，以此规范儿童玩具召回活动，保障儿童的健康和安全。

2007 年 9 月 20 日，教育部颁发《关于加强民办学前教育机构管理工作的通知》，对民办学前教育的审批程序、监管责任、从业人员、校车安全等做出了相应规定。

2011 年 12 月 31 日，国家发展改革委、教育部、财政部联合印发《幼儿园收费管理暂行办法》，规范幼儿园收费行为，保障受教育者和幼儿园的合法权益，促进学前教育事业科学发展。

2012 年 4 月 5 日，时任国务院总理温家宝签署第 617 号国务院令，公布《校车安全管理条例》，规定了校车使用许可、驾驶人资质、校车通行安全以及法律责任等。

2012 年 5 月 9 日，卫生部印发《托儿所幼儿园卫生保健工作规范》，以加强托儿所、幼儿园卫生保健工作，切实提高托幼机构卫生保健工作质量。

2016 年 11 月 1 日，国家住房和城乡建设部《托儿所、幼儿园建筑设计规范》开始实施。该规范的主要目的在于保证托儿所、幼儿园建筑设计质量，使建筑设计满足适用、安全、卫生、经济、美观等方面的基本要求。

2017 年 4 月，国务院办公厅颁布了《关于加强中小学幼儿园安全风险防控体系建设的意见》，从学校安全风险防控的总体要求、风险预防体系、风险管控机制、事故和风险化解机制、领导责任和风险化解机制五个方面进行了系统设计和全面规定。

2018 年 7 月，教育部办公厅印发《关于开展幼儿园"小学化"专项治理工作的通知》，严禁教授小学课程内容。该通知规定，对于提前教授汉语拼音、识字、计算、英语等小学课程内容的，要坚决予以禁止；对于幼儿园布置幼儿完成小学内容家庭作业、组织小学内容有关考试测验的，要坚决予以纠正；社会培训机构也不得以学前班、幼小衔接等名义提前教授小学内容，各地要结合校外培训机构治理予以规范。

2018 年 11 月 15 日，《中共中央国务院关于学前教育深化改革规范发展的若干意见》全文发布。这份文件对学前教育中部分民办园的过度逐利行为进行了规范。其中"社会资本不得通过兼并收购、受托经营、加盟连锁、利用可变利益实体、协议控制等方式控制国有资产或集体资产举办的幼儿园、非营利性幼儿园"，"民办园一律不准单独或作为一部分资产打包上市"，"上市公司不得通过股票市场融资投资营利性幼儿园，不得通过发行股份或支付现金等方式购买营利性幼儿园资产"等规定，直接剑指幼教产业资产证券化过快现象。

三 《幼儿园教育指导纲要（试行）》及相关文件的颁布

为推进幼儿园实施素质教育，全面提高教育质量，2001 年 7 月 2 日，教育部颁布了《幼儿园教育指导纲要（试行）》（以下简称《纲要》）。

《纲要》分总则、教育内容与要求、组织与实施、教育评价四个部分。这是在实施《幼儿园工作规程》基础上，又一个规范幼儿园教育改革的指导性文件。它规定了我国幼儿园教育的基本实践规范和要求，既立足于我国幼教改革的现实，同时吸收了世界幼教研究的优秀成果。它倡导的现代教育理念和教育思想，贯穿了具有鲜明时代特征的终身教育思想，体现出对儿童权利的尊重，对儿童个性、能力结构与学习特点的尊重，对儿童身心发展规律、教育规律的尊重。教育部在《关于印发〈幼儿园教育指导纲要（试行）〉的通知》中指出，各级教育行政部门要有计划地做好《纲要》的宣传、贯彻和培训工作，使广大幼教工作者、幼儿家长以及社会人士都能了解《纲要》的指导思想和基本要求。各地制定本地贯彻《纲要》的实施方案，采取先行试点的办法，对不同地区、不同类型和条件的幼儿园，分别提出不同的要求，待取得经验后逐步推开。教育部还举办了全国性《纲要》培训班，采取"参与式培训"的形式，收到了良好的效果，各地陆续开展了不同形式的宣传活动。

此前的 2001 年 5 月，国务院颁发了《中国儿童发展纲要（2001～2010年）》，按照"十五"计划的总体要求，根据我国儿童发展的实际情况，以促进儿童发展为主体，以提高儿童身心素质为重点，以培养和造就 21 世纪社会主义现代化建设人才为目标，从儿童与健康、儿童与教育、儿童与法律保护、儿童与环境四个领域提出了 2001～2010 年的目标和策略措施。

2003 年 3 月，国务院办公厅发布 13 号文件，转发了教育部、中央编办、国家计委、民政部、财政部、劳动保障部、建设部、卫生部、国务院妇儿工委、全国妇联等《关于幼儿教育改革与发展的指导意见》，内容涉及幼儿教育改革与发展目标、幼儿教育管理体制和机制、事业发展、教育质量、师资队伍建设等方面，提出今后五年（2003～2007 年）幼儿教育改革的总目标是形成以公办幼儿园为骨干和示范，以社会力量兴办幼儿园为主体，公办和民办、正规与非正规教育相结合的发展格局。根据城乡的不同特点，逐步建立以社区为基础，以示范性幼儿园为中心，灵活多样的幼儿教育形式相结合的幼儿教育服务网络，为 0～6 岁儿童和家长提供早期保育和教育服务。

2007 年，安阳市教育局组织全市优质幼儿园的骨干教师经过多方征求意见，研究讨论，观摩安全教育活动，修改文稿，并在市第二实验幼儿园等 3 所幼儿园开展幼儿安全教育试点工作。制定《安阳市幼儿安全教育指导纲要》，于 2007 年 4 月正式在各县（市、区）教体局、市直各幼儿园实施。这项研究成果还获得了河南省教育科研成果一等奖。

2011 年 12 月 28 日，教育部颁布《关于规范幼儿园保育教育工作防止和纠正"小学化"现象的通知》，以规范幼儿园办园行为，科学保教，防止幼儿园"小学化"。

2012 年 10 月 9 日，教育部印发《3~6 岁儿童学习与发展指南》，帮助幼儿园教师和家长了解 3~6 岁幼儿学习与发展的基本规律和特点，建立对幼儿发展的合理期望，实施科学的保育和教育。

2013 年 1 月 8 日，为加强幼儿园教师队伍建设，教育部印发了《幼儿园教职工配备标准（暂行）》，各地加快核定公办园教师编制，通过特岗计划、小学教师培训后转岗、接收免费师范生、公开招聘等多种途径，充实幼儿园教师队伍。

第二节　幼教理念更加开放　幼教基础作用更加受到重视

1990 年 9 月，联合国召开了世界儿童问题首脑会议，会议通过了《儿童生存、保护和发展世界宣言》和《执行九十年代儿童生存、保护和发展世界宣言行动计划》。1991 年中国政府正式签署了这两个文件。1991 年，全国人民代表大会常务委员会批准我国政府参加签署的联合国制订的《儿童权利公约》从 1992 年 4 月 1 日起在我国生效。1991 年 9 月，颁发了《中华人民共和国未成年人保护法》。1992 年 2 月 16 日，国务院下达了《九十年代中国儿童发展规划纲要》。这是第一部以儿童为主体，促进儿童发展的国家行动计划。该纲要依据我国经济和社会发展的总体规划，结合儿童生存和发展的实际状况，就 20 世纪 90 年代我国儿童生存、保护和发展的主要目标、策略与措施、领导与监测等内容做了详细的规划。提出"发展社区教育、建立起学校（托幼园所）教育、社会教育、家庭教育相结合的育人机制，创造有利于儿童身心健康、和谐发展的社会和家庭环境"。在政策范围内大力倡导民办学前教育的发展，在改革的过程中，幼儿教育办学形式、办学主体更加多样化。明确提出了在经济比较发达的农村，3~6 岁幼儿入园（班）率要达到 35%；90% 的儿童家长要不同程度地掌握保育、教育儿童的知识；要重点支持少数民族、边疆、贫困地区儿童工作的发展；促进残疾儿童的康复与发展，使多数残疾儿童能够入学；在经济不发达的农村和人口居住分散、交通不便的山区、牧区，要利用多种形式进行学前教育；农村要通过广播父母学校与县、乡、村的家长学校、家庭教育辅导站、辅导员相结合的方式，广泛宣传、普及家庭优生、优育、优教的基本知识，同时要重视对农村妇女自我保健意识和能力的培养；对经济不发达地区儿童的生存、保护和发展给予特殊支持。该纲要的制定，充分显示了我国政府重视和关怀儿童事业的严肃态度。纲要以面向世界、面向未来、面向现代化的姿态，对 20 世纪内我国儿童事业的发展提出了十项主要奋斗目标和实现这一目标的策略和措施，是我国政府促进儿童发展的重要举措。

1992 年 1 月 16 日，国家教委印发的《全国教育事业十年规划和"八五"计划要点》指出，20 世纪 80 年代我国基础教育实行地方负责、分级管理的体制，在全国尤其是在农村调动了社会各方面的积极性，涌现一批重视教育并取得显著成绩的地区、部门和单位。"八五"期间，要坚持动员社会力量，在有条件的农村积极发展农村学前教育。该要点还指出，20 世纪 90 年代教育工作要坚持从我国国情和各地实际出发，因地制宜、分区规划、分类推进，保证教育事业持续、稳定、协调发展；要切实重视支持少数民族地区和边远地区、山区教育事业的发展，使其逐步缩小同沿海、发达地区的差距。

1993 年 2 月 13 日，中共中央、国务院在印发《中国教育改革与发展纲要》及后来国务院制定的实施意见中都提出 20 世纪 90 年代我国农村幼儿教育发展的目标是"积极发展学前一年教育"，指出建设有中国特色社会主义教育体系必须充分发挥各级政府、社会各方面和人民群众的办学积极性；必须从我国国情出发，根据统一性和多样性相结合的原则实行多种形式办学，走出符合我国和各地区实际的发展教育的路子。1993 年 6 月，国家教委基础教育司、卫生部医政司、民政部社会福利司、中国残联康复部等单位联合发出《关于进一步做好学龄前智残儿童康复训练工作的通知》，从提高全民族素质的最终目的出发，幼教工作将视野从正常幼儿教育扩展至特殊幼儿教育。

1994年11月29日，国家教委基础教育司在北京召开了全国学前班试点工作会议，重申了必须端正办园（班）思想，克服学前班"小学化"问题。时任国家教委基础教育司幼教处处长朱慕菊做了总结发言，提出了其有推广意义的5点意见。第一，学前班幼教科要管，小教科也要管。学前班要实行二级管理，关键在校长。第二，只有采用新编的教师指导用书，才能改变"小学化"倾向问题。第三，采用多种形式培训学前班教师。第四，学前班教师须有资格认定。第五，加强评估，提高质量。这次会议，对于推动学前班改革起到了"以点带面"的作用。

1995年3月颁发了《中华人民共和国教育法》，将儿童的生存、保护和发展与人类未来之间的关系提到"人口素质基础"和"未来发展的先决条件"的高度。1995年9月19日，国家教委、国家计委、全国妇联等部门联合发布《关于企业办幼儿园的若干意见》，指出"有条件的企业应继续办好幼儿园"，"加强社区对幼儿教育的扶持与管理"，"在城市规划建设中安排好幼儿园规划和建设"。

作为对这些政策的回应，1992年，省教委下发《关于加强学前班管理工作的意见》，要求幼儿教育要坚持保教结合的原则，以游戏为基本的活动形式，将各项教育渗透于活动之中。1992年春，南阳地区教委制定《九十年代南阳地区幼儿教育发展规划纲要》。同年10月上旬，省教委派出检查组，对南阳地区执行《幼儿园管理条例》《幼儿园工作规程》的工作情况进行检查。检查组抽查了南阳地区育红幼儿园、行署幼儿园、南阳市实验幼儿园，内乡县城关4所小学学前班、东王营学前班等8所幼儿园和学前班。根据省教委制定的《幼儿园量化检查标准》和《学前班量化检查标准》，全区被检查的幼儿园和学前班均符合标准，受到省检查组的好评。南阳地区幼儿园、学前班开始扭转在教学中的错误倾向，规范了幼儿园的教学工作。

1994年，根据学前班教育的需要和省教委的安排，南阳市学前班开始使用省教委编写的新"学前班幼儿用书"。全套书包括语言、常识、数学、美工四科，分上、下两册，每期一册。其后，全市部分幼儿园加强了对幼儿特长的培养，其中音乐、美术方面的培养较为突出。少数师资条件具备的幼儿园，对幼儿进行汉语、英语双语教学。

1996 年 4 月 10 日，周口地区首次幼教工作会议在扶沟县召开，会议通过了《关于加强全区幼儿教育工作的意见》《关于对全区幼儿园、学前班实行登记注册制度的通知》《周口地区幼儿园等级验收标准》《周口地区幼儿教师岗位培训教学计划》4 个文件。文件提出了近几年区内幼教事业发展的整体思路，制订了改进措施，对全区幼教事业发展起了巨大的推动作用。全区首次幼教会议，省教委领导给予很高评价，《河南教育信息》第 20 期做了专题报道。

1997 年以来，河南省在推进幼儿教育社会化的进程中将幼儿教育纳入社会运作系统，积极引进市场机制，使幼儿教育对社会需求的反应和适应更为敏感、快捷，取得了长足的进步。

2004 年 6 月 11 日，省政府办公厅转发省教育厅等部门《关于幼儿教育改革与发展实施意见的通知》（豫政办〔2004〕64 号），明确提出了幼儿教育改革与发展的目标，并要求进一步完善幼儿教育管理体制和机制，切实履行政府职责；加强管理，保证幼儿教育事业的健康发展；全面实施素质教育，不断提高幼儿教育质量；切实加强师资队伍建设，努力提高幼儿教育素质；加强领导，确保幼儿教育改革与发展的顺利进行。

2004 年 4 月，省教育厅、省编办、省发展改革委等 10 部门发布《关于幼儿教育改革与发展的实施意见》指出，河南省当前的幼儿教育总体水平还不高，地区之间、城乡之间发展不平衡，与经济、社会、教育的发展和人民群众日益增长的需求还不相适应；幼儿教育事业投入不足；一些地方对幼儿教育的重要性认识尚不到位，简单套用企业改制做法，将幼儿园推向市场，减少或停止投入甚至出售；有的地方幼儿教育管理薄弱，个别地方未经批准擅自举办学前教育机构。为进一步推动幼儿教育的改革与发展，根据《国务院办公厅转发教育部等部门（单位）关于幼儿教育改革与发展指导意见的通知》（国办发〔2003〕13 号）和《河南省人民政府贯彻国务院关于基础教育改革与发展的决定的实施意见》（豫政〔2001〕49 号）精神，提出幼儿教育改革与发展的目标是，到 2007 年，形成以公办幼儿园为骨干和示范，以社会力量兴办幼儿园为主体，公办与民办、正规与非正规教育相结合的发展格局。根据城乡的不同特点，逐步建立以社区为基础，以示范性幼儿园为中心，灵活多样的幼儿教育形式相结合的幼儿教育服务网络，为0~6岁儿童和家长提供早期保育和教育服务。2007年，学前三年儿童受教育率达到55%，学前一年儿童受教育率达到80%；省辖市市区基本满足社会接受学前三年教育的需求，农村多数乡镇建有中心幼儿园，全面提高0~6岁儿童家长及看护人员的科学育儿能力。各省辖市要按照积极进取、实事求是、分区规划、分类指导的原则，结合本地实际制定到2007年幼儿教育改革与发展的工作规划。省辖市市区和经济发达地区，学前三年儿童受教育率应达到90%左右；0~6岁儿童家长及看护人员普遍受到科学育儿的指导。其他地方学前三年儿童受教育率达到50%左右，学前一年儿童受教育率达到80%左右，80%的0~6岁儿童家长及看护人员受到科学育儿的指导。

坚持实行地方负责、分级管理和有关部门分工负责的幼儿教育管理体制。省政府和省辖市政府负责统筹制定幼儿教育的发展规划，制定相关政策并组织实施，积极扶持农村贫困地区的幼儿教育，促进幼儿教育事业均衡发展；县级政府负责本行政区域幼儿教育的规划、布局调整、公办幼儿园的建设和各类幼儿园的管理，负责管理幼儿园园长、教师，指导教育教学工作；城市街道办事处配合有关部门制定本辖区幼儿教育的发展计划，负责宣传科学育儿知识，指导家庭幼儿教育，提供活动场所和设备、设施，筹措经费，组织志愿者开展义务服务；乡镇人民政府承担发展农村幼儿教育的责任，负责举办乡镇中心幼儿园，筹措经费，改善办园条件；要发挥村民自治组织在发展幼儿教育中的作用，开展多种形式的早期教育和对家庭幼儿教育的指导。各级政府都有维护幼儿园的治安、安全和合法权益，动员和组织家长参与早期教育活动，指导家庭幼儿教育的责任。

教育部门是幼儿教育的主管部门，要认真贯彻幼儿教育的方针、政策，拟订幼儿教育事业发展规划并组织实施；承担对各类幼儿园的业务领导，制定相关标准，实行分类定级管理，向有关部门提出对幼儿园收费标准的意见；建立幼儿教育督导和评估制度；培养和培训各类幼儿园的园长、教师，建立园长、教师考核和资格审定制度；具体指导和推动家庭幼儿教育；与卫生部门合作，共同开展0~6岁儿童家长的科学育儿指导。

卫生部门要认真执行国家有关幼儿园卫生保健方面的法规和规章制度，

监督和指导幼儿园卫生保健等业务工作，负责对 0～6 岁儿童家长进行儿童卫生保健、营养、生长发育等方面的指导。

省教育部门根据生均培养成本、当地经济发展水平、居民承受能力等情况，提出对全省公办幼儿园（班）最高和最低收费标准的意见，经同级财政部门和价格主管部门审核报省政府批准后执行；民办幼儿园（班）要按照国家有关规定，根据办学成本合理确定收费标准，报当地价格、教育部门备案并公示。各地要采取切实措施确保低收入家庭和流动人口的子女享有接受幼儿教育的机会。对社会福利机构、流浪儿童救助保护机构的适龄儿童，要给予照顾，有关费用予以减免。

建设部门要会同教育部门在城镇规划中合理确定幼儿园的布局和位置，在城镇改造和城市小区建设的过程中，要建设与居住人口相适应的幼儿园。新区建设和旧区改造的幼儿园由当地政府统筹规划，利用各种资源安排。教育部门要加强对小区配套幼儿园的管理，可采取面向社会公开招标的办法举办幼儿园，任何单位和个人不得改变用途，也不得收取国家规定以外的费用。

民政部门要把发展幼儿教育作为城市社区教育的重要内容，与教育部门共同探索依托社区发展幼儿教育的管理机制和有关政策。

劳动保障部门在研究探索农村养老保险制度时，要统筹研究农村幼儿教师的养老保险问题；城市幼儿教师要按照国家有关规定参加城镇职工医疗保险、工伤保险、养老保险等社会保险，要保障幼儿教师队伍的稳定和幼儿教师的合法权益。

编制部门要按照国家有关规定，加强幼儿园教师编制的管理和教职工队伍的建设，保证幼儿教育事业发展的基本需要，提高办学效益。

公安部门要加强对幼儿园接送车辆和驾驶员的管理、监督和检查，严禁无证驾驶和车辆超载；检查和指导幼儿园做好消防设施建设和消防安全工作。

充分发挥各级妇女儿童工作委员会和妇联组织的作用，推动幼儿教育事业健康发展。

建立和完善政府领导统筹、教育部门主管、有关部门协调配合、社区内各类幼儿园和家长共同参与的幼儿教育管理机制。发挥城市社区居委会和农村村民自治组织的作用，综合协调、动员并利用各种社会资源，促进幼儿教育事业健康发展。

各级政府要加强公办幼儿园建设，保证幼儿教育经费投入，全面提高保育、教育质量。不得借转制之名停止或减少对公办幼儿园的投入，不得出售或变相出售公办幼儿园，已出售的要限期收回。公办幼儿园转制必须经省教育部门审核批准。重视并扶持农村幼儿园的发展，中小学布局调整后的富裕教育资源，应优先用于学前教育，在普及学前一年教育的基础上，逐步发展学前二年至三年教育。

积极鼓励和提倡社会各方面力量采取多种形式举办幼儿园。社会力量举办的幼儿园，在审批注册、分类定级、教师培训、职称评定、表彰奖励等方面与公办幼儿园具有同等地位。各级教育部门要加强对社会力量举办幼儿园保育、教育工作的指导和监督，规范办园行为，保证办园的正确方向。

加强对企事业单位幼儿园的管理。企事业单位转制后，可以继续举办幼儿园，也可将企事业单位办园资产整体无偿划拨，移交当地教育部门统筹管理；要通过实施联办、承办、国有民办等办园体制改革，提高办园效益和活力。实施办园体制改革要保证国有资产不流失，保育、教育质量不下降，广大幼儿教师合法权益受到保障，整体素质得到提高。

县级以上教育部门负责审批各类幼儿园的举办资格，颁布办园许可证，并定期复核验验。民政部门对取得办园许可证的民办幼儿园按有关规定办理民办非企业单位注册登记手续。价格主管部门和财政部门负责向已取得办园许可证并办理登记手续的幼儿园颁发收费许可证，提供行政事业性收费专用票据。未取得教育部门颁发的办园许可证和未办理登记注册手续，任何单位和个人不得举办幼儿园。要采取有力措施取缔非法举办的幼儿园。

依托优质公办幼儿园举办分园必须具有独立的法人资格，实行独立的经济核算和人事管理，有独立的校园、校舍，并独立进行教育教学。

幼儿园不得以开办实验班、特色班和兴趣班等为由，另外收取费用，不得收取与幼儿入园挂钩的赞助费、支教费等。

各类幼儿园要认真贯彻原国家教委《幼儿园工作规程》和教育部《幼儿园教育指导纲要（试行）》，更新教育观念，积极推进幼儿教育改革。要摆脱"保姆式"的教育模式，防止"应试教育"的消极因素向幼儿教育渗透，树立以儿童发展为本的教育理念。全面实施素质教育。要尊重儿童的人格尊严和基本权利，不得以任何形式体罚或变相体罚儿童，为儿童提供安全、健康、丰富的生活环境；要促进儿童的生理和心理健康和谐发展，注重为幼儿创造科学、美观、多样、互动的教育活动环境，满足儿童多方面发展的需要；要尊重儿童身心发展的特点和规律，关注个体差异，因材施教，促进体智德美等全面发展。

幼儿园要建立促进教师专业水平不断提高的机制。要加强幼儿教师的职业道德教育和心理健康教育，鼓励教师立足教育实践，结合日常教育教学工作，开展形式多样的教研活动，不断提高教师素质。

教育部门要建立社区和家长参与幼儿园管理和监督的机制，建立科学的评价体系，加强对幼儿园教育实验、科研及幼儿教育教学用具的管理和指导，禁止在幼儿园从事违背教育规律的实验和活动。幼儿教育实验应由县级以上教育部门批准方可进行，未经教育部门批准，幼儿园不得悬挂各种教育实验或研究基地的牌匾。

幼儿园要与家庭、社区密切合作。要充分利用幼儿园和社区的资源优势，面向家长开展多种形式的早期教育宣传、指导等服务，帮助家长树立科学的幼儿教育理念，学习掌握科学的育儿方法，促进幼儿家庭教育质量的不断提高。

加强示范性幼儿园建设。各级政府要合理布局，有计划地推动示范性幼儿园建设。要在城乡各类社会力量举办的幼儿园中扶持一批办学方向端正、管理严格、教育质量好并具有良好社会信誉的幼儿园作为示范性幼儿园。

要充分发挥示范性幼儿园在贯彻幼儿教育法规、传播科学教育理念、开展教育科学研究、培训师资和指导家庭、社区早期教育等方面的示范、辐射作用。示范性幼儿园要参与本地各类幼儿园的业务指导，协助各级教育部门做好保育、教育业务管理工作，逐步形成以省、市、县、乡各级示范性幼儿园为中心，覆盖各级各类幼儿园的指导和服务网络。

示范性幼儿园由省、省辖市教育部门组织评审认定。省教育部门要根据国家有关规定制定并逐步完善示范性幼儿园标准，定期对示范性幼儿园进行指导、评估和审验，每三年进行一次复验，对不达标的示范性幼儿园要限期整改，经整改仍不达标的要取消其资格，确保其发挥示范作用，带动本地幼儿教育事业整体发展和教育质量的提高。评审活动要简便和节俭，不要干扰当地政府和幼儿园的正常工作。

提高幼儿师范院校办学水平和教育质量。根据幼儿教育事业发展需要，合理确定招生规模，不断提高幼儿教师的培养层次与水平；结合幼儿教育改革的实际，及时调整专业、课程设置和教学内容，不断深化教育教学改革，积极参与幼儿园教育实践。

制定幼儿教育师资培养、培训规划，加强幼儿教师培养、培训机构的建设。要按照教育部《中小学教师继续教育规定》的要求，将幼儿教师培训纳入当地中小学教师继续教育规划。根据幼儿教育改革的需要，不断更新培训内容，改革培训方式和方法，提高培训工作的实效。

要依据《教师资格条例》的有关规定，实行幼儿园园长、教师资格准入制度，严格实行持证上岗。要实行教师聘任制，建立激励机制，全面提高教师队伍的素质和水平。

认真执行《中华人民共和国教师法》，幼儿教师享受与中小学教师同等的地位和待遇。依法保障幼儿教师在进修培训、评选先进、专业技术职务评聘、工资、社会保险等方面的合法权益，稳定幼儿教师队伍。

各级政府要提高对发展幼儿教育的认识，加强对幼儿教育工作的领导，把幼儿教育事业的发展纳入本地经济、社会发展的总体规划，加强幼儿教育的科研工作，认真研究解决幼儿教育改革和发展中的热点、难点问题，并制订相应的政策和措施，把幼儿教育工作作为考核各地政府教育工作的重要内容。要采取有效措施，积极发展农村和贫困地区的幼儿教育事业。对幼儿教育作出突出贡献的单位和个人要予以表彰奖励。

各级政府要积极采取措施，加大对幼儿教育的投入，做到逐年增长。县级以上政府安排的财政性幼儿教育经费要保障公办幼儿园正常运转，保证教职工工资按时足额发放，保证示范性幼儿园建设和师资培训等业务活动正常进行，扶持和发展农村及贫困地区的幼儿教育事业。幼儿教育经费要专款专用，任何部门不得截留、挤占和挪用。乡镇政府的财政预算也要安排发展幼儿教育的经费。

保证幼儿教育管理层层落实到位。要建立由教育部门牵头、有关部门参加的幼儿教育联席会议制度，通报、协调、解决幼儿教育事业发展中出现的问题，促进幼儿教育事业稳定健康发展。

县级以上教育部门要加强幼儿教育管理，要办好乡镇中心幼儿园．发挥其对乡镇幼儿教育的指导和辐射作用。乡镇幼儿保育、教育的业务指导由乡镇中心幼儿园园长负责。

各级政府要制定优惠政策，保证幼儿园（班）的公用事业费（煤、水、电、供热、房租等费用）按中小学的标准收缴。新建、改建、扩建幼儿园按照中小学校建设减免费用的有关规定减免相关费用。

2010 年，国务院再次发布《国务院鼓励和引导民间投资健康发展的若干意见》，提出要鼓励民间资本参与发展教育和社会培训事业，支持民间资本兴办高等学校、中小学校、幼儿园、职业教育等各类教育和社会培训机构。

从 2012 年起，河南开始在全省试点"公建民营"模式的幼儿园，由政府无偿划拨土地，按照国家幼儿园建设标准，政府出资兴建，委托具有办园资质的社会团体、社会机构或个人管理运营。按照河南省教育厅、省发改委联合出台的《河南省学前教育"公建民营"办园模式幼儿园管理办法（试行）》规定，"公建民营"幼儿园的土地及政府投资形成的固定资产归国有，承办者在办园期间投资购买的设备等归承办方所有。政府资金投入主要支持幼儿园活动、生活等土建设施建设，提供基本的办园条件。承办者投资主要用于购置与办园规模相匹配的教学、生活设备，包括教学玩具、桌椅、床具、厨具等设备。承办方在办园期间负责对幼儿园固定资产进行维护维修，不得擅自处理幼儿园国有资产，保证国有资产不流失。"公建民营"幼儿园实行"管办分离"政策。经费管理实行独立核算，保教费、住宿费实行政府指导价。收费项目执行国家有关部门和省政府规定，也可参照同级公办幼儿园收费标准执行，不得自行提高收费标准或增加收费项目。同时享受国家规定的税收优惠政策，在园幼儿与公办园幼儿享有同等权利，贫困家庭幼儿纳入国家资助范围。为确保办园质量，"公建民营"幼儿园园长、教师和工作人员都需严格执行职业准入制度，实行持证上岗、合同管理。"公建民营"幼儿园园长、教师培训要纳入公办幼儿园园长、教师培训计划，教职工在资格认定、职称评定、表彰奖励、教龄计算等方面与公办园教职工享有同等待遇。被确定为承办"公建民营"幼儿园的团体、机构和个人，需与教育行政部门签订合同，明确权利和义务，并缴纳一定的保证金。承办者退出时，须提出申请，由教育、审计、国有资产管理等部门对其资产、财务等进行审计，符合要求的，办理解除合同等相关手续，并向社会公示。"公建民营"幼儿园具有公益性和普惠性，力求与公办普惠幼儿园一样"物美价廉"。

第三节　加快推进乡（镇）中心幼儿园 建设 构建农村幼教体系

1997 年 5 月 31 日，国务院妇女儿童工作委员会在中南海举行儿童工作座谈会。会议要求各级党委和政府要进一步提高对儿童工作重要意义的认识，自觉贯彻"儿童优先"的原则，把儿童发展规划纳入国民经济和社会发展的总体规划，列入党委、政府的重要议事日程。1997 年 7 月 17 日，国家教委印发了《全国幼儿教育事业"九五"发展目标实施意见》（下称《实施意见》），为实现《全国教育事业"九五"计划和 2010 年发展规划》对幼儿教育事业提出的目标奠定了坚实的基础。《实施意见》就"九五"期间我国幼教事业发展的指导思想、具体目标、措施保障等提出基本要求。针对农村幼儿教育的实际，特别指出"九五"期间农村幼儿教育事业发展的具体目标是，1996 年已经基本"普九"及沿海经济发达的省（市）农村要积极发展学前两年或三年教育，1998 年基本"普九"和经济中等的省（市）农村要普及学前一年教育，2000 年基本"普九"和经济欠发达的省（区）农村要巩固和发展学前一年教育；同时，到 2000 年农村绝大多数的乡（镇）应建立一所中心幼儿园，其中 1/2 达到省或地（市）规定的乡（镇）中心幼儿园的标准。实现"九五"期间幼儿教育事业发展目标的措施指出，第一，要提高认识，切实加强对幼儿教育的领导和管理。发展幼儿教育要按照"地方负责，分级管理和有关部门分工负责"的原则，在地方政府举办幼儿园的同时，积极鼓励和大力支持街道居委会，农村乡、镇和村委会以及公民个人举办幼儿园或捐资助园，其形式可因地制宜、灵活多样，在努力办好幼儿园的同时，可采取巡回辅导站、幼儿活动站、计时制幼儿班、游戏小组等非正规教育形式；要建立健全地方性幼儿教育规章，坚持依法治教。第二，深化幼儿园体制的改革。实现幼儿教育社会化，可在部分经济条件好的农村试点；加强农村幼儿教育的管理，省（自治区、直辖市）应根据国家的方针、政策制定农村事业发展规划，定期检查、指导并注意发挥示范幼儿园的示范作用，乡（镇）应努力办好中心幼儿园并充分发挥中心园的示范、辐射以及对村办园（班）的指导和管理作用。第三，深化教育、教学改革，全面提高保教质量。农村地区幼儿园要端正办园思想，防止"小学化"倾向；要针对幼儿身心发展特点和认识规律，组织一日（半日或其他形式）教育活动，切实为幼儿入小学做好准备。第四，切实加强幼儿师资队伍的建设。要根据农村幼儿教师的实际制定相应的办法，保证农村幼儿教师队伍的稳定；对农村幼儿教师要给予更多的关心和帮助，其报酬可参照当地小学教师工资水平或不低于当地人均收入的水平而定，并有所增长，且需及时兑现；农村幼儿教师参加小学教师职务评聘，对成绩显著者要及时进行宣传、表彰；各地还应注意研究制定农村幼儿教师社会保障等有关政策，使其安心从教。第五，拓宽幼儿教育经费渠道，加大投入力度。各级政府应支持开展有关教学实验、评估、表彰、扶助贫困地区幼儿园等，以推进幼儿教育事业的发展。总之，随着经济体制改革的深化，应积极稳妥地进行幼儿园办园体制改革，进一步明确各级政府的责任，探索适应社会主义市场经济的办园模式和内部管理机制，逐步推进幼儿教育社会化。幼儿教育发展方向应该是建立以社区为依托的、适应当地经济和社会发展的、正规与非正规教育相结合的组织形式。实现幼儿教育社会化还需要一个长期的过程。

1997 年国务院出台的《社会力量办学条例》中规定，各种社会力量凡利用非国家财政性教育经费面向社会举办的学校和其他教育机构都属于社会力量办学。该条例对于社会力量办学有了明确的界定和政策保证，扩大了学前教育市场化的范畴，其中包括原企事业单位园所转制园、承办园，新增的社团、街道、公民合资合作办园或公民个人办园等多种非国家财政性教育经费办的幼儿园。

1998 年 12 月教育部制定，1999 年 1 月 13 日国务院批转的《面向 21 世纪教育振兴行动计划》提出，"实施素质教育，要从幼儿阶段抓起，要用科学的方法启迪和开发幼儿的智力，培养幼儿健康的体质、良好的生活习惯与求知的欲望"。在 1999 年 6 月举行的第三次全国教育工作会议上，中共中央、国务院发布的《关于深化教育改革，全面推进素质教育的决定》又明确提出，要进一步推进非义务教育包括幼儿教育、高中教育和高等教育的办学体制改革，指出"实施素质教育应当贯穿于幼儿教育、中小学教育、职业教育、成人教育、高等教育等各级各类教育，应当贯穿于学校教育、家庭教育和社会教育等各个方面"，"实施素质教育，必须把德育、智育、体育、美育等有机地统一在教育活动的各个环节中……促进学生的全面发展和健康成长"。这两个重要文件的颁布，标志着幼儿教育全面实施素质教育政策的正式确立。

2001 年 5 月 29 日，中共中央、国务院发布《关于基础教育改革与发展的决定》，按照"积极进取、实事求是、分区规划、分类指导"的原则，明确了"十五"期间农村学前教育事业发展的基本任务：占全国人口 15% 左右、未实现"两基"的贫困地区，要积极发展学前一年教育；占全国人口 50% 左右、已实现"两基"的农村地区，积极发展学前三年教育；占全国人口 35% 左右的大中城市和经济发达地区，基本满足社会对学前三年教育的需求，重视发展儿童早期教育。该决定指出，"重视和发展学前教育。大力发展以社区为依托，公办与民办相结合的多种形式的学前教育和儿童早期教育服务。加强乡（镇）中心幼儿园建设并发挥其对村办幼儿园（班）的指导作用"。为推进办学体制改革，促进社会力量办学健康发展，该决定强调"学前教育以政府办园为骨干，积极鼓励社会力量举办幼儿园"。2001 年 7 月，教育部在《全国教育事业第十个五年计划》中指出 2005 年学前教育发展的目标是，积极发展学前三年教育，重视发展儿童早期教育，努力使城乡儿童在入小学前能够接受多种形式的学前教育；2010 年学前教育的发展目标是较好满足社会需求。

2001 年 11 月，教育部基础教育司在山东青岛召开全国幼儿教育工作座谈会。会议进一步明晰了"十五"期间农村幼教事业的发展目标：占全国人口 15% 尚未实现"两基"的贫困地区，要积极发展学前一年教育，使学前一年受教育率达到 60%，力争学前三年受教育率达到 35%，同时使大多数 0~6 岁儿童家长和看护人员受到科学育儿指导。占全国人口 50% 左右、已实现"两基"的农村地区（主要在中西部地区），学前一年受教育率达到 80%，积极发展学前三年教育，努力使学前三年受教育率达到 50%，使 90% 的 0~6 岁儿童家长和看护人员受到科学育儿指导。占全国人口 35% 的大中城市和经济发达地区，要基本满足社会对学前三年教育的要求，受教育率达到 90%；0~6 岁儿童的家长和看护人员普遍受到科学育儿指导。

2002 年 12 月 28 日，第九届全国人大常委会第三十一次会议通过了《中华人民共和国民办教育促进法》，并于 2003 年 9 月 1 日正式实施。该法规定了民办教育（含民办学前教育）机构的设立、法律地位、收费标准等。

2003 年 3 月 4 日，国务院办公厅发布《关于幼儿教育改革和发展的指导意见》。该意见提出：今后 5 年（2003~2007 年）幼儿教育改革与发展的目标，学前三年儿童受教育率达到 55%，学前一年儿童受教育率达到 80%，大中城市普及学前三年教育，全面提高 0~6 岁儿童家长及看护人员的科学育儿能力，这与在全国幼教工作座谈会上提出的目标基本一致；进一步完善幼儿教育管理体制和机制，切实履行政府职责；加强管理，保证幼儿教育事业健康发展；全面实施素质教育，提高幼儿教育质量；加强师资队伍建设，努力提高幼儿教师素质；加强领导，保证幼儿教育改革与发展的顺利进行。该意见明确指出，地方各级人民政府要提高对发展幼儿教育的认识，加强对幼儿教育工作的领导；认真研究解决幼儿教育改革和发展中的热点、难点问题，并制订相应的政策和措施，把幼儿教育工作作为考核各级地方人民政府教育工作的重要内容；要采取有效措施，积极发展农村和老少边穷地区的幼儿教育事业。地方各级人民政府要积极采取措施，加大对幼儿教育的投入，做到逐年增长。县级以上人民政府安排的财政性幼儿教育经费要保障公办幼儿园正常运转，保证教职工工资按时足额发放，保证示范性幼儿园建设和师资培训等业务活动正常进行，扶持和发展农村及老少边穷地区的幼儿教育事业；幼儿教育经费要专款专用，任何部门不得截留、挤占和挪用；乡（镇）人民政府的财政预算也要安排发展幼儿教育的经费，保证幼儿教育管理层层落实到位，促进幼儿教育事业稳定健康发展。县级以上教育部门要加强幼儿教育管理，要办好乡（镇）中心幼儿园，发挥其对乡（镇）幼儿教育的指导作用，乡（镇）幼儿保育、教育的业务指导由乡（镇）中心幼儿园园长负责。地方政府要制定优惠政策，保证幼儿园（班）的公用事业费（煤、水、电、供热、房租等费用）按中小学的标准收缴。建立幼儿教育督导制度，把幼儿教育事业发展、幼儿教育质量、幼儿教育经费投入与筹措、幼儿教师待遇等列入各级政府教育督导内容，积极开展对幼儿教育热点难点问题的专项督导检查。幼儿教育改革的总目标是形成以公办幼儿园为骨干和示范，以社会力量兴办幼儿园为主体，公办和民办、正规与非正规教育相结合的发展格局。

1999 年 2 月 2 日，根据国务院《社会力量办学条例》和焦作市社会力量办学管理的规定，经焦作市教委批准，姜永平的"焦作中新幼儿园"和孙兰的"焦作祥晖少儿技能培训班"正式成立，开创了山阳区社会力量办学的先河。这两所学校由山阳区教委管理，按照社会力量办学条例的规定，实行"积极鼓励、大力支持、正确引导、加强管理"的方针，做好保障与扶持工作，保证教学质量，促进学校健康发展。7 月 19 日，市教委通过了第二批由社会力量创办的学校，其中属于山阳区教委管辖的有崔喜梅开办的"焦作小星星儿童英语培训学校"和金莹开办的"焦作群星幼儿园"。

2000 年，南阳市教委下发《关于公布南阳市首批达标乡（镇）中心幼儿园的通知》，全市有 31 所乡（镇）幼儿园被首批认定为市级达标乡（镇）中心幼儿园，农村幼儿教育开始规范发展并得到加强。幼儿园的教材也逐步多样化，课程开设更加灵活。南阳市各级各类幼儿园和学前班以开发幼儿智力、培养幼儿能力为目的，根据自己的实际选用教材。教育内容是全面的、启蒙性的，重在促进幼儿情感、态度、能力、知识、技能等方面的发展。学前班教育注重培养幼儿良好的生活卫生习惯、参加体育运动的兴趣以及良好的品德行为习惯等，注重发展幼儿的语言和一般认知能力、动手能力、学习兴趣和良好的学习习惯。

2000 年驻马店市共有幼儿园 50 所。园数比 20 世纪 90 年代减少了，但入园幼儿达 6170 人，入学前班 3844 人。市区入园率已达到 98%，农村入园（班）率达到 90%。这个时期学前教育最显著的特点是，办园条件极大改善，管理走上了规范化、科学化。幼儿教师合格率达到 90% 以上，教材统一使用，课程按《幼儿园工作规程》开设，克服了学前教育小学化、成人化的不良倾向，保教质量大幅度提高，学前教育事业走上了规范化的健康发展道路。十年间市教委三次荣获省"幼教先进单位"，五次获地区"幼教先进单位"。

2001 年，汝南县在完成了普及九年义务教育之后，不失时机地发展学前三年教育，全县 21 个乡（镇）都办起了乡镇幼儿园，有 18 个乡（镇）的幼儿园都具备了三班或三班以上规模，乡（镇）政府所在地 3～6 岁儿童入园率为 85%，有学前班 307 班，农村 6 周岁儿童入班率达 95%，农村全部普及了学前一年教育。市教育局聘请省内外幼教专家来市讲学，举办了《幼儿园教育指导纲要（试行）》学习培训班，受到了广大幼儿教师的好评。同时，在全市举办了幼儿园、学前班优质课评选活动，其中有 4 名教师分别获得省幼儿园优质课三等奖，省学前班优质课二、三等奖。

2003 年 6 月 12 日，根据《河南省人民政府贯彻国务院关于基础教育改革与发展的决定的实施意见》（豫政〔2001〕49 号）的有关要求，省教育厅下发《关于加强乡（镇）中心幼儿园建设的通知》（教基〔2003〕293 号），要求各地明确目标，制定规划，完善措施，确保 2005 年全省 85% 以上的乡（镇）建一所乡（镇）中心幼儿园。本年全省新建乡（镇）中心幼儿园 381 所。

周口市转发《省教育厅关于加强乡（镇）中心幼儿园建设的通知》，要求各县、市、区按省教育厅分配的目标任务，增建乡（镇）中心幼儿园，利用农村小学撤并后的闲置校舍改建幼儿园或学前班，改善办园条件，扩大办园规模和招生量。同时，广泛引资，大力发展民办幼儿园。全市幼儿教育由城市逐步向农村延伸，幼儿教育覆盖面进一步扩大。

2003 年，信阳市制定了全市乡镇中心幼儿园建设三年规划。开展了全市幼儿教师论文评选活动，并推荐 25 篇参加省级评选，获奖 21 篇。组织参加了全省幼教优质课评选活动，全市参评 7 节课有 6 节课获奖。组织幼儿园园长、幼教骨干 19 人参加全省第二期《幼儿园教育指导纲要（试行）》培训班。在省教育厅组织的全省首届幼儿园自制教玩具大赛评选中，该市有 7 件作品获奖。

2003 年 4 月 21 日，教育部下发《关于表彰全国幼儿教育先进县（市、区）的决定》，南阳市卧龙区受到了表彰。同月，省教育厅发文通知，南阳市第一实验幼儿园（原育红幼儿园）、卧龙区实验幼儿园被评为省级示范性幼儿园，成为南阳市首批省级示范性幼儿园。

2004年，周口市组织各县市区幼儿专干赴外地学习，开始对全市学前教育机构分级验收、分级挂牌工作，并把工作重点放在发展乡镇中心幼儿园和民办幼儿教育上面，全市新建乡镇幼儿园42所，比省教育厅下达的目标任务超额完成8所。扶沟、郸城2县所有乡镇均建有中心幼儿园。2005年，全市正规注册幼儿园267所，是1991年的6倍，其中公办幼儿园107所。

2004年，安阳全市新建乡镇中心幼儿园20所，圆满完成省教育厅下达的乡镇中心幼儿园建设任务。截至年底，全市共有53个乡镇建成中心幼儿园，占乡镇总数的59.8%。

2005年，根据国家和省教育厅的要求，结合郑州市实际，制定下发了《郑州市教育局转发河南省教育厅关于加强乡（镇）中心幼儿园建设的通知》和《郑州市乡（镇）中心幼儿园建设目标任务》。在具体实施过程中，按照省定91%的乡（镇）建起幼儿园的要求，每年组织幼教专干逐乡督查、指导，给每个中心幼儿园建立了档案，将每次检查评分情况记录在案。截至2005年，全市有111个乡镇建立了中心幼儿园，占全市乡镇总数的99%，完成省定91%的目标，在全省居于领先地位。

2005年7月11日，《平顶山市教育局关于加强乡（镇）中心幼儿园建设的通知》下发，推动了幼儿教育的发展。全市92%的乡（镇）已建有88所中心幼儿园，其中2005年投入资金300多万元，新建乡（镇）中心幼儿园23所。舞钢市在每所乡镇都有一所中心幼儿园的基础上，又提出了建立学区中心幼儿园的目标，不断提高农村学前受教育率。积极开展示范性幼儿园创建活动，至2005年底，市育新幼儿园已创建为省级示范性幼儿园，市育才幼儿园等7所幼儿园已创建为市级幼儿园。

2005年，驻马店市提出以乡镇中心幼儿园建设为重点，充分利用农村中小学布局调整富裕的教育资源发展幼儿教育，鼓励农村小学附设3年制幼儿园，鼓励社会力量举办乡镇中心幼儿园。2005年，全市幼儿园发展到194所，较上年增加5所，在园幼儿12.6万人。11月，市教育局与市发改委联合开展了示范性幼儿园评验活动，认定12所市级示范性幼儿园、11所市一级幼儿园。

　　为推进和扶持农村幼儿教育事业的发展，加快农村幼儿园的建设步伐，号召经济条件好的幼儿园和农村幼儿园互相交流、互相学习，共同提高、共同发展，2006 年 9 月中旬，在舞钢市尚店乡中心幼儿园由省实验幼儿园、郑州市汝河路第一幼儿园率先启动了城乡幼儿园手拉手活动。

　　2006 年，焦作市乡镇中心幼儿园建设达到 100%。

　　2010 年，教育部、财政部下文印发了《支持中西部地区农村小学增设附属幼儿园实施方案》，要求"中西部地区从 2011 起，用 3 年时间，中央财政支持中西部地区和东部困难地区依托当地调整规划中保留的农村小学或教学点现有富余校舍资源，增设附属幼儿园"。重点支持农村乡镇中心幼儿园建设。项目实施三年，中央财政投入 55.6 亿元，在中西部农村地区建设了 3149 所幼儿园，为 63 万适龄儿童提供了入园机会。

　　从 2011 年开始，中央财政计划五年内安排 500 亿元，实施四类七个学前教育项目（包括支持中西部农村改建、扩建幼儿园；建山区巡回支教试点；设立"奖补资金"，扶持提供普惠性服务、招收农民工子女的民办幼儿园和城市集体、企事业单位办园；实施中西部农村幼儿教师国家级培训计划；建立贫困儿童、孤儿和残疾儿童的幼儿教育资助制度等），其基本设计原则是"向社会处境不利儿童倾斜"，体现了公共财政"扶弱保底"——从保障最弱势群体儿童的早期教育权做起，促进教育公平的基本职能。按照"省市自愿、中央财政补助"的方式，国家在贵州、湖南、河南、陕西、辽宁五省开始了巡回支教试点工作。中央财政设立专项资金直接支持学前教育，在中华人民共和国的历史上尚属首次，意义非凡。

　　2011 年，河南省发布了《关于加大财政投入支持学前教育以奖代补的通知》和《财政扶持民办幼儿园发展奖补资金管理暂行办法》。按照"市县先行、省级补助"的要求，"校舍改建类"项目实施，按照中央奖补 60%，其余资金由市县补充的原则；"幼儿资助类"项目实施由各市县结合实际先行建立学前教育资助制度，按照在校时间每生每天不低于 2 元的标准，对家庭经济困难儿童给予资助。省财政厅、教育厅视市、县工作情况给予奖补。河南省在《财政扶持民办幼儿园发展奖补资金管理暂行办法》中规定省财政设立"民办幼儿园发展奖补资金"，扶持低收费普惠性民办幼儿园发展，其使用原则为"市县为主、激励引导、省级奖补"。省财政厅根据财力状况和中央奖补情况,确定年度奖补资金总额度。

2011 年 6 月,河南省沁阳市政府正式启动《学前教育三年行动计划》。其中,"每个乡镇办好一所由财政拨款、质量较高、能发挥辐射带动作用的公办幼儿园"成为主要目标和最大亮点。该计划明确将建立以政府为主体的学前教育经费保障体系,将学前教育经费列入财政预算,确保学前教育经费逐步达到全市教育经费的 8%~9%,用于学前教育的教育附加费不低于 5%;进一步完善幼儿教师专业培训体系,规定在职幼儿教师每 5 年将接受不低于 360 学时的培训;建立幼儿教师补充机制,每年招聘幼儿教师数量不少于招聘教师总数的 20% 等。

河南省 2012 年开始推进的一项重要工程是在全省 54 个县进行学前教育机构改建工程,包括农村闲置小学改建幼儿园、在农村中小学附设幼儿园等。

从 2013 年开始,国家实施推进农村学前教育项目,重点支持中西部地区。河南省各地政府都安排专门资金,重点建设农村幼儿园。乡镇和大村独立建园,小村设分园或联合办园,配备专职巡回指导教师,逐步完善县、乡、村学前教育网络。改善农村幼儿园保教条件,配备基本的保教设施、玩教具、幼儿读物等。创造更多条件,着力保障留守儿童入园。发展农村学前教育充分考虑农村人口分布和流动趋势,合理布局,有效使用资源。结合本区域经济社会发展状况和适龄人口分布、变化趋势,科学测算入园需求和供需缺口,确定发展目标,分解年度任务,落实经费,以县为单位编制学前教育三年行动计划,有效缓解"入园难"。信阳市政府在《普惠民办园的认定办法》中"对经教育部门认定的普惠性民办园,同级财政按照每生每年不低于 200 元的标准设立奖补资金;有条件的县区可参照公办园生均拨款标准,对普惠性民办园给予补贴;鼓励普惠性民办园积极扩充资源,每新增一个标准班,按照市辖区不低于 7 万元、县及以下地区不低于 5 万元的标准给予一次性奖补"。

2016 年 6 月 15 日,《国务院办公厅关于加快中西部教育发展的指导意见》发布,提出要积极发展农村学前教育,尤其是中西部革命老区、民族地区、边疆地区、贫困地区农村的学前教育。该意见指出,中西部要构建农村学前教育体系,逐步提高农村入园率,实现每个乡镇至少有一所公办中心幼儿园，到 2020 年，中西部地区学前当年毛入园率达到 70%。

第四节　托幼一体化发展 特殊需求
儿童的发展受到关注

2007 年 10 月，党的十七大报告提出要加快推进以改善民生为重点的社会建设目标，并把"重视学前教育"作为优先发展教育、建设人力资源强国的重要举措之一，这是科学发展观和构建社会主义和谐社会理念的具体体现。

2007 年 11 月，全国政协教科文卫体委员会、国务院妇女儿童工委办公室、教育部、卫生部、中国科协、全国妇联在北京召开了"儿童早期发展高层论坛"，其宗旨是贯彻落实党的十七大精神，分享和交流国内外关于儿童早期发展的最新研究成果、政策与实践举措，宣传科学的儿童发展知识和理念，呼吁全社会重视和关注儿童早期发展，推动各级政府和相关部门进一步研究制定相关的政策和行动，让每一个儿童拥有良好的人生开端。会上由十多位国内外知名专家做了营养学、心理学、教育学、社会学、经济学等方面的报告，并发出了《让每一个儿童拥有良好的人生开端》的倡议书，内容包括：制定和实施国家早期儿童发展行动计划；加大对儿童早期健康保育和教育的投入；建立跨部门合作的工作机制；加强儿童早期发展的科学研究，提高服务质量；加强幼儿园和妇幼保健机构的公共服务职能建设；提高儿童保健人员和幼儿园教师的专业水平；开展广泛的社会宣传动员。

2012 年 4 月 17 日，教育部办公厅下发了《关于开展 0~3 岁婴幼儿早期教育试点工作有关事项的通知》，通过对申报省市的选择，决定在上海市、北京市海淀区等 14 个地区开展 0~3 岁婴幼儿早期教育试点，并对试点任务、内容和有关工作提出了明确要求，以探索发展 0~3 岁婴幼儿早期教育的模式和经验。

2012 年 11 月 14 日，为进一步加强对学前教育的宏观指导，设立教育部学前教育办公室。

2017 年 10 月，党的十九大强调优先发展教育事业、办好人民满意的教育，首次提出实现"幼有所育"。"幼有所育"，即让所有 0~6 岁的适龄儿童得到更好的养育、教育，其包含 0~3 岁婴幼儿的教育。

郑州市盲聋哑学校心之灵幼儿园是河南省教育部门创办的首家公办特殊教育幼儿园。该园位于郑州市盲聋哑学校内，创办于 2007 年 9 月，填补了省内盲童学前教育缺失的空白，同时使得残疾孩子能够从幼儿园到小学接受衔接教育。幼儿园尝试"双语教学"，即口语和手语并进，目的是让聋哑儿童既可以读懂常人的语言，又能够与聋哑孩子交流。

为关注残障儿童，推进教育公平和教育现代化的实现，教育部联合多个部门于 2014 年 1 月颁布了《特殊教育提升计划（2014~2016 年）》，提出"使每一个残疾孩子都能接受合适的教育"。针对学前阶段，国家特别提出，"支持普通幼儿园创造条件接收残疾儿童。支持特殊教育学校和有条件的儿童福利机构增设附属幼儿园（学前教育部）"。自计划颁布以来，全国各地区积极响应号召，仅河南省就有 73 所普通幼儿园开始试行融合教育模式，取得了积极成效。

从 2015 年秋季入学开始，河南省 45 所幼儿园开始招收残疾儿童入园，试点融合教育。为保证有特殊教育需要的幼儿秋季能顺利入园，河南省教育厅要求这 45 所幼儿园设置资源教室，配备保育教育康复训练资源，至少配备 1 名经过专门培训、具备实施融合教育应有的专业知识与专业能力的教师，保证有特殊教育需要的幼儿最大限度地、有效地参与到幼儿园的集体生活中。

2016 年 3 月开始实施的《幼儿园工作规程》的第二章"幼儿入园和编班"第八条指出："幼儿园对烈士子女、家中无人照顾的残疾人子女、孤儿、家庭经济困难幼儿、具有接受普通教育能力的残疾儿童等入园，按照国家和地方的有关规定予以照顾。"文件中提到的相关信息，正是中国融合教育在发展中的一个指向标，对于中国特殊幼儿来说是具有划时代意义的一个规程。

为全面贯彻党的十八届五中全会中"办好特殊教育"这一重要精神，深入落实《国家教育事业发展第十三个五年规划》，持续巩固《特殊教育提升计划（2014~2016 年）》推进成果，早日破解特殊教育改革发展的瓶颈问题，教育部等部门又于 2016 年底制定了《第二期特殊教育提升计划

（2017~2020 年）》，进一步明确要"坚持普教与特教相结合，推进融合"。使每个适龄儿童能够拥有相同的受教育权利是教育公平和教育现代化的实质，尽管有特殊需要的儿童存在身体或心理上的缺陷，但他们和其他普通幼儿一样，也是社会的一分子，是家庭的希望和国家的未来，他们也有权利在幼儿园里学习、成长。

2017 年初，国务院常务会议修订通过的《残疾人教育条例》，从同年的 5 月开始施行。该条例中多次具体提到特殊幼儿的教育问题，如"学前教育机构、各级各类学校及其他教育机构应当依照本条例以及国家有关法律、法规的规定，实施残疾人教育；对符合法律、法规规定条件的残疾人申请入学，不得拒绝招收"，并且在第四章"学前教育"中具体说明了残疾幼儿接受学前教育的各项规定。该条例明确了学前教育的相关机构也应该按照相关的规定招收特殊幼儿，而且还不得拒绝，这对学前融合教育的发展起到了积极的推动作用。

第五节 规划长远 促进学前教育现代化

1998 年 12 月 24 日，教育部制定《面向 21 世纪教育振兴行动计划》，提出"实施素质教育，要从幼儿阶段抓起，要用科学的方法启迪和开发幼儿的智力，培养幼儿健康的体质、良好的生活习惯与求知的欲望"。1999 年 1 月 13 日，国务院批转了《面向 21 世纪教育振兴行动计划》。

2010 年 7 月 13~14 日，中共中央、国务院召开进入 21 世纪以来第一次全国教育工作会议。会上提出"要基本普及学前教育，重点发展农村学前教育，遵循幼儿身心发展规律，坚持科学保教方法，加强学前教育管理，保障幼儿快乐健康成长"。颁布了《国家中长期教育改革和发展规划纲要（2010~2020 年）》（以下简称《纲要》），对新时期推动教育事业科学发展进行了战略部署，描绘了未来教育改革发展的蓝图，为未来 10 年教育改革发展指明了方向，开启了我国从教育大国迈向教育强国、从人力资源大国迈向人力资源强国的新的历史征程，是我国教育改革发展史上一个新的重要的里程碑。《纲要》把学前教育专列一章，提出了到 2020 年基本普及学前教育的目标。《纲要》中关于学前教育的有"一章、三条、一个项目、八个直接规定和众多基本精神"。

"一章",是《纲要》的 22 章中,第三章是专章部署学前教育的,这在国家级的中长期教育规划纲要中还是第一次。把学前教育作为今后 10 年教育事业 8 大发展任务之一,专列一章进行部署,凸显了国家对发展学前教育的高度重视,是党和政府新时期促进各级各类教育协调发展的重大举措。"三条",是《纲要》的 70 条中,第 5、第 6、第 7 条是有关学前教育的。第 5 条"基本普及学前教育"在国家教育发展史上首次部署了在全国基本普及学前教育的工作。这是国家在 2000 年基本普及义务教育以后,为实现更高水平的普及教育而做出的重大决策。第 6 条"明确政府职责"要求落实政府在规划、投入、监管和保障公平方面的责任,加强教师队伍建设,充分调动各方面力量发展学前教育。可以说,明确和落实政府责任,是促进学前教育事业健康可持续发展的关键保障。第 7 条"重点发展农村学前教育",针对农村的实际对学前教育的发展进行了专门部署和强调,充分显示出国家对农村学前教育事业发展滞后这一问题的重视,对农村孩子接受学前教育的重视和对学前教育在促进教育公平中作用的重视。"一个项目",是在 66 条的 10 个重大项目中,专门设计了"推进农村学前教育"项目。"八个直接规定",是《纲要》有 8 处〔第 3、29、55、57(两处)、62、65、66 条〕直接提到学前教育。在一个中长期规划中,8 处对学前教育做出规定,是不多见的,显示出方方面面对学前教育的关心和方方面面的政策开始聚焦支持学前教育的发展。2010 年 10 月 18 日,中国共产党第十七届中央委员会第五次全体会议通过的《中共中央关于制定国民经济和社会发展第十二个五年规划的建议》(简称"十二五"规划)提出加快教育改革,"积极发展学前教育"。

2010 年 11 月,国务院常务会议确定了发展学前教育的五条政策措施("国五条"):扩大学前教育资源;加强幼儿教师队伍建设;加大学前教育投入;强化对幼儿园保育教育工作的指导;完善法律法规,规范学前教育管理。会议还要求,以县为单位编制学前教育三年行动计划。2010 年 11 月 21 日,国务院颁布《关于当前发展学前教育的若干意见》,提出了十条意见(又称"国十条"),积极发展学前教育,提供"广覆盖、保基本"的学前教育公共服务,着力解决存在的"入园难"问题,以满足适龄儿童入园需求，促进学前教育事业科学发展，进一步贯彻落实党的十七届五中全会、全国教育工作会议精神和《国家中长期教育改革和发展规划纲要（2010~2020 年）》。

"国十条"连续用三个"是"和三个"关系"深刻地阐明了学前教育的性质和意义，指出它"是终身学习的开端，是国民教育体系的重要组成部分，是重要的社会公益事业"，"关系亿万儿童的健康成长，关系千家万户的切身利益，关系国家和民族的未来"，肯定了它在国计民生中的重要位置。

在总结多年经验与教训的基础上，"国十条"明确提出了改革与发展的方向——"坚持公益性和普惠性，努力构建覆盖城乡、布局合理的学前教育公共服务体系"，对学前教育"社会化"的真正含义做出了正确的诠释。同时，对如何坚持公益性、普惠性，如何构建学前教育公共服务体系提出了"坚持政府主导，社会参与，公办民办并举"的发展方针。这一方针既是对以往"两条腿走路"方针的继承，又赋予了它新的含义。

"国十条"要求各地"以县为单位编制学前教育三年行动计划，有效缓解'入园难'"，"各省（区、市）要建立督促检查、考核奖惩和问责机制，确保大力发展学前教育的各项举措落到实处，取得实效"。

实施学前教育三年行动计划是国务院为加快发展学前教育、有效缓解"入园难"问题而做出的一项重大决策。"国十条"强调要"把发展学前教育摆在更加重要的位置"，要求各省（区、市）以县为单位编制实施学前教育三年行动计划。2010 年 12 月，国务院专门召开全国学前教育工作电视电话会议，对贯彻落实"国十条"、研制实施学前教育三年行动计划做了全面动员和具体部署，要求地方政府根据当地的经济社会发展状况和学前教育的实际需求，研制三年行动计划，明确未来三年学前教育发展目标和建设任务，并将其纳入为民办实事的重要工程予以保障。

这些政策措施的出台标志着我国学前教育制度建设和体制机制建设取得了重大突破。民办幼儿教育在政策的引导下蓬勃发展，形成了"政府主导、社会参与、公办民办并举"的办园体制，"大力发展公办幼儿园，积极扶持民办幼儿园"的格局。《关于当前发展学前教育的若干意见》是近 30年来我国关于幼儿教育发展的最高级别的政策性文件，不仅明确了国家幼教改革与发展的大政方针，同时也精心设计了实现战略目标、解决当前急迫问题的具体路径，并在一定程度上扭转了幼儿教育过度市场化的局面。

从 2010 年起，为了支持各地实施好三年行动计划，教育部会同财政部、国家发展改革委实施了 8 个国家学前教育重大项目，重点扶持中西部农村地区和城市薄弱环节。这些项目可分为四大类：一是幼儿园建设类，支持中西部农村扩大学前教育资源；二是综合奖补类，鼓励社会参与、多渠道多形式举办幼儿园；三是实施幼儿教师国家级培训计划；四是建立学前教育资助制度，对家庭经济困难儿童、孤儿和残疾儿童入园给予资助。

2011 年 9 月 5 日，财政部会同教育部印发了《关于加大财政投入支持学前教育发展的通知》，决定从 2011 年起，中央财政通过设立学前教育发展专项资金，以中西部农村地区为重点，引导支持各地加大对学前教育的投入，努力调动地方政府、企事业单位和社会力量等各方面积极性，统筹城乡学前教育发展，多渠道扩大学前教育资源，加强幼儿师资队伍建设，逐步建立幼儿资助制度，推动学前教育加快发展。鼓励社会参与、多渠道多形式举办幼儿园（简称"综合奖补类"项目）。积极扶持民办幼儿园发展。各地要制定优惠政策，通过保证合理用地、减免税费等方式，鼓励和支持社会力量以多种形式举办民办幼儿园；采取政府购买服务、减免租金、以奖代补、派驻公办教师等多种方式，引导和支持民办幼儿园提供普惠性、低收费服务。中央财政安排"扶持民办幼儿园发展奖补资金"，根据各地扶持普惠性、低收费民办幼儿园发展的工作实绩给予奖补。

2011 年上半年，根据国家要求和省政府部署，在广泛深入调研的基础上，研究制订河南省发展学前教育的意见，编制并启动实施学前教育三年行动计划。6 月 1 日。省政府印发了《河南省人民政府关于大力发展学前教育的意见》（豫政〔2011〕48 号）和《河南省学前教育三年行动计划（2011~2013 年）》（豫政办〔2011〕62 号），明确了今后一个时期河南省学前教育改革发展的基本原则、目标任务和政策措施。总体目标任务：建立政府主导、社会参与、公办民办并举的办园体制，逐步形成以公办幼儿园和提供普惠性服务的民办幼儿园为主体，多渠道、多形式发展学前教育的格局。到 2013 年，学前三年毛入园率达到 61% 以上，学前一年毛入园率达到 87% 以上，有效缓解"入园难"问题；幼儿教师全部具备教师资格，具有专科及以上学历的比例达到 70% 以上。三年内全省新建、改扩建幼儿园 6600 所，其中新建、改扩建公办幼儿园 4000 所；培训幼儿园园长、专任教师和保育人员 6.8 万人，其中培训专科学历人员 1 万人以上。

2011 年 3 月，驻马店市政府出台《驻马店市学前教育三年行动计划》和《关于加快发展学前教育的实施意见》。10 月，召开全市学前教育工作暨三年行动计划启动会议。规划到 2013 年底，全市达到每个乡镇都有 1 所符合标准的公办幼儿园，公办幼儿园数量和比例大幅增长。通过新建、改扩建增加幼儿园 291 所，各级各类幼儿园达到 834 所。为规范幼儿园办园行为，在广泛调研的基础上制定了《驻马店市幼儿园评估标准》，从"园舍设施、行政管理、教育工作、卫生保健"四个方面做出明确规定，并开展市级示范性幼儿园和市一级幼儿园复评。以园本培训为重点，开展多层次、多形式的园长和教师培训，幼儿教师队伍整体素质不断提高。

2011 年 4 月，商丘市政府召开了全市学前教育暨三年行动计划启动工作会议，并同各县（区）政府签订了目标管理责任书。

2011 年 5 月 12 日，《新乡市学前教育三年行动计划（2011~2013 年）》（新政办〔2011〕62 号）正式印发，在全省第一个完成三年行动计划编制工作。该计划的总体目标：到 2013 年，全市共新建幼儿园 207 所，其中公办 171 所；改扩建幼儿园 235 所，其中公办 66 所。民办幼儿园发展规范有序，农村幼儿园办园水平明显提升，保教质量显著提高，师资队伍日趋优化。2011 年年度目标具体安排如下：新建 74 所幼儿园，其中公办 63 所，民办 11 所；改扩建幼儿园 75 所，其中公办 24 所，民办 51 所。新建（改扩建）县（市）、区公办直属幼儿园 8 所，乡镇公办中心幼儿园 59 所，乡镇、村公办幼儿园 20 所。公办幼儿园占全市当年幼儿园总数的 19.8%，幼儿入公办园的比例达到 27.1%。学前三年毛入园率达到 76.1%，一年毛入园率达到 93.7%，同比提高 4.7% 和 5.4%。省示范幼儿园增加 2 所，市示范幼儿园增加 15 所，省市级示范幼儿园达到 4%，公办教师占 20%。接受专业培训的幼儿教师和保育员比例达到 30% 左右，大专及以上学历的专任教师达到 30%，幼儿教师学历达标率达到 70%，保教人员持证上岗率达到 50% 以上。自 9 月起，市教育局与财政局组织各县（市）、区负责人多次召开会议，对上级文件进行学习研究和贯彻落实，制定新乡市农村学前教育五年规划。10 月 9 日，新乡市农村学前教育五年规划各项材料被省教育厅基教处审核通过。

2011 年 7 月 19 日，鹤壁市政府出台《关于大力发展学前教育的意见》，市政府办公室印发《鹤壁市学前教育三年行动计划（2011～2013 年）》。10 月 13 日，全市学前教育工作暨三年行动计划推进会议在市人民会堂召开，时任副市长张然到会讲话，市学前教育三年行动计划推进工作领导小组成员单位领导及县区教育等部门负责人参加会议。各县区主管教育的副县（区）长向张然递交了《鹤壁市学前教育三年行动计划目标责任书》并作表态发言。12 月 14 日，市教育局召开全市学前教育三年行动计划推进座谈会。年内，全市新建、改扩建幼儿园 31 所，基本实现每个乡镇至少有 1 所办园条件较好的幼儿园的目标。各县区学前毛入园率均超出计划目标：学前一年毛入园率 85% 以上，学前三年毛入园率 58% 以上。

2011 年 7 月 28 日，省政府在郑州市人民会堂召开全省学前教育工作暨三年行动计划启动会议，时任副省长徐济超出席会议并做重要讲话，安排部署了今后一个时期河南省的学前教育改革发展工作。各省辖市、省直管试点县（市）政府分管教育工作的副市（县）长，教育局局长、分管学前教育工作的副局长，发展改革委主任，财政局局长和省直有关单位负责人参加会议。会上，省政府与各省辖市、直管县（市、区）政府签署了学前教育目标管理责任书。将学前教育发展的目标任务分解到了各个年度，落实到了各个县（市、区），确保三年行动计划逐步实施、有序推进。2011 年 9 月 21 日，省教育厅、省财政厅在郑州市召开各地教育、财政部门有关负责人工作会议，就贯彻落实全国学前教育三年行动计划推进会议和财政部、教育部有关加强学前教育工作文件精神，做好相关工作做出具体部署。随后，按照西安会议精神和财政部、教育部一系列文件要求，编制扩大学前教育资源发展规划、校舍改建等四大类 7 个项目规划，制订相应的实施意见和配套文件，申请到中央财政资金 8.7 亿元。

2011 年 8 月 25 日，开封市政府召开开封市学前教育工作暨三年行动计划启动会议。制定下发《开封市学前教育三年行动计划》（汴政办〔2011〕65 号）、《开封市人民政府关于加强学前教育发展的实施意见》（汴政办〔2010〕67 号）。本年，开封市新建、改扩建幼儿园 105 所，超额完成年初制定的新建、改扩建 100 所幼儿园的目标任务。

2011 年 8 月，安阳市召开学前教育工作暨三年行动计划动员大会，出台并印发《安阳市人民政府关于进一步加快学前教育发展全面提升学前教育质量的意见》和《安阳市学前教育三年行动计划》，对全市未来三年和今后一个时期的学前教育发展进行科学规划和部署。2011 年，全市筹措资金 1.2 亿元，新建幼儿园 125 所，其中竣工 87 所，在建 38 所；改扩建幼儿园 44 所，其中竣工 28 所，在建 16 所。

2011 年 9 月 29 日，南阳市政府召开全市学前教育工作会议，安排部署当前和今后一个时期全市学前教育工作，组织实施学前教育三年行动计划。各县区政府分管教育工作的副县（区）长、教体局局长、财政局局长、发改委主任及市直相关部门负责人参加了会议。会议指出，全市将在今后三年着力解决"入园难""入园贵"问题，到 2013 年，全市将新建、改扩建公办幼儿园 699 所，基本实现"广覆盖、保基本"的学前教育公共服务目标。每个乡镇要至少建成 1 所标准化公办中心幼儿园，使农村适龄儿童享有公平的学前教育机会。会上，各县区向市政府递交了实施学前教育三年行动计划的目标责任书。卧龙区、西峡县、新野县、南召县政府在大会上做了典型发言，市教育局、财政局做了表态发言。

2011 年 11 月 9 日，焦作市政府下发《关于大力发展学前教育的意见》和《焦作市学前教育三年行动计划（2011～2013 年）》。将 2011 年的学前教育目标任务写入《政府工作报告》，作为五项教育重点工作之一纳入政府责任目标。成立了工作组，将学前教育行动计划作为联系基层的四大重点工作，实行定期督查，定期汇报。通过园长高峰论坛、任职资格培训等活动，提高园长的专业理论水平和管理能力。本年，焦作市锦祥幼儿园、焦作市龙源湖幼儿园和温县实验幼儿园被认定为河南省第十一批省级示范性幼儿园。此前，沁阳市教育局在焦作市率先启动并实施了"学前教育三年行动计划"，建立了以政府投入为主体的、较为完善的学前教育经费保障体系，将学前教育经费列入财政预算，逐步达到教育经费的 8%～9%；并建立了学前教育建设专项经费、学前教育专项经费、学前教育奖励基金等，用于幼儿园建设、改善办园条件、奖励有突出贡献的学前教育管理者和教师等。

2011 年，洛阳市出台《洛阳市人民政关于大力发展学前教育的实施意见》，制定《洛阳市学前教育三年行动计划》、《洛阳市各县区利用闲置校舍改造幼儿园规划》和《洛阳市农村中小学附属幼儿园基本规划》，并与各县（市、区）签订《洛阳市学前教育三年行动计划目标责任书》，明确学前教育三年发展目标，即到 2013 年底，新建 326 所、改扩建 277 所幼儿园，实施农村学前教育试点建设工程，投入资金 1180 万元，在新安县建设乡镇中心幼儿园 9 所。同时，鼓励社会参与、多渠道多形式举办学前教育。

《信阳市浉河区人民政府关于扶持普惠性民办幼儿园发展暂行办法》（浉政〔2012〕76 号）就普惠性民办幼儿园必须具备的条件，普惠性民办幼儿园扶持内容，普惠性民办幼儿园奖补资金的申报、审批，普惠性民办幼儿园的管理等方面做了规定。其中，普惠性民办幼儿园扶持内容包括以下几个方面。一是资金奖补，市级三等普惠性民办幼儿园每班每学年奖补 2000 元，市级二等普惠性民办幼儿园每班每学年奖补 4000 元，市级一等普惠性民办幼儿园每班每学年奖补 6000 元；幼儿园平均班额 30 人左右，每园每学年补助金额最高不超过 10 万元。二是教师培训，普惠性民办幼儿园教师培训统一纳入浉河区幼儿园教师培训计划。三是派驻专业副园长，区教体局从公办幼儿园专业教师中挑选业务能力强、责任心强的教师，到缺专业园长和副园长的普惠性民办幼儿园担任副园长，任期一年进行帮扶。四是结对帮扶，每所省级示范性幼儿园、市一级幼儿园至少结对帮扶一所普惠性民办幼儿园。

2013 年是学前教育第一期三年行动计划执行的最后一年。截至当年 11 月，河南省财政已下达 2013 年度省级学前教育以奖代补专项资金 1.5 亿元，重点用于校舍建设类项目、扶持民办幼儿园、解决进城务工农民工子女入园；部分资金还用于支持城市集体、企业、事业单位办园面向社会提供学前教育服务，开展幼儿教师培训和建立学前教育资助等综合奖补。财政厅明确要求，扶持民办幼儿园发展奖补资金要全额用于支持普惠性民办幼儿园发展，重点用于支付园舍租金、补充玩教具和保教生活设施设备、校舍维修改造、弥补公用经费不足等方面；扶持城市学前教育发展奖补资金用于解决进城务工农民工子女入园和支持城市集体、企业、事业单位办园面向社会提供普惠性学前教育服务，重点用于城市普惠性幼儿园仪器设备购置、校舍修缮等支出，不得用于人员支出；奖补资金不得用于冲抵当地财政对发展普惠性幼儿园的投入，不得用于平衡预算。学前教育三年行动计划实施两年多来，全省已完成学前教育资金投入约 150 亿元，完成新建、改扩建幼儿园 8854 所。

巩义市第一期学前教育三年行动计划共投入 1.46 亿元，建设公办幼儿园 28 所，基本实现了每个镇（街道）都有公办幼儿园的目标，其中 8 个镇达到 2 所，河洛镇达到 3 所。为该市新增教学班 414 个，新增学位 1.24 万个。2014 年，又投资 1937 万元，开建了 4 所公办幼儿园。12 月，巩义市人民政府制定《巩义市第二期学前教育三年行动计划（2014~2016 年）》（巩政文〔2014〕148 号），计划在三年内投资 6542 万元，新建 8 所公办幼儿园，新增 94 个教学班，改建 4 所公办幼儿园，新增 39 个教学班。

2014 年 1 月 15 日，时任教育部部长袁贵仁在 2014 年全国教育工作会议上提出"要支持发展农村学前教育。启动实施第二期学前教育行动计划，提高公办幼儿园和普惠性民办幼儿园的覆盖率"。2014 年 7 月，河南省出台《关于建设高成长服务业大省的若干意见》，提出"积极发展现代教育，鼓励社会力量办学"。《关于建设高成长服务业大省的若干意见》对教育产业的"开发"覆盖了各个层面，提出要"提高基础教育水平，优化发展高等教育，大力发展职业教育和开展技能培训"；在形式上要"强化与国内外高校、知名网络教育平台合作"；着力"打造一批实训基地和职业教育培训基地，培育一批连锁化、品牌化经营的大型教育培训机构"。

2014 年 11 月 3 日，教育部、国家发展改革委、财政部颁布《关于实施第二期学前教育三年行动计划的意见》，决定 2014~2016 年实施第二期学前教育三年行动计划，并提出其四项重点任务：扩大总量、调整结构、健全机制、提升质量。

2014 年 11 月 20 日，省教育厅、省发展和改革委员会、省财政厅联合下发《关于抓紧编制第二期学前教育三年行动计划的通知》，部署以县为单位逐级编制实施第二期学前教育三年行动计划。同时，结合省级示范幼儿园评估工作，深入 18 个省辖市 56 个县（市、区）开展调研，摸清需求，科学布局，搞好规划，为第二期学前教育三年行动计划有关政策文件制定及学前教育项目安排实施创造条件。2014 年，省教育厅制订学前教育各类项目实施计划，争取到中央学前教育专项资金 12.87 亿元、省财政学前教育以奖代补资金 1.5 亿元，带动各地财政及社会资金投入学前教育领域，推动幼儿园项目建设，保障学前教育加快发展。截至年底，全省独立设置幼儿园发展到 15821 所，在园幼儿 369.22 万人，教职工 23.75 万人，学前三年毛入园率达到 78.56%，高于全国平均水平 8 个百分点。

2014 年，根据洛阳市学前教育发展现状，调研起草并由市政府印发《洛阳市人民政府关于加快学前教育发展的意见》《洛阳市人民政府关于进一步加强城市区住宅项目配套中小学校、幼儿园规划、建设和管理的通知》。第二期学前教育三年行动计划已启动实施。新建 43 所幼儿园的目标任务已全部开工建设，其中 37 所已竣工并投入使用。为 3 所市直公办幼儿园考试招录幼儿教师 37 名，缓解公办幼儿园教师短缺问题。2 所幼儿园通过省级示范园验收，17 所幼儿园通过市级示范性幼儿园验收。学前一年毛入园率达 91.2%，学前三年毛入园率达 84.7%，分别比 2011 年提高 15.65 个、17.6 个百分点。

但从第一期发展的总体布局来看，政府并未对民办幼儿园的发展进行合理的布局与规划，致使民办幼儿园的开办具有很强的随意性，使民办幼儿园出现了过度集中或分散的局面，无法使学前教育的资源得到合理的配置和利用，这将难以保证幼儿教育质量的稳定提升。

2015 年河南省出台了第二期学前教育三年行动计划，与第一期三年行动计划相比，第二期的三年行动计划目标与保障措施更加清晰、具体，最明显的一点是政府部门已有意识地去放慢新建与扩建幼儿园的数量，强调幼儿园的质量。

2017 年 4 月，教育部发布《关于实施第三期学前教育行动计划的意见》，提出要重点扩大普惠性资源，着力破解公办园少、民办园贵的问题。到 2020 年，基本建成广覆盖、保基本、有质量的学前教育公共服务体系。全国学前三年毛入园率达到 85%，普惠性幼儿园覆盖率（公办幼儿园和普惠性民办幼儿园在园幼儿数占在园幼儿总数的比例）达到 80%。

2017 年 12 月，河南省将实施生均拨款、收费、资助一体化的学前教育经费投入机制。从 2018 年起，河南省安排财政拨款的依据将由教师编制改为幼儿园招收幼儿数量，省辖市、县级及以下公办幼儿园年生均财政拨款基准定额分别为 5000 元、3000 元，残疾幼儿为 10000 元，所需资金由同级财政承担。生均财政拨款不含保教费等收费收入以及幼儿园事业收入、其他收入等。同时，河南省将按照每生每年不低于 200 元的标准设立奖补资金，支持普惠性民办幼儿园改善办园条件和提高保教质量；鼓励普惠性民办幼儿园积极扩充资源，每新增 1 个标准班按照市辖区不低于 7 万元、县（市）及以下地区不低于 5 万元的标准给予一次性奖补。河南省正在推进的第三期学前教育行动计划（2017~2020 年），提出"增加普惠性资源供给，深化体制机制改革，提升保育教育质量"三大重点任务。完善学前教育经费投入机制的一揽子方案，有效解决了当前学前教育公共财政保障能力不足的问题。

第四章　科学管理 改革创新

1934 年 2 月，苏区中央人民内务委员部发布了《托儿所组织条例》，它是红色政权颁布的第一部幼儿教育的指导性、纲领性文件，明确规定了托儿所的目的、条件、规模、作息制度、环境设备、保教人员的编制标准、幼儿的卫生健康和管理等。1941 年 5 月颁布了《陕甘宁边区政府关于儿童公育的决定》，其中要求在边区实行公育制度，并将幼儿教育推向民间进行。该决定要求"在边区民政厅设保育科，各县市政府第一科内添设保育科员一人，区乡政府内添设保育科员一人"。这一要求为儿童的保育工作建立了管理制度。

1949 年 11 月，中央人民政府教育部成立，在初等教育司内设幼儿教育处，1952 年该处调整为教育部的一个直属单位。1949 年，中央教育部召开第一次全国会议，明确全国教育工作的总方针是"以老解放区的经验为基础，吸收旧教育某些有用的经验，特别要借助苏联教育建设的先进经验"，这样，我国政府以老解放区的经验为基础，以苏联为样板，建立了中华人民共和国的幼儿教育行政管理体制和财政体制。

第一节　管理机构逐级完善
法律法规逐步健全

1949 年 11 月 1 日，中华人民共和国政府教育部挂牌成立，马叙伦出任教育部部长。在组织机构上，教育部下设有初等教育司，并在该司之下增设幼儿教育处，由张逸园出任第一任处长。幼教处的首次专设，无疑表示了对幼教事业的重视和必须加强管理的意向。

1950 年 12 月 29 日，政务院文教委员会批准教育部的建议，将学前教育分为托、幼两段：0~3 岁的婴幼儿，由托儿所进行保育；3~7 岁的幼童，由幼儿园进行保教。同时规定，托儿所事业划归卫生部领导，幼儿园事业划归教育部领导。此后，教育部、卫生部分工协作的学前教育管理格局正式形成。

1956 年 2 月，由教育部、卫生部、内务部联合发布的《关于托儿所、幼儿园几个问题的联合通知》中，又进一步明确了"托儿所统一由卫生行政部门领导，幼儿园统一由教育行政部门领导"的职责。这种管理模式一直延续至今，对其利弊的争论也存在了一段很长的时间。由于大多厂矿、机关的学前教育均已实现"托幼一体化"，而各省所设立的保育院也是如此，因此，这种分管，事实上会造成教育管理的灰色地带，不利于全盘统筹，一以贯之。

1961 年教育部机构调整时，便将初等教育司下属的幼儿教育处裁撤，仅保留 2 名干事兼管幼教事业，从而削弱了对幼教事业的统一管理和领导。

1951 年 8 月 27 日，教育部在北京合并召开第一次全国初等教育会议和第一次全国师范教育会议。参加会议的有中央有关部门代表，各大行政区、省、市教育行政干部，以及部分小学校长、幼儿园园长、主任、模范教师、教育专家等 388 人。时任教育部部长马叙伦致开幕词和闭幕词，时任教育部副部长韦悫、钱俊瑞分别做《巩固和发展新中国的初等教育和师范教育》的报告和总结，时任政务院副总理郭沫若到会讲话。会议讨论通过了《小学暂行规程》、《幼儿园暂行规程》、《师范学校暂行规程》、《关于高等师范学校的规定》、《关于改善小学教师待遇的指示》、《关于切实解决市县地方教育经费的决定》、《关于大量培养初等及中等教育师资的决定》和《加强中小学教师在职学习的指示》8 个文件草案。1952 年 3 月 18 日，教育部颁发《幼儿园暂行规程（草案）》、《小学暂行规程（草案）》和《中学暂行规程（草案）》。

1952 年 12 月 23 日，中央人民政府高等教育部举行成立大会，同时中央人民政府高等教育部与中央人民政府教育部联合举行部长就职典礼。高等教育部下设办公厅，综合大学教育司，工业教育第一司、第二司，农林卫生教育司，中等技术教育司，留学生管理司，教学指导司，计划财务司，学校人事司 9 个司和政治教育处、工农速成中学教育处、基本建设处 3 个处。教育部下设办公厅、高等师范教育司、中等师范教育司、中学教育司、小学教育司、工农业余教育司、民族教育司、教学指导司 7 个司和计划财务处、幼儿教育处、盲哑教育处、体育指导处 4 个处。

1954 年 6 月 4 日，北京市民主妇女联合会、北京市保育工作者代表会议第一届执行委员会召开的北京市第二届保育工作者代表大会开幕。会上，时任北京市民主妇女联合会妇女儿童福利部部长方青做了《关于保育工作的基本情况及今后任务》的报告，时任中华全国民主妇女联合会妇女儿童福利部部长康克清、北京市人民政府副市长吴晗都到会讲话。他们一致指出，在我国已进入有计划的经济建设时期，培养下一代有着重要的意义，并希望到会代表要做到：安心工作，树立专业思想；深钻业务，学习苏联先进经验；加强团结，开展批评与自我批评，为献身保育事业而奋斗。会议最后选出了第二届保育工作者代表大会执行委员 45 人和候补执行委员 5 人。

一 多头管理逐步归口 管理制度逐渐完善

1987 年 10 月，国务院办公厅转发了国家教委、国家计委、卫生部等 9 部门《关于明确幼儿教育事业领导管理职责分工的请示》并为此发出通知。该请示指出，必须在政府统一领导下，除地方政府举办幼儿园外，主要依靠部门、单位和集体、个人等方面力量发展幼儿教育事业，实行"地方负责、分级管理"和有关部门分工负责的原则。该请示最后提出，幼儿教育事业主要由地方负责，各级地方人民政府应切实加强对幼儿教育工作的领导，制定规划，认真实施，积极推进幼儿教育事业的发展。国务院通知指出，幼儿教育是社会主义教育事业的重要组成部分，是我国学校教育的预备阶段，同时又是一项社会公共福利事业，各级政府都应重视幼儿教育事业的改革和发展。

1986 年 7 月，省教委发出《进一步办好学前班的意见》，要求地、市、县（区）教育行政部门要设专职或兼职干部管理，对现有的学前班进行一次检查，重新办理审批手续，以加强管理。

1989 年 1 月，省教委、省计经委、省财政厅等 11 部门发布《关于改革和加强幼儿教育工作的意见》要求，各级政府和有关部门要认真贯彻执行国务院办公厅转发的国家教委等部门《关于明确幼儿教育事业领导管理职责分工的请示》和《关于加强幼儿教育工作的意见》，按照"地方负责、分级管理"和各有关部门分工负责的原则，切实把幼儿教育工作提到议事日程上来。省、市（地）两级教育行政部门要加强幼儿教育管理工作，配备和充实管理人员；县教育行政部门要有专人分工负责幼教工作；各级教学研究和教育科学研究部门要积极开展幼儿教育和教学的科学研究工作，发挥指导作用；各级计划、财政、劳动、人事、城乡建设、卫生、物价、轻工、纺织、商业等部门，都要确定领导同志分管幼教工作。幼儿园由主办单位负责行政领导。小学要统一管理附设的学前班，并按照幼儿教育的规律和特点指导其工作。

1991年"六一"儿童节前，全省范围的幼儿园注册登记工作圆满结束，对调动各级教育行政部门的幼教工作积极性起到了促进作用，全省在园幼儿达到131.57万人，比上年增加15.9万人。

扶沟县委县政府把幼教工作列入议事日程，成立了以县委副书记为组长、副县长为副组长的扶沟县幼教工作领导组。自1987年以来，县委县政府把幼儿教育工作列为十大目标管理之一。1989年10月，县政府对幼儿教育事业提出一系列的要求，并将幼教工作列为对乡村的目标管理之一，规定幼教工作完不成任务者，当年不准评先进。采取"分级办园，分工管理"的办法，进一步明确幼儿园的管理职责。在实行县、乡、村分级办园、分工管理的同时，教育局对全县幼儿园实行统一管理，即统一教材、统一培训教师、统一检查评比。县教育局配备了幼教专干，各乡镇教育组也配有专职或兼职的幼教专干，做到责任到人，目标明确，层层有人抓。1991年，扶沟县被国家教委授予"幼儿教育先进县"称号。

为贯彻落实国家教委"两个令"（即关于颁发幼儿园管理条例令、幼儿园工作规程令）精神，在大量调查研究的基础上，省教委制订贯彻落实国家教委"两个令"的意见，并在1992年10月组织对各地贯彻"两个令"情况的大检查。继续开展幼儿学前班的登记注册工作，有力地促进了办园办班水平的提高。会同有关单位举办了"三优"（优生、优育、优教）成果展。开展幼儿教育改革试点工作，拟定学前班教师用书的编写提纲，举办幼儿园游戏观摩活动，制发《关于加强学前班管理的意见》，编印《幼儿教育学习辅导材料》。这些工作的开展，提高了各地对幼教工作的认识，促进了幼教事业的发展。全省在园（班）幼儿由上年的 131 万人增加到 154 万人，增长 18%。

1994 年拟订了《河南省儿童事业发展规划实施细则》的教育部分。11 月制发了《河南省示范幼儿园标准（征求意见稿）》，并进行了征求意见工作。编印了《幼儿教育工作手册》。6 月中下旬，组织对学前班教师队伍现状和幼儿园园长队伍的基本情况进行调查。上半年组织了全省幼儿歌曲卡拉 OK 比赛。

1995 年 3 月 3 日，省教委下发了《河南省示范幼儿园标准（试行）》，省级示范幼儿园建设开始起步。6 月，省教委与省卫生厅联合下发了《河南省幼儿园保健管理办法》；8 月，与民政、卫生等单位联合起草下发了《河南省社区服务管理办法》。9 月 5 日，省教委同省政协、宋庆龄基金会河南分会共同举办了"省会部分幼儿教育工作者教师节座谈会"，针对当前幼儿教育工作中存在的一些问题进行了座谈。9 月 18~25 日，省教委会同卫生、妇联等有关部门组织 17 个检查组对全省幼儿园、学前班登记注册工作进行了检查，促使教育行政部门加强对各类幼儿园、学前班的管理。

幼儿园的名称是在 1951 年《关于改革学制的决定》中明确规定的。它要求既可单设，也可附设，尤重附设于企事业单位和农村社队，用以解除职业妇女的后顾之忧。初定为招收 3~7 足岁的男女幼儿；1986 年后，明确规定招收 3~6 足岁幼儿。教养活动的内容，初定为体育、语言、认识环境、图画与手工、音乐、计算，共 6 项；1981 年，扩充为生活卫生习惯、思想品德、基本动作发展、常识、语言、计算、美工、音乐，共 8 项。20 世纪 50 年代模仿苏联办理，80 年代后开始与国际接轨，成为教育现代化的重要方面。

自《幼儿园暂行规程（草案）》颁行后，幼儿园长期照此办理，受学校制度变更的影响相对较小。该规程在"文化大革命"期间虽名义上被弃置，但在幼教的实际办理中，则多与此无违。它与新中国成立初期所颁行的学校教育法规的命运是有所不同的。值得注意的是，该规程颁行后，尚有若干规定对其进行补充完善。现将这类规定及其内容要点，简明罗列如下。

《幼儿园暂行教学纲要（草案）》：1952 年 7 月由教育部拟订颁行，它由幼儿园体育教学纲要、幼儿园语言教学纲要、幼儿园认识环境教学纲要、幼儿园图画手工教学纲要、幼儿园音乐教学纲要和幼儿园计算教学纲要六大部分所组成。它在阐述了各班幼儿的年龄特点外，又在各科纲要中分列了目的、内容、教学要点和设备要点诸项，对幼儿园的教学内容和方法进行了更为详明的规定。

《关于工矿、企业自办中小学和幼儿园的规定》：1955 年 1 月由国务院发布。在《幼儿园暂行规程（草案）》中，曾规定私人和私人团体可以办理私立幼儿园。在 1952 年全面、真正收回教会学校的办学权后，其他私立幼儿园也被收归公办。至 1954 年，在中国大陆，已基本无私立幼儿园的存在。如此，显然加重了国家的负担，并制约了幼教事业的发展。在"两条腿走路"方针确立后，鼓励多渠道办学或办园，已成为必然选择。该规定既是提倡民办幼儿园的文件，又对民办幼儿园进行了规范。

《关于取消中小学、幼儿园学生公费待遇的通知》：1955 年 7 月由内务部、财政部、教育部和国务院人事局联合发出。它要求自 1955 年 8 月起，一律停止幼儿园中的供给制，取消对干部子弟的公费待遇，以免产生新的不公平鸿沟、增加干部子弟的优越感。幼教领域自延安时期实施的供给制，自此取消。

《关于托儿所、幼儿园几个问题的联合通知》：1956 年 2 月由教育部、卫生部和内务部联合发布。该通知要求，目前托儿所、幼儿园的办理，宜采用多种多样的办法，不必过于强调统一，也不应要求过高。在城市，工矿、企业、机关、团体、街道，群众皆可举办；在农村，则提倡由农业生产合作社举办。更为重要的是，它明确了托儿所由卫生行政部门领导管理，而幼儿园则统一由教育行政部门领导管理的体制。

《关于幼儿园的作息制度和各项活动的规定》：1956 年 11 月由教育部颁行。该规定要求，幼儿园应实行"三餐一点"，须坚持早操和多给幼儿户外活动时间，应保证幼儿足够的睡眠时间，必须坚持贯彻"动静结合"的原则，并附有整日制、寄宿制和半日制三种不同形式幼儿园的作息时间表。

1979 年，中共中央、国务院转发《全国托幼工作会议纪要》，再次重申了教育部和卫生部在职能上的分工，强调统一领导和分工合作的关系，并首次提出教育部、卫生部与城建、房管部门一起，统筹规划与居民人口相适应的托幼机构，开始要求企业办托幼机构向社会开放。这表明在强化单位提供托幼服务的同时，开放学前教育体系开始被提上议事日程。学前教育的"事权"由主要服务于妇女就业转向规范学前教育，关注儿童发展，并由教育部归口管理。

1979 年 7 月，教育部、卫生部、国家劳动总局、中华全国总工会和中华全国妇女联合会联合召开全国托幼工作会议。1979 年 10 月，中共中央、国务院转发这次会议纪要，指出要"坚持'两条腿走路'的方针，恢复、发展、整顿、提高各类托幼组织，积极发展示范性托儿所、幼儿园，有条件的可办实验性园所"。

1979 年 7 月 24 日至 8 月 7 日，经国务院批准，由教育部、卫生部、国家劳动总局、中华全国总工会、中华全国妇女联合会 5 部门联合召开了全国托幼工作会议，并通过了《全国托幼工作会议纪要》；同年 10 月 11 日，中共中央、国务院转发了《全国托幼工作会议纪要》。会议决定由国务院设立"托幼工作领导小组"（后于 1982 年精简机构时被撤销），由时任国务院副总理陈慕华任组长。这次会议把学前教育纳入政府的重要议事日程，确定了学前教育事业的发展方针，首次确立了由政府牵头、各部门共同管理的学前教育管理体制。

1987 年 10 月 15 日，国务院办公厅转发国家教育委员会等部门《关于明确幼儿教育事业领导管理职责分工的请示的通知》。该通知规定幼儿教育事业"必须在政府统一领导下"，实行"地方负责，分级管理"和"各有关部门分工负责"的原则，并明确了各部门的职责分工。还规定幼儿园的行政领导由主办单位负责。这样，便调动了各部门管理学前教育工作的积极性，加强了各部门对学前教育的领导。

1989 年 8 月 20 日，国务院批准了《幼儿园管理条例》，这是中华人民共和国第一个学前教育行政法规。它明确了地方人民政府发展和管理学前教育的职责，并首次以教育法规形式提出"国家实行幼儿园登记注册制度"，"各级教育行政部门应当负责监督、评估和指导幼儿园的保育教育工作"。从此，学前教育的评估工作在全国展开。各省（自治区、直辖市）依照中央颁布的各项法规、制度，制定了适合本地的评估标准。

1989 年 8 月，经国务院批准，国家教委发布了《幼儿园管理条例》（于 1990 年 2 月 1 日起施行）。这是新中国成立以来，经国务院批准颁发的第一个幼儿教育法规及用法规的形式规定幼儿园的任务、发展方针，举办幼儿园的基本条件和审批程序，对幼儿园保育和教育工作的要求，以及幼儿教育事业的领导体制等，以加强对幼儿教育事业的领导。《幼儿园管理条例》中规定，幼儿园的保育和教育工作应当促进幼儿在体、智、德、美诸方面和谐发展。把幼儿德、智、体、美教育中的"体"放在了首位，足以证明幼儿体育教育的重要性。而中国式家长认为，孩子进入学校就是学习文化课，进行基本体操的训练会影响孩子文化课的学习。

为了进一步办好学前班，教育部于 1986 年 6 月 10 日发布了《关于进一步办好幼儿学前班的意见》。该意见就端正办班的指导思想、教育活动的要求、加强学前班教师的培训、努力改善办班条件、加强领导和管理等方面提出了指导性意见。该意见指出：农村幼儿教师逐步实行聘任制；农村幼儿教师由乡（镇）统一管理，与当地相同条件的民办教师享受同等待遇；各地应根据实际情况，制订改善农村幼儿教师待遇和加强管理工作的办法，调动幼儿教师的积极性，鼓励他们长期从事幼儿教育工作。根据《中共中央关于教育体制的决定》中提出的基础教育由地方负责、分级管理的原则，农村幼儿教育经费由乡（镇）人民政府通过种种渠道进行筹措，乡（镇）的财政收入也应有适当比例用于发展当地的幼儿教育；城乡幼儿教育都应继续提倡各种社会力量根据自愿、量力原则捐资助学。各类学前班由教育行政部门统一领导和管理。乡、村举办和停办学前班，由乡人民政府审批，报县（区）教育行政部门备案；私人举办学前班，由区、县教育行政部门审批。各级教育行政部门应加强对学前班的管理和领导。区、县幼教干部（包括教研员和视导员）和乡（镇）辅导员（或乡中心幼儿园园长），应对所在地各类学前班定期检查指导，及时解决各种实际问题，总结推广经验。小学附设的学前班，学校负责人应加强领导，并注意在业务上接受当地幼教干部或辅导员的指导。各地在贯彻该意见时结合了实际，对学前班加强了管理，并就相关方面制定了具体的办法和要求，促进了学前班的发展与提高。

《城市幼儿园工作条例（试行草案）》：1979 年 11 月由教育部颁行。该条例共 6 章 30 条。章目依次为：（1）总则；（2）卫生保健和体育锻炼；（3）游戏和作业；（4）思想品德教育；（5）教养员、保育员和其他工作人员；（6）组织编制及设备。该条例要求，城市幼儿园也必须贯彻"保教结合"的原则和"勤俭办园"的方针。该条例能够正视城乡幼教发展的不平衡，并试图通过办好一批示范性城市幼儿园，以带动整个幼教事业的发展。

《幼儿园教育纲要（试行草案）》：1981 年 10 月由教育部颁发，它是对 1952 年颁行的《幼儿园暂行教学纲要（草案）》的正式修订。"教育"与"教学"虽只一字之差，但其中意味则大有不同。该纲要由幼儿年龄特点与幼儿园教育任务、幼儿园教育的内容与要求、教育手段及注意事项三大部分构成。其中的教育内容，扩展为生活卫生习惯、思想品德、基本动作发展、常识、语言、计算、美工、音乐 8 个方面；同时要求，应通过游戏、体育活动、上课、观察、劳动、娱乐和日常生活等教育手段来完成，以防止幼儿教育小学化和成人化倾向。为配合该纲要的施行，教育部组织编写了 7 种 9 册教材，这也是新中国成立后幼儿园第一次使用的全国统编教材。

《托儿所、幼儿园卫生保健制度》：1985 年 12 月由卫生部颁发。此件原由卫生部、教育部于 1980 年联合拟订，经过 5 年试用后，由卫生部修订颁行。其内容有 9 个方面：（1）生活制度；（2）婴幼儿饮食；（3）体格锻炼制度；（4）健康检查制度；（5）卫生消毒及隔离制度；（6）预防疾病制度；（7）安全制度；（8）卫生保健登记、统计制度；（9）家长联系制度。其后附有《婴儿喂养参考表》《九市城区初生到 7 岁儿童身高、体重统计表》等 7 个附表。该制度为中国托幼保健工作进一步制度化的表征。

《幼儿园教玩具配备目录》：1986 年 3 月由国家教委颁发。该目录共分体育器械、角色游戏、结构游戏、沙水、计算、美工、音乐、语言常识、劳动工作、活动室专用设备 10 类。各类教玩具的配备数量，是按大、中、小班的规模计算的，其中，又分必配玩具和选配玩具两类。该目录要求，各园必须因地制宜，量力而行，有计划、有步骤地将玩具配备完全。

《全日制、寄宿制幼儿园编制标准（试行）》：1987 年 3 月由劳动人事部、国家教委联合颁发。该标准规定，班级规模：小班 20～25 人（3～4

岁），中班 26~30 人（4~5 岁），大班 31~35 人（5~6 岁）。教职工与幼儿的比例，全日制幼儿园为 1∶6~1∶7，寄宿制幼儿园为 1∶4~1∶5。园长和教职工的配备标准：3 个班以上者，设园长 1 人；4 个班以上者，设园长 2 人；10 个班以上的寄宿制幼儿园，设园长 3 人。每班配备 2~2.5 名专职教师。全日制幼儿园，平均每班配备 0.8~1 名保育员；寄宿制幼儿园，平均每班配备 2~2.2 名保育员。此外，还规定了炊事员、医务人员、财会人员的员额。这是有关幼儿园组织编制的较为完备的法规。

《托儿所、幼儿园建筑设计规范》：1987 年 9 月由城乡建设环境保护部、国家教委联合颁发。内容包括总则、基地和总平面、建筑设计、建筑设备共 4 章 61 条。其中与托儿所、幼儿园设置相关的内容有：选址应环境优美，注意远离各种污染源；单设的托儿所，以不超过 5 个班为宜；幼儿园可分为大型（10~12 个班）、中型（6~9 个班）和小型（5 个班以下）三类。

《城市幼儿园建筑面积定额》：1988 年 7 月由国家教委、建设部联合颁发。内容包括总则、园舍建筑面积定额、用地面积定额、附则共 4 章 19 条。它在 1987 年《托儿所、幼儿园建筑设计规范》的基础上，对城市幼儿园的建设提出了更高标准。如活动室的最小面积，由原定的不小于 50 平方米，提高到不小于 54 平方米；音乐活动室也相应提高了 10~30 平方米。又如办公辅助用房，增加了教具制作兼陈列室、储藏室等。再如室外活动场地，要求设置大型活动器械、戏水池、沙坑及 30 米长的直跑道等，并规定场地总面积不得小于每生 2 平方米的总和。

《幼儿园工作规程（草案）》：1989 年 6 月由国家教委颁发，要求从 1990 年 2 月 1 日起试行。内容共 10 章 60 条。章目依次为：（1）总则；（2）幼儿园的招生、编班；（3）幼儿园的卫生保健；（4）幼儿园的教育；（5）幼儿园的园舍、设备；（6）幼儿园的工作人员；（7）幼儿园的经费；（8）幼儿园与幼儿家庭；（9）幼儿园的管理工作；（10）附则。该规程既是对 1952 年颁行的《幼儿园暂行规程（草案）》的全面修订，又可视为改革开放以来幼教相关法规的总汇。它重申了幼儿园的任务是："实行保育与教育相结合的原则，对幼儿施行体、智、德、美全面发展的教育，促进其身心和谐发展。"在要求达到各种物质和人文条件的基础上，特别要求充分发挥各种教育手段的交互作用，"为幼儿提供活动和表现能力的机会与条件，以游戏为基本活动，寓教育于各项活动之中"。该规程的颁行，是幼教领域贯彻《中共中央关于教育体制改革的决定》的具体成果，是指导和规范幼教事业发展的重要文件。

《托儿所、幼儿园卫生保健管理办法》：1994 年 12 月由卫生部、国家教委发布。内容共分 19 条，并附有《保健室设备标准》。该办法要求，各类托儿所、幼儿园，必须设立保健室，并须符合《保健室设备标准》；同时，须设立隔离室或隔离床（婴幼儿在 70 人以下）。为此，还明确要求，托幼工作人员必须每年进行一次健康检查，有传染病、精神病者，不得从事保教工作；婴幼儿入所或入园时，须进行身体健康检查，并提交《健康检查表》；对因故离开园、所 3 个月以上或有肝炎接触史的婴幼儿，须检疫 42 天后方能归班。该办法还具体规定了日托、全托保健医护人员的配比；同时重申，幼儿园必须按《全日制、寄宿制幼儿园编制标准（试行）》配备保健人员。

1956 年 2 月，教育部、卫生部、内务部联合发出《关于托儿所幼儿园几个问题的联合通知》，该通知再次对托幼机构的发展方针和领导问题做出了明确规定，首次提出"统一领导，分级管理"的原则；将托儿所和幼儿园分开管理，托幼机构行政上归所属单位，业务上教育部门分管幼儿园，卫生部门分管托儿所并负责幼儿园的保健工作。这样，托儿所和幼儿园分散管理和投入的体制基本形成。

二 农村幼教政策的规范化

《中华人民共和国未成年人保护法》、《中华人民共和国教育法》、《中华人民共和国教师法》、《教师资格条例》、《残疾人教育条例》和《社会力量办学条例》的颁布，为学前教育事业的发展提供了重要的法律依据，中国幼教事业的发展迎来了新的篇章。《中华人民共和国未成年人保护法》明确了积极发展托幼事业的方针；《中华人民共和国教育法》将学前教育纳入终生教育的范畴，将学前教育作为学校教育的有机组成部分；《中华人民共和国教师法》为保障幼儿教师的合法权益，建设具有良好思想品德修养和业务素质的幼儿教师队伍提供了法律保证；《教师资格条例》进一步明确了幼儿教师的资格条件、资格考试、资格认定等；《残疾人教育条例》使残疾幼儿接受学前教育的权利有了保障；《社会力量办学条例》对于调动、保护和发挥社会力量办园的积极性，协调和维护举办者、学校及其教职工、幼儿和家长的合法权益，全面规范办学者的行为，提高办学水平和保教质量，促进民办学前教育的良性发展，都具有十分重要的意义。

2004年4月，省教育厅、省编办、省发展改革委等10部门发布的《关于幼儿教育改革与发展的实施意见》要求，坚持实行地方负责、分级管理和有关部门分工负责的幼儿教育管理体制。省政府和省辖市政府负责统筹制定幼儿教育的发展规划，制定相关政策并组织实施，积极扶持农村贫困地区的幼儿教育，促进幼儿教育事业均衡发展；县级政府负责本行政区域幼儿教育的规划、布局调整、公办幼儿园的建设和各类幼儿园的管理，负责管理幼儿园园长、教师，指导教育教学工作；城市街道办事处配合有关部门制定本辖区幼儿教育的发展计划，负责宣传科学育儿知识，指导家庭幼儿教育，提供活动场所和设备、设施，筹措经费，组织志愿者开展义务服务；乡镇人民政府承担发展农村幼儿教育的责任，负责举办乡镇中心幼儿园，筹措经费，改善办园条件；要发挥村民自治组织在发展幼儿教育中的作用，开展多种形式的早期教育和对家庭幼儿教育的指导。

各级政府都有维护幼儿园的治安、安全和合法权益，动员和组织家长参与早期教育活动，指导家庭幼儿教育的责任。教育部门是幼儿教育的主管部门，要认真贯彻幼儿教育的方针、政策，拟订幼儿教育事业发展规划并组织实施；承担对各类幼儿园的业务领导，制定相关标准，实行分类定级管理，向有关部门提出对幼儿园收费标准的意见；建立幼儿教育督导和评估制度；培养和培训各类幼儿园的园长、教师，建立园长、教师考核和资格审定制度；具体指导和推动家庭幼儿教育；与卫生部门合作，共同开展0~6岁儿童家长的科学育儿指导。

卫生部门要认真执行国家有关幼儿园卫生保健方面的法规和规章制度，监督和指导幼儿园卫生保健等业务工作，负责对0~6岁儿童家长进行儿童卫生保健、营养、生长发育等方面的指导。

省教育部门根据生均培养成本、当地经济发展水平、居民承受能力等情况提出对全省公办幼儿园（班）最高和最低收费标准的意见，经同级财政部门和价格主管部门审核报省政府批准后执行；民办幼儿园（班）要按照国家有关规定，根据办学成本合理确定收费标准，报当地价格、教育部门备案并公示。各地要采取切实措施确保低收入家庭和流动人口的子女享有接受幼儿教育的机会。对社会福利机构、流浪儿童救助保护机构的适龄儿童，要给予照顾，有关费用予以减免。

建设部门要会同教育部门在城镇规划中合理确定幼儿园的布局和位置，在城镇改造和城市小区建设的过程中，要建设与居住人口相适应的幼儿园。新区建设和旧区改造的幼儿园由当地政府统筹规划，利用各种资源安排。教育部门要加强对小区配套幼儿园的管理，可采取面向社会公开招标的办法举办幼儿园，任何单位和个人不得改变用途，也不得收取国家规定以外的费用。

民政部门要把发展幼儿教育作为城市社区教育的重要内容，与教育部门共同探索依托社区发展幼儿教育的管理机制和有关政策。

劳动保障部门在研究探索农村养老保险制度时，要统筹研究农村幼儿教师的养老保险问题；城市幼儿教师要按照国家有关规定参加城镇职工医疗保险、工伤保险、养老保险等社会保险，要保障幼儿教师队伍的稳定和幼儿教师的合法权益。

编制部门要按照国家有关规定，加强幼儿园教师编制的管理和教职工队伍的建设，保证幼儿教育事业发展的基本需要，提高办学效益。

公安部门要加强对幼儿园接送车辆和驾驶员的管理、监督和检查，严禁无证驾驶和车辆超载；检查和指导幼儿园做好消防设施建设和消防安全工作。

充分发挥各级妇女儿童工作委员会和妇联组织的作用，推动幼儿教育事业健康发展。

建立和完善政府领导统筹、教育部门主管、有关部门协调配合、社区内各类幼儿园和家长共同参与的幼儿教育管理机制。发挥城市社区居委会和农村村民自治组织的作用，综合协调、动员并利用各种社会资源，促进幼儿教育事业健康发展。

各级政府要加强公办幼儿园建设，保证幼儿教育经费投入，全面提高保育、教育质量。不得借转制之名停止或减少对公办幼儿园的投入，不得出售或变相出售公办幼儿园，已出售的要限期收回。公办幼儿园转制必须经省教育部门审核批准。重视并扶持农村幼儿园的发展，中小学布局调整后的富裕教育资源，应优先用于学前教育，在普及学前一年教育的基础上，逐步发展学前二年至三年教育。

积极鼓励和提倡社会各方面力量采取多种形式举办幼儿园。社会力量举办的幼儿园，在审批注册、分类定级、教师培训、职称评定、表彰奖励等方面与公办幼儿园具有同等地位。各级教育部门要加强对社会力量举办幼儿园保育、教育工作的指导和监督，规范办园行为，保证办园的正确方向。

加强对企事业单位幼儿园的管理。企事业单位转制后，可以继续举办幼儿园，也可将企事业单位办园资产整体无偿划拨，移交当地教育部门统筹管理；要通过实施联办、承办、国有民办等办园体制改革，提高办园效益和活力。实施办园体制改革要保证国有资产不流失，保育、教育质量不下降，广大幼儿教师合法权益受到保障，整体素质得到提高。

县级以上教育部门负责审批各类幼儿园的举办资格，颁布办园许可证并定期复核审验。民政部门对取得办园许可证的民办幼儿园按有关规定办理民办非企业单位注册登记手续。价格主管部门和财政部门负责向已取得办园许可证并办理登记手续的幼儿园颁发收费许可证，提供行政事业性收费专用票据。未取得教育部门颁发的办园许可证和未办理登记注册手续，任何单位和个人不得举办幼儿园。要采取有力措施取缔非法举办的幼儿园。依托优质公办幼儿园举办分园必须具有独立的法人资格，实行独立的经济核算和人事管理，有独立的校园、校舍，并独立进行教育教学。

2004 年 12 月 10 日，省教育厅下发《关于进一步加强幼儿园管理的若干意见》（豫教基〔2004〕297 号），明确了幼儿教育管理体制，对幼儿教育机构的审批、改制、年检、安全以及督导检查等做出具体规定。如规定各级幼儿园的负责人是本园安全工作的第一责任人，必须切实负起安全工作的责任，要指定专门机构、组建专职或兼职工作队伍、建立健全各种规章制度，把安全工作落到实处。一旦发生安全事故，要根据安全工作责任制和责任追究制，严肃追究有关人员的责任。各级教育督导部门要加大对幼儿园安全工作的督导检查，实行督学分片包干责任制，重点加强对民办幼儿园安全工作的监控。发现安全隐患，要及时督促整改。各级教育行政部门要把幼儿园的安全工作摆到重要议事日程，有计划地组织各级幼儿教育工作者学习有关法规、文件，增强责任感、紧迫感。要主动与卫生、公安、消防、建设、民政等有关部门联系，加强幼儿园周边环境、房屋设施、室内外活动场地、消防设施、安全保卫、教玩具等方面的安全检查，及时发现和排除不安全因素，并制订安全防范预案，防患于未然。要会同卫生监督部门健全卫生防疫制度，对幼儿园的饮食卫生、食品采购、预防接种、防治传染病以及教职工（包括临时工作人员）的身心健康状况等进行定期检查。要会同公安部门加强对接送幼儿车辆的管理，接送幼儿的车辆必须有车辆安全检查证明，驾驶人员必须有驾驶执照。严禁使用报废车辆，严禁无证驾驶，严禁车辆超载。

该意见还规定薄弱幼儿园、国有企业幼儿园和政府新建幼儿园等，在保证国有资产不流失的前提下，可以进行按民办幼儿园机制运行的改革试验，实行公有民办。办园水平和保教质量较高、社会声誉较好的公办幼儿园是长期积累形成的公共教育资源，不得改为民办幼儿园。为扩大优质学前教育资源，优质公办幼儿园可以举办按民办机制运行的分园。薄弱幼儿园、国有企业幼儿园和政府新建幼儿园按民办幼儿园机制运行的改革试验，以及优质公办幼儿园举办按民办机制运行的分园，按程序须报经省教育厅审批后实施。实施办园体制改革的幼儿园要确保保教质量不下降，幼儿教师的合法权益有保障。公办幼儿园举办的按民办机制运行的分园，不得利用国家财政性经费，不得影响公办园正常的教育教学活动，要具有与公办园相分离的园舍和基本教育教学设施，实行独立的财务会计制度，独立招生。

2011 年，河南省政府成立了由省政府领导任组长，教育、机构编制、发展改革、财政、住房城乡建设等部门负责人为成员的学前教育三年行动计划推进工作领导小组。领导小组下设办公室，办公室设在省教育厅，承担领导小组日常工作。健全了政府统筹协调、教育部门主管、有关部门分工协作的工作机制，合力推动学前教育发展。

第二节　不断改革创新 推进学前教育
健康有序发展

在发展学前教育上，应本着社会管理思想中的"城乡有别，公私不同""效率优先，兼顾公平"的基本逻辑。我国学前教育的发展逻辑与管理理念也秉持着区别对待的原则，经历了从追求效率到关注公平的发展过程。从追求效率来看，主要有三个方面的表现：一是城市偏向，二是公办偏向，三是分级管理。从关注公平来看，也有三个方面的具体表现：一是区域公平，二是城乡公平，三是体制公平。

从城市偏向来看。1979 年全国托幼工作会议后不久，教育部颁布了《城市幼儿园工作条例（试行草案）》，1980 年下发了《教育部关于印发中等师范学校教学计划试行草案和幼儿师范学校教学计划试行草案的通知》，1981 年发出了《教育部关于试行幼儿园教育纲要（试行草案）的通知》和《三岁前小儿教养大纲》。很明显，这接连颁布的四个文件都有为城市学前教育服务的色彩，农村学前教育基本处于自生自灭的状态。自改革开放初期及以后很长一段时间，我国政府采取城乡有别的社会管理思路与幼儿教育管理理念，显的一个动机便是加速发展、提高效率。相比于农村而言，城市的底子好、体制顺，汲取各种资源的能力强，优先发展学前教育能够快速推动事业发展，形成学前教育的发展高地。然而，这种人为设计的"锦上添花"式的发展思路不仅进一步拉大了城乡之间的发展差距，而且还进一步加剧了城乡的分野与隔离，造成了更大的不公平。

从公办偏向来看。1979 年托幼工作会议虽然提出了"调动一切积极因素，从实际出发，公办和民办'两条腿走路'的方针"，但在实际运作过程中，城市教育、卫生、机关、部队、学校、工矿、企事业等单位举办的公办幼儿园获得了稳定的经费来源与政策扶持，而城镇民办园则只能自收自支。虽然政策文本也规定了城镇民办园所的经费解决方案，如孩子家长交保育费，孩子家长所在单位向送托园所交管理费，地方财政部门酌情补贴民办园所的开办费、大型设备添置费、房屋修缮费等，地方财政部门补助有困难园所的保教人员退休、退养费用等，但政策并未得到实际执行。政府优先保障公办园的发展思路既是一种本位主义，也是效率优先价值筛选的结果。

从分级管理来看。1985 年《中共中央关于教育体制改革的决定》提出了实行"分级办学，分级管理"的基础教育办学体制，"基础教育管理权属于地方。除大政方针和宏观规划由中央决定外，具体政策、制度、计划的制定和实施，以及对学校的领导、管理和检查，责任和权力都交给地方"。1987 年，国务院召开全国学前教育工作会议，转发了国家教委等部门《关于明确幼儿教育事业领导管理职责分工的请示》，确定了学前教育实行"地方负责，分级管理和各有关部门分工负责"的原则。1989 年《幼儿园管理条例》第 6 条更是从法律意义上明确了"幼儿园的管理实行地方负责，分级管理和各有关部门分工负责的原则"。

分级管理的提出是适应历史条件和经济社会发展的产物。在改革开放初期，邓小平在政治上主张权利平等、央地分权，在经济上主张让一部分地区、一部分人先富起来。分级管理恰是中央与地方分权的表现。不仅如此，分级管理还是一种竞争性的制度安排，激励地方政府进行横向的府际竞争，推动本地学前教育的快速发展。可见，这样的制度设计具有明显的效率倾向，它使效率成为自 1985 年以后教育改革的一个重要价值向度。

效率优先的发展思路与管理取向从积极的意义上来看能促进学前教育的快速普及与发展，但从消极的意义上来看，也造成了难以弥补的教育不公平，尤其是城乡之间、区域之间和不同办学体制之间的差距。新中国成立初期，我国的教育公平更多是建立在"血统论"或"身份制"基础上的。改革开放后，由于政策的偏向，近在身边的教育不公平现象日益增多，人们对公共教育资源是否均衡配置产生了越来越清晰的感知。不仅城乡之间、区域之间、园所之间的资源存在不公平分配现象，而且城乡内部、区域内部、园所内部的不公平现象也日益扩散，形成了一种总体性的不公平现象。

以城市内部为例，随着城市社会结构的日益分化，城市内的二元社会结构（市民、市郊的农民）、城市内的三元社会结构（市民、新市民农民工、市郊的农民）不断出现，与此相配套的学前教育管理模式却并未跟上，致使城市内部优质公办园、高档民办园出现了"入园难、入园贵"现象，一般民办园出现了发展过程中的各种乱象，如虐童、性侵等事件。而那些位于金字塔底层的非注册幼儿园则更是遍地开花，质量低下、小学化现象严重。

《国家中长期教育改革和发展规划纲要（2010～2020年）》提出："优先发展、育人为本、改革创新、促进公平、提高质量。""国十条"也提出"发展学前教育，必须坚持公益性和普惠性"，教育公平事关社会公平，且教育公平本身也包括外部的教育公平与内部的教育公平。外部的教育公平主要是指受教育的权利、入学机会和基本的规则与制度，而内部的教育公平则是指在受教育过程中是否照顾到每一个人，是否赋予每个人以同样发展的机会。这实际上与我们通常将其分为机会公平、过程公平和结果公平是一致的。

从领导式的人治秩序向服务式的法理秩序转型。1979年《托幼工作会议纪要》中也存在明显的控制者角色期待，如文件表明"加强托幼工作的统一领导和分工合作"，在国务院下设全国托幼办，并要求各省、自治区、直辖市设立相应的托幼工作领导小组。这强烈表明，托幼工作的管理思路与"委托-代理""压力传递""科层制""权力-控制"的社会管理思路是一脉相承的。

随着改革开放的不断深入，通过强权实现自上而下的传递式控制的管理理念已日薄西山，通过立法来管控权力、维护权利、推动发展的意识已日益盛行。在学前教育管理中，1989年《幼儿园工作规程（试行）》《幼儿园管理条例》、2001年《幼儿园教育指导纲要（试行）》、2010年《教育规划纲要》和"国十条"、2011年《幼儿园收费管理暂行办法》、2012年《幼儿园教师专业标准》等都从法规的层面对幼儿园的管理内容进行了规范，既维护了学前教育的全面秩序，也保障了学前教育相关者的各项权利。其职能不仅是传统治理思维下的"控制"，更是现代政治逻辑中的"服务"。在政府进行社会治理的工具箱中，不能只有"强权""控制""威慑"，更要有"权利""服务""法治"。在政府的角色变迁与职能履行中，当政府自身的理性精神不断生长，那么，与政府同处关系结构中的市场观念、公民社会也会日益理性，并不断走向自律、自治，从而为学前教育的管理营造和谐、有序、向善的社会环境。

1979年托幼工作会议提出的"政府牵头、各部门共同管理"的学前教育管理体制，1987 年《关于明确幼儿教育事业领导管理职责分工的请示》中确定的"地方负责，分级管理和各有关部门分工负责"的原则，2010 年《国务院关于当前发展学前教育的若干意见》明确的"以县为单位"编制三年行动计划的基本原则，都是可以看得见的变化细节。追踪这些细微的制度变革，可以清晰地透视出 30 多年管理制度变迁中所呈现的权力、责任与利益关系，即权力与责任从高重心向低重心转移，县级政府责任日益突出的特点。

从 1979 年到 1987 年再到 2010 年，学前教育管理体制经过了三个阶段的变革，每一阶段的变革要处理中央政府与地方政府、地方政府与地方政府、政府不同部门之间的关系。

直到 2010 年，政府与民办园的关系才发生了大逆转，政府开始承认民办园的权利，也强调民办园的义务，开始尝试建立起政府与民办园之间健康的社会关系。有了政府对民办园的新认识、新定位，政府的管理思路便由原来的放任不管转变为扶持约束，强调充分运用公共资源的普适性和民办园的灵活性，借二者之长更好地发展民办学前教育，以政府购买服务、以奖代补、发放教育券等方式，大力发展普惠性民办园，通过政府资源的注入使民办园的营利性身份发生转变，更好地推进学前教育的公平、均衡。

1994 年分税制改革后，央地分权的格局基本形成，国家开始使用一种既集权控制又竞争激励的方式引导地方政府自主发展。所谓竞争性管理体制，顾名思义，就是鼓励与促进地方政府间在规则与法治的意义上公平竞争。在学前教育管理中，为什么倾向于从集权到竞争，其意在于竞争的效率收益性、结构制衡性、创新自主性。地方管理者可以根据公开的规则在全国范围内为实现地方学前教育的利益最大化而展开博弈竞争。"地方负责，分级管理"的管理体制实际上就是利用竞争取向的管理方式的优越性，最大限度地发掘地方积极性，给予地方更多话语权与自主权。基于竞争性管理思路，地方政府形成了地方性法规、系统性政策和学前教育管理的多中心治理格局。

竞争性管理则强调采用多种灵活手段，其中法律是竞争性管理的重要工具，而且是经地方验证后比较有效的工具。因此。从这个意义上说，我国需要加快推进学前教育基本法的研制进程，用法律来守护学前教育的尊严和专业性。

在集权政治的管理中，中央出台政策、地方执行政策是常见的管理方式。根据上行下效的原则，上级政府又将中央政府出台的政策进行地方性转化，并要求下级政府执行政策。不仅中央政府与地方政府之间是一种委托代理关系，上级政府与下级政府之间也变成了委托代理关系，实行层层授权。在中央政府或上级政府所制定的各种学前教育管理政策中，针对学前教育发展中单一问题的政策远多于综合性政策，如1979年的《城市幼儿园工作条例（试行草案）》、1983年的《关于发展农村幼儿教育的几点意见》、1985年的《托儿所、幼儿园卫生保健制度》、1986年的《国家教育委员会关于进一步办好幼儿学前班的意见》等。这些专门政策的出台有助于某一方面学前教育的发展，但由于国家层面一直缺少对学前教育的顶层制度设计，有可能导致学前教育的整体发展受到影响。

从中央层面来看，1989年的《幼儿园管理条例》、1996年的《幼儿园工作规程》也较具系统性。但直到2010年《国务院关于当前发展学前教育的若干意见》出台后，全国范围内在发展学前教育时才真正开始有了统筹意识，从全方位的角度规范学前教育的属性定位、发展目标、办园体制、财政投入、收费管理、规划布局、政府责任，从原来的单一政策规定发展为全面系统设计，从单一的垂直管理、横向管理发展为网络化管理、全局性管理。

与单一措施不同，系统性政策设计需要协调多方面的关系，权衡多方面的利益诉求，政府在其中运用的竞争手段必然会多于控制手段。学前教育管理的目的不是为了管死，而是为了激活，使从中央到地方，从政府到市场、社会的各方积极性都能激发出来，更好地建立学前教育公共服务体系。

学前教育管理体制基本是"地方负责，分级管理"，地方政府实际掌控着制定当地学前教育政策与发展规划的权力，因此，地方决策者的认识实际上更直接影响着学前教育的发展。

在奖补政策设计中坚持的是效率原则而非补偿原则，例如大多数试点地区主要采用的是与办学成本投入相配套的补助政策，投入越大补助力度越大，这与民办幼儿园规模经济有利于降低风险的经济学补偿思路是背离的，补偿原则更需要倾向于规模较小、风险能力较弱、服务于中低收入人群的民办幼儿园；在奖励政策方面，大多数试点地区采用的是与幼儿园等级挂钩的梯度奖励制度，等级越高，获得的奖励力度越大，这一奖励制度的受益人群是等级较高幼儿园的在园儿童，而等级较低幼儿园的儿童才是更为弱势的儿童，理应成为政策优先照顾的对象。此外，部分地区出台的普惠性民办幼儿园学费限价标准存在过高现象，收费不低的民办幼儿园就可以被纳入普惠性民办幼儿园体系获得国家补助，有悖于公共资源"保底"功能。

未来普惠性民办幼儿园的健康发展需要政府在现有"捐资办学"的法律基础上，制定出适合于"投资办学"的法律，在此基础上，对于普惠性民办教育做出法律界定。作为一项政府通过间接履职提供普惠性学前教育服务的政策创新，涉及一系列管理制度创新。

从我国学前教育发展的历史来看，每一次重大转折都由自上而下的经济体制改革、办学体制改革、国企改革、人事制度改革、课程改革所牵引，表现出被动应付、消极防范的状态。在 2010 年以前，学前教育的管理更多只是被动地为政治服务、为经济服务，鲜有根据学前教育自身发展的需要、儿童成长的需要、家长的需要来进行的管理制度设计。1989 年的《幼儿园管理条例》，2001 年的《幼儿园教育指导纲要（试行）》，2010 年的《国务院关于当前发展学前教育的若干意见》，都是为数不多的学前教育发展中的重要规章。然而，很显然，上面提及的 2010 年以前的任何一次转轨都不是基于学前教育自身需要的制度设计，而是应对各种政治改革、经济转型的需要。

1979 年全国托幼工作会议后，我国成立了包括 13 个部门在内的托幼工作领导小组。会议同时还要求各省、自治区、直辖市设立相应的托幼工作领导小组，并由有关部门组成。地、市、县（区）等各级如何建立托幼工作领导机构，由省、自治区、直辖市党委研究决定。这次会议是我国学前教育史上非常重要的一次会议，它把学前教育纳入政府的重要议事日程，确定了学前教育事业的发展方针，首次确立了由政府牵头、各部门共同管理的学前教育管理体制。然而，1982 年国务院进行以"提高政府工作效率，实行干部年轻化"为目的的机构改革，全国托幼工作领导小组及其办事机构被撤销。此后，该机构的工作任务一直未明确由哪个部门承担，从而造成各部门对学前教育工作的管理分工不清、职责不明，影响了学前教育事业的进一步发展。

在我国学前教育的管理上，从改革开放初期至 2010 年以前，管理的逻辑一直是为政治服务，受行政左右，管理的手段是寻求各种各样的控制，如机构控制、人员控制、经费控制等。这种"压力型"的管理思路是我国"压力型"权力结构的产物，学前教育自身应走什么样的道路，遵循什么样的规律似乎从来未进入管理者的思想中，因此，学前教育的治乱发展只是整体社会治乱逻辑的一部分而已。

直到 2010 年《国家中长期教育改革和发展规划纲要 （2010~2020年）》、《国务院关于当前发展学前教育的若干意见》（"国十条"）出台，学前教育自身的规律与特性才在多年治乱反复的经验反思基础上得到认可，开始了基于学前教育自身规律性的系统管理思路设计。也只有在"国十条"中，儿童的发展、家庭的需要、国家的未来才得以三位合一，成为学前教育性质定位、办园体制、经费投入、教师队伍、质量管理的共同目标，学前教育管理思路也才逐渐从依附性、被动性的管理实践中稍微解放出来。

第三节　走向依法办园 推进幼儿园自主办园

民国时期，幼稚园各项管理都是由所在小学负责。县及县以上所办幼稚园一般设有保姆即保育员 1 人，教师即教养员 1 人，编制多为单级复式（如省立第一小学幼稚园） 和多级复式 （如省立师范附属小学幼稚园），设备有桌、凳、小椅、沙盘、简单的物品、保育室、游戏园等。规模较大、设备完善的幼稚园 （如西平县幼稚园） 内设主任 1 人，处理一切园务，下分研究、保育、事务三系，研究分艺术、游戏、讲话、识字、计算，保育分养护、集会、校运、调查，事务分交际、事务、学籍。设备有玩具、动植物园、卫生园模型等。

中华人民共和国成立后，幼儿教育面向工农，为生产服务，在迅速发展中形成了幼儿园各项管理制度。1955 年，采取民办、公办并举的方针发展了街道、乡村自行管理的大批幼儿园。为了提高办园质量，省、市、县分别确定办好一批实验或示范性的幼儿园。但是在幼教工作的发展中存在卫生、妇联、教育、各企事业主体对托幼工作多头管理的现象。

虽几经调整，这种现象在河南省依然长期存在，1979 年，鹤壁市科教办、教育局、妇联等 13 家单位联合成立了市幼托工作领导小组。是年，幼儿园发展到 128 所，共 159 个班，入托儿童 5382 名。农村成立农忙托儿所 288 处。1983 年，沁阳县托幼工作由县妇联主管，沁阳县幼儿园园长王宝淑负责业务辅导。唐河县妇联 1981 年 4 月设幼儿教育委员会，1987 年，幼教工作由教育局管理。1979 年 11 月，洛阳市西工区成立托幼工作领导小组，下设办公室。办公室设在区妇联，配专职干部 1 人。长葛的幼儿教育，1988年以前由县妇联管理。除县城有一所成建制的幼儿园外，学前班（幼儿班）都附设在小学，幼儿教师由小学调配。1988 年 5 月幼儿教育与县妇联脱钩，由县教委管理。1991 年，焦作市解放区教委接管辖区幼儿园、学前班的管理工作（1991 年前幼儿教育工作由市妇联等单位管理）。这种管理状况给幼教事业的发展带来了不利的影响。

一　管理体制

1952 年河南省教育厅规定，幼儿园由市、县人民政府统筹设置，市、县教育行政部门领导。市、县所办幼儿园，其设置、变更、停办由市、县教育行政部门决定。群众所办幼儿园，其设置、变更、停办分别由区、乡、镇、村人民代表会议决议，报市、县教育行政部门备案。机关、团体、学校、公营企业所办幼儿园，其设置、变更、停办由设立者定，报请上级核准，并报所在市、县教育行政部门备案。幼儿园卫生设置、管理、检查以及疾病预防工作，由教育、卫生部门协同领导办理。根据教育部指示，河南省的幼儿园采用园长负责制，由园长领导全园工作，必要时设副园长；幼儿园各班采用教养员（教师）责任制，班级主任教养员（教师）对幼儿负全面教养的责任。幼儿园通过园务会议讨论并决定全园工作计划，布置与总结全园工作。

1956 年，省教育厅提出，对各种类型幼儿园以统一领导、分级管理为原则。幼儿园的经费、人事、房屋设备和日常行政事宜，均由主办单位各自负责管理；有关方针、政策、规章、制度、法令、教育计划、教育内容、教育方法、儿童保健等业务，统一由教育行政部门领导。嗣后，幼儿园的领导管理体制未做变动，普遍参照《幼儿园教育工作指南》，改进了园内的行政管理工作。

1979 年，教育部主持制定《城市幼儿园工作条例》，1981 年 10 月颁发《幼儿园教育纲要（试行草案）》，1983 年 9 月印发《关于发展农村幼儿教育的几点意见》，河南省贯彻执行以上文件时，改善和加强了对幼儿园的行政管理。

1980 年，河南省托幼工作领导小组成立。参加托幼工作领导小组各有关部门，各自负责的任务是：计划部门负责将托幼事业所需人力、物力、财力列入各级计划；财政部门负责经费开支；教育部门负责幼儿教育业务领导，培训幼儿园园长和保教人员，办好示范性幼儿园，加强幼教科研工作的领导；卫生部门负责卫生保健业务指导，培训托儿所所长和保育、医务、炊事等人员，提高卫生保健、营养等知识，办好示范性托儿所，加强对儿童保健科研工作的领导；商业部门负责儿童食品、服装、用具和玩教具的供应；劳动部门会同有关部门研究解决托幼工作人员的工资、劳动保险、福利待遇；建委、城建和房管部门统筹规划与居民人口相适应的托幼建筑，负责调剂解决并修缮园所用房；妇联和工会负责组织社会力量，推动托幼事业的发展。

1982 年根据中央书记处的指示，河南省成立儿童少年工作协调委员会，以省妇联为首，协调各部门有关儿童少年的工作。

1984～1987 年，全省实验幼儿园和示范性幼儿园普遍进行了管理体制改革试验，实行园长负责制、岗位责任制，加强目标管理，优化劳动组合，使教职员工的积极性得到充分发挥，工作效率明显提高。省实验幼儿园制定的各岗位（工种）责任制，为本省多数规模较大的幼儿教育机构所借鉴、学习。其中园长岗位责任制、保教主任岗位责任制、教师（教养员）岗位责任制、保育员岗位责任制、后勤工作人员岗位责任制、炊事人员岗位责任制等，通过实践和修改，形成较为完善的幼儿园管理制度。

1987 年，河南省提出，对幼儿教育实行地方负责、分级管理和有关部门负责的原则。省教委负责贯彻中央有关幼儿教育工作的方针、政策和河南省委省政府有关指示；研究拟定幼儿教育事业发展方针，综合编制事业发展规划；负责对幼儿园的业务领导，建立视导和评估制度；组织培养和训练幼儿园园长和教师，建立考核和资格审定制度；办好示范性幼儿园；指导幼教科研工作。卫生、计划、劳动人事等有关部门，各自在相应分工负责的业务范围内，密切配合，协调工作。

在计划经济条件下，我国的这种以块为主的管理体制有利于筹集社会资金和物资办园，调动地方办学的积极性，尽快普及幼儿教育。在坚持国家、集体、社会和个人一起上的原则下，多元化的幼儿教育投入体制确实促进了我国幼儿教育的普及化、平民化，并走向了农村。但这种幼儿教育投入体制的弊端是明显的：国家拨付的有限的幼儿教育经费由妇联、教育、卫生和其他党政军部门多个"条条"下达，多个条条之间调剂困难，幼儿教育资源被条块分割，部门占有，呈现分散性和封闭性的特点，不利于国家统筹安排和管理，资源浪费、聚集和缺乏并存；对幼儿教育的投入和管理带有强烈的地区和部门色彩，托幼机构之间的人、财、物等横向联系和交流困难，不利于发挥幼儿教育资源的效率和效益；强化了托幼机构的部门隶属关系，使托幼机构处于自我封闭的状态，办学条件和质量参差不齐，幼儿教育资源分配具有明显的不平衡性和差异性；幼儿教育对其他部门福利和社会资金依赖明显，缺乏独立性，从而具有不稳定、不安全的特点，这为幼儿教育事业的稳定和持续发展埋下了隐患；各托幼机构的财权、物权、人事权和行政管理权归所属部门所有，业务又归教育和卫生部门，不符合财政体制的"财权事权统一"的原则，容易形成"权、利大家抢，责任无人担"的局面；政府对城乡集体和民办托幼机构，尤其是广大农村地区幼教事业的财政支持政策过于灵活机动，几乎没有财政投入。

针对城乡学前班发展很快，特别在农村地区发展尤为迅速，而在教育和管理方面却存在一些问题，如有的地方学前班管理的归属不明确，办班条件差，教师专业素质低，教育的内容、形式和方法不符合幼儿身心发展的特点和规律，比较普遍地存在"小学化"的倾向等，1991 年 6 月 17 日，国家教委发布了《关于改进和加强学前班管理的意见》及附件《学前班保育与教育的基本要求（试行）》。该意见就学前班的性质、举办的原则、领导与管理、保育和教育的要求、改善办班条件的要求、教师的管理和培训等方面内容提出了意见。该意见明确指出，在现阶段，学前班是农村发展学前教育的一种重要形式；在行政上农村学前班可实行乡办乡管或村办村管，附设在小学的，可实行乡（村）办校管，在业务上归当地教育行政部门统一管理；农村学前班教师逐步实行聘用制，与当地民办小学教师或乡（镇）企业职工享受同等待遇。

随着社会、经济的发展和 1997 年《社会力量办学条例》的鼓励和推动，各类民办和私立的托幼机构大量出现。河南省和各地市也制定了相关政策，对民办托幼机构加强管理和引导。2004 年 1 月 30 日，安阳市北关区政府下发《北关区教育体育局关于民办学校（机构）审批与管理的意见》，加强对民办学校的管理，形成公办教育与民办教育共同发展的局面。

2005 年，随着计划生育工作的深入开展和生育观念的变化，初中生源开始下降，生源的紧张造成了冗余的初中教师，辉县市开始尝试各村小学附设幼儿园并实行一体化管理。《辉县市 2007～2011 年教育发展规划》提出，深化初中小学一体化管理改革，通过教育理念、教学管理、设备设施和师资等方面的资源共享，真正实现管理模式一体化、资源利用最大化和教师结构合理化。对农村初中与小学实行一体化管理，通过资源共享、优势互补，解决了小学体音美、英语、计算机等师资和内部设施短缺等问题，提升了农村小学办学品位。近年来的教育改革成效受到了媒体的广泛关注。《人民日报》《光明日报》《科技日报》《中国教育报》《教育时报》等国家和省级媒体先后以《过去修了千条路，今天要育一代人》《透过辉县教育看河南未来》等为题进行了专题报道。农村的学前教育事业逐步被纳入一体化教育管理的范畴，由初中校长委派一定数量的教师担任幼儿教师，这是农村小学、初中一体化管理的一个深化。

河南省各级政府先后出台了各种文件，解决幼儿园的行政隶属关系问题。如《郑州市人民政府办公厅关于加强幼儿园管理工作的通知》，提出了幼儿园管理规划，要加强农村幼儿教育的管理，根据国家的方针、政策制定农村幼儿教育事业发展规划。乡（镇）应努力办好中心幼儿园并充分发挥示范、辐射作用，加强对村办园（班）的指导和管理。要把学前 3 年入园率和中心幼儿园的达标工作列入乡（镇）政府的工作实绩考核，纳入"教育强乡（镇）"和"小康村"建设的重要指标，并建立目标责任制，层层落实目标责任。这样有效地解决了农村幼儿园长期以来行政隶属关系不明的问题，明确了层层的业务责任。

二 人员编制

1952 年，幼儿园开始分小班、中班、大班，小班招收 3~5 岁幼儿，每班 15~25 人；中班招收 5~7 岁幼儿，每班 25~30 人；大班招收 5~7 岁幼儿，每班 20~35 人。1957 年，大班儿童为 30~35 人，小班为 25~30 人。1979 年后，城市幼儿园的组织编制一般执行下列规定：幼儿园按年龄分设小班（3~4 岁）、中班（4~5 岁）、大班（5~6 岁）。各班人数为：小班 20~25 人，中班 25~30 人，大班 30~35 人。寄宿制幼儿园各班人数可酌减。各地可按实际需要适当增减各班人数。

幼儿园各类工作人员的编制，虽有一般规定，但主要是根据各自情况和可能来定。

安钢幼儿园 1985 年上半年入园幼儿共达 914 名，全园教职员工 109 人，其中教师 11 人，保育员 67 人。教师中有 3 名是幼师毕业，其余是从保育员中挑选的，保育员中有 24 名是小学文化程度，3 名是半文盲。虽然近年来招了一批高中毕业生当保育员，并从中挑选了 21 名担任代教，但她们都是大小集体工人，在奖金基数上存在"同工不同酬"，因此思想不稳定。

当时安钢幼儿园的保教人员不仅质量较差，而且数量也不够。幼儿编班人数大大超过国家规定，1985 年上半年，入托幼儿 914 名，按年龄编为 19 个大、中、小班，每班人数都在 48~50 名。每班只配一名教师，两名保育员。而国家规定，大班幼儿 30~35 名，中班 28~30 名，小班 22~25 名，安钢幼儿园每班人数都超过国家规定的 40% 左右。不过，每天都有幼儿随着家长公休或倒班而不来园，实际入托率只达 70% 左右，基本上能解决座位和床位不足的矛盾。但 4 个生活区只有一个幼儿园，这对幼儿保教活动和家长接送都不方便。

1987 年 3 月 9 日，国家教委发布了《全日制、寄宿制幼儿园编制标准（试行）》。该标准就幼儿园的班级规模、教职工与幼儿的比例、主要教职工的配置比例等方面问题做了规定，提高了幼儿园编制的科学性。

随着改革的深入发展，各地对幼儿园的编制工作进行了一些成功的尝试。2001年，安阳市北关区教育系统深化人事制度改革，实行评聘分开，进行岗位竞聘、择优上岗，技术职称评定与技术职务聘任相分离，实行聘约化管理。在科学定编设岗的基础上，推行全员聘用，废除教师职务、职称终身制，建立"人员能进能出、职务能上能下、待遇能高能低"的激励机制。完善校长负责制，实行岗位聘任制、绩效工资制和分流富余人员等，区属学校共聘任教职工741人，占教职工总数的94.75%，深化了学校内部管理体制改革。

一些地方还努力提高幼儿教师待遇，稳定了农村幼儿教师队伍。如驻马店汝南县在教师核编定岗过程中，将已建乡（镇）中心幼儿园的教师全部纳入公办教师编制，广大幼儿教师的各项待遇得到了保证，充分调动了教师的积极性和主动性。各地教育行政部门基本上都有一位副局长分管幼儿教育，并配备了专职或兼职的幼儿教育管理人员和教研人员。

2014年，长垣县教育体育局制定了《关于深化幼教集团管理机制建设的意见》，县幼教集团"六统一"的运作模式得到了教育部领导认可，《中国教育报》、中国教育新闻网、《教育时报》等国内多家媒体进行了专题报道，省教育厅《河南教育信息》（第87期）进行了专期刊发，供全省交流学习。"六统一"，即统一建设、统一配套、统一管理、统一筹措工资、统一教学和统一调剂。长垣县财政投入6000余万元，新建了县直第二幼儿园和29所新型农村社区幼儿园，确保每个乡镇至少有一所新建公办园；成立了幼教集团理事会、监事会，统一管理幼教集团各项重大事务；在没有编制的情况下，全县公开招聘近200名幼儿教师，签订劳动合同后充实到幼教集团所辖的各幼儿园，以满足教学需求；以县直实验幼儿园为依托，结合县域特色统一安排教学内容，并实行基础设施和保教用品统一配套、财物统一调剂。提高分园管理和保教水平，有效缓解了"入园难"问题。

三 经费

中华人民共和国成立后，河南省教育事业经费管理体制分四个阶段。

第一阶段：1950~1953年，实行中央统一财政、三级管理制度。教育事业列入省预算的有省属大学、专科学校、省立师范（含附属小学）、省立高级职业学校和省立中学。简易师范、县立中小学和乡村小学的经费，由县人民政府随国家公粮征收地方附加安排。地方附加不得超过国家公粮的15%。城市小学经费由征收城市附加教育事业费解决。

1952 年，河南省按照教育部《幼儿园暂行规程》规定，市、县所办幼儿园的经费，由市、县人民政府在地方教育事业费中统筹统支，其他公办和私立幼儿园经费，由设立者或董事会供给，市、县幼儿园经费的预算、决算，由市、县人民政府教育行政部门审核批准；其他公办和私立幼儿园经费的预算、决算，由设立者审核决定，并报告当地教育行政部门备案。

第二阶段：1954~1979 年，实行"条块"结合，以"块块"为主的管理体制。河南省人民委员会对中央下达的教育经费指标，根据本省教育事业计划和各项经费开支标准安排后，如不足或有结余时，可以进行调剂，并将安排情况在上报地方预算时，加以说明。市、专署和县人民委员会对省人民委员会或专署下达的教育经费预算指标，根据省确定的教育事业计划和各项经费开支标准，结合本地区具体情况进行安排。预算经省人民委员会和专署核定后执行。

党的十一届三中全会以后，党中央、国务院对幼儿教育所需经费来源做了切实的安排，明确规定，各级教育部门举办的幼儿园经费，培训保教人员、医务人员以及开展幼儿教育其他活动所需经费，由教育事业费开支。各级财政部门在确定教育事业费年度指标时，对这些费用要予以安排。各企业、事业、机关、部队举办幼儿园的经费，由各主办单位自行解决。城镇街道举办的集体性质的幼儿园（班），实行合理收费，独立核算，自负盈亏。根据各地情况经验，其经费来源从以下几个方面解决：一是幼儿家长缴保育费；二是幼儿家长所在单位向幼儿园交管理费；三是幼儿园的开办费、添置大型设备及房屋修缮等开支，由地方财政部门在自筹经费（如城市附加收入，区、街企业收入和机动财政等）中酌情补贴；四是保教人员的退休、退养问题，由主办单位根据经济状况适当解决。如有困难，可向地方财政部门申请补助。对长期从事幼儿教育工作作出贡献的保教人员优先照顾。

第三阶段：1980~1984 年，根据国务院新颁发的财政管理体制，河南省开始进行财政体制改革，实行"划分收支、分级包干"的新财政体制。教育事业所需经费，从由省人民政府安排改为由财政部门和教育部门协商联合下达支出指标的管理体制。1980 年后，全省教育经费大体分三块，即省级教育经费、普通教育专款和市、地、县级教育经费，省级教育经费由省教育行政部门管理，主要是高等教育经费，另外是厅直供单位经费。普通教育经费是省掌握的普通教育补助款，主要用于补助老苏区、老解放区、山区、贫穷地区中小学房舍维修及必要设备，补助各地培训师资和进行中等教育结构改革所需经费。这项专款由省教育厅提出分配使用意见，与省财政厅联合下达各市、地。市、地、县级教育经费基本是普通教育经费，均由财政部门从总包干经费中划拨给市、地、县教育行政部门，再分配到学校，包干使用。

第四阶段，20 世纪 80 年代中期至现在。随着幼儿教育的社会化发展，除了上述几类幼儿园之外，全省各地都出现了许多私立或民办的幼儿园或幼教机构。这些新办理的幼教机构办园主体呈现多样化、社会化的特点，如集团化办园、股份制办园、民营机构办园、不同企事业主体联合办园等，相应的，其经费来源则呈现同样的多样化、社会化的特点。2007 年幼儿教育"三年行动计划"实施以来，中央政府通过投入大量专项资金拉动地方政府配套资金，用来改扩建幼儿园以缩小城乡差距，并对普惠性民办幼儿园的发展提供资金支持或奖补资金。2018 年，河南省教育厅提出要进一步加强政府责任，加大学前教育投入力度。省、市、区（县）、镇应该分担城市幼儿园（公办、民办）建档立卡幼儿教育成本的 50%，以保证学前教育的普惠性。严格执行《河南省幼儿园收费管理暂行办法实施细则》。幼儿园统一实行政府指导价格的管理形式，实现定价形式、定价范围、收费项目名称的统一，各级政府加大幼儿园收费监督管理力度。制定民办幼儿园合理的收费标准，民办幼儿园收费标准应以公办幼儿园为准，不高于当地公办幼儿园保教费用的 2 倍。高出的 1 倍用于支付教师工资、培训及园所场地费用等，以保证学前教育的公益性、普惠性。

四　幼儿园内部的运行管理

新中国成立后，教育部门所办幼儿园实行在政府教育行政部门领导下的园长（或园主任）负责制，学校附设的幼儿园（班）由办园学校的校长主管，指定幼儿园（班）教师具体负责。部门、机关、厂矿、街道办的幼儿园，实行所在地主管部门、机关、单位行政领导下的园长（或园主任）负责制，并视幼儿园规模，在园长（或园主任）下酌情分设教育、卫生保健、总务等部门，或由专兼职员工分别负责有关工作。

1956 年至 1957 年，全省贯彻执行教育部制定的《关于幼儿园幼儿的作息制度和各项活动的规定》和《幼儿园教育工作指南（初稿）》，改进和加强幼儿园内部的管理工作。部分尚缺园长的幼儿园配备了园长，充实保教队伍，健全规章制度。一些附设幼儿园（班）的学校，把幼儿园（班）的工作列入学校工作计划，幼儿园的教养员一般都制订并实施每日工作计划，有些教养员还制订每周逐日工作计划，以增强教养工作的计划性。

1958 年，全省贯彻执行中共中央、国务院《关于教育工作的指示》，规模较大的幼儿园均实行在党支部领导下的园长负责制，小学附设的幼儿园则实行在学校党支部统一领导下的园长负责制；一些暂无条件建立党支部的幼儿园，就增配党员园长，或发展已具备党员条件的园长为中共党员，以加强党对幼教工作的领导。1963 年，根据《全日制小学暂行工作条例（草案）》精神，幼儿园内部改为实行园主任（园长）负责制，由园主任（园长）领导园内工作，党支部起保证监督作用。规模较大的幼儿园还在园主任（园长）下分设教学组、保育组、总务组。

1979 年后，贯彻全国托幼工作会议精神，幼儿园的管理工作逐步恢复正常。1980 年，遵照《城市幼儿园工作条例（试行草案）》，尝试推行由园长主持工作的幼儿园管理制度。由幼儿园园长在上级党委和教育行政部门领导下主持全园工作，负责贯彻教育方针、政策以及上级指示和决定；组织和领导幼儿园的保教和教研工作；组织领导教职工的政治、文化、业务学习，管理幼儿园园舍、设备和经费等。部分幼儿园在 20 世纪 80 年代中期试行由园领导、教研组长、总务组长等组成园务委员会，决策园内的重大问题。从 1989 年起，遵照《幼儿园工作规程（试行）》，实行园长负责制。较前一阶段有所进步的是，规模较大的幼儿园中设立了园务委员会，其中设有家长代表，与园方代表共同研究决定园内重大问题，这是幼儿园民主管理的有效举措。园内管理机构一般在园长下设教研组（又据大、中、小班分设小组）、保育组、保健室、总务室、食堂、财会室。园内还建立基层教育工会、共青团支部。较大的幼儿园还建立职工代表大会制度，以推动职工参加幼儿园民主管理。

中华人民共和国成立后，河南省公办幼儿园教师享受的待遇等同于普通小学教师。从1952年开始实行工分制，1956年普遍实行工资制，以后又经过几次改革、提高。1987年1月，省教育委员会规定，幼儿园工作人员职务工资按园长、副园长、保教主任、副保教主任、总务主任、副总务主任、职员的职务分列，幼儿园教师职务工资按高级教师、一级教师、二级教师、三级教师的职务分列。工作人员和教师的待遇标准，与普通小学相同，幼儿园园长和教师中的最高月工资可达131元。机关团体和厂矿企事业单位的幼儿园教职工待遇，有的同公办幼儿园教职工相同，有的同企业职工相同。这些幼儿园教职工编制和供应由办园单位负责。

农村幼儿教师的生活待遇，主要依靠乡（公社）和行政村（大队）解决，一般采取同等劳力记工分制，另加补助费。从1979年开始，农村逐步实行联产承包责任制，幼儿教师工资大多改为责任田加补助费。各地情况不同，因地制宜，补助费多少不等，同当地经济发展条件和群众生活水平相适应。

在1995年颁布的《中华人民共和国教育法》中明确规定幼儿园教师享受与中小学教师同样的政治和经济待遇。同年，《教育部关于全国幼儿教育事业"九五"发展目标实施意见》中指出，要根据农村幼儿教师的实际制定相应的办法，保证农村幼儿教师队伍的稳定。各级政府和主办单位要妥善解决幼儿教师的工资、教师职务评定、医疗和住房等问题。特别对农村幼儿教师要给予更多的关心和帮助，其报酬可参照当地小学教师工资水平或不低于当地人均收入的水平而定，并有所增长。工资必须及时兑现。农村幼儿教师参加小学教师职务评聘，对成绩显著者要及时宣传、表彰。各地还应注意研究制定农村幼儿教师社会保障等有关政策，使其安心从教。

改革开放后，各地根据地方情况，对教师待遇也进行了改革。2000年，根据安阳市《北关区教育人事制度改革方案的通知》，制定《北关区学校教职工考评工作（试行）意见》《北关区学校教职工岗位聘任制（试行）意见》《北关区小学（幼儿园）富余人员分流办法（试行）》《关于区属小学（幼儿园）实行结构工资制（试行）意见》等文件，重新核定学校编制和内设机构；全面实行校长负责制；建立和推行聘用制度；实行教职工岗位聘任制；实行结构工资制，教师工资由基础工资（70%和各种政策性补贴）和校内工资（30%）构成。校内工资按教职工履行职责和工作实绩进行再分配，合理拉开档次，严格执行"在什么岗位拿什么校内工资"制度。校内工资分为岗位工资和薪级工资两部分。岗位工资由岗位津贴、工作津贴、考勤津贴、常规考核津贴等组成，薪级工资由教育教学成绩奖、专项成绩奖、荣誉奖及各种辅助奖组成。岗位工资占校内工资的 60%～70%，薪级工资占校内工资的 30%～40%。

进入 21 世纪后，工资待遇问题是稳定农村幼儿教师的重要因素。农村幼儿教师的低工资、高工作量成为阻碍师资队伍稳定的关键因素，近几年来，河南省各级政府和教育部门采取了各种措施提高幼儿教师的待遇，稳定幼儿教师队伍，如《郑州市人民政府办公厅关于加强幼儿园管理工作的通知》规定"有关部门或举办者应解决好幼儿教师工作和生活中的困难，足额按月发放教师工资，逐步改善幼儿教师的住房、医疗等生活条件"。

五 进入依法管理阶段

1992 年后，幼儿教育被逐渐推向市场。1997 年颁布了第一部专门规范社会力量办园的法规《社会力量办学条例》，开始走向立法的发展阶段。随着大众对幼儿教育的需求越来越大，对教育质量的要求也越来越高，对教育形式的需求也越来越多样化，公办园一时不能满足，国家只有依赖社会力量办园来补充公办园数量的不足。因此，社会力量办园迎来了一个强化立法黄金发展的时期。

在宪法指导下，与幼儿教育有关的《中华人民共和国未成年人保护法》《中华人民共和国教师法》《中华人民共和国母婴保健法》等基本法律，尤其是《中华人民共和国教育法》的施行，标志着我国全面依法治教的开端，在教育法规体系中处于"母法"地位。《幼儿园工作规程》依照以上基本法律及"母法"进行修改，于 1996 年正式颁布实施，而为贯彻《中华人民共和国教育法》和《幼儿园工作规程》，指导幼儿园深入实施素质教育，制定了《幼儿园教育指导纲要（试行）》。它与《幼儿园工作规程》作为幼儿教育的行政法规，标志着我国幼儿教育走上依法治教的法制化轨道。

1996 年颁布的《幼儿园工作规程》中一个十分显著的变化就是强调幼

儿教育是基础教育的一部分，幼儿教育居于基础性位置。同时，国家还在有关文件中对于幼儿教育的福利性逐步淡化，在《国家教委、国家计委、财政部、人事部、建设部、卫生部、物价局关于加强幼儿教育工作的意见》中明确指出，幼儿教育具有群众性、地方性和社会性等特点，是公益性事业，允许集体性、民办性幼儿园实行自负盈亏。

2006年6月30日，教育部颁布《中小学幼儿园安全管理办法》。学校安全管理工作内容有：（1）构建学校安全工作保障体系，全面落实安全工作责任制和事故责任追究制，保障学校安全工作规范、有序进行；（2）健全学校安全预警机制，制定突发事件应急预案，完善事故预防措施，及时排除安全隐患，不断提高学校安全工作管理水平；（3）建立校园周边整治协调工作机制，维护校园及周边环境安全；（4）加强安全宣传教育培训，提高师生安全意识和防护能力；（5）事故发生后启动应急预案、对伤亡人员实施救治和责任追究等。

各级地方政府主要围绕地方幼儿教育管理条例、幼儿园登记注册制度、幼儿园分类评估标准和办法、园长教师资格审定和考核办法、收费制度管理办法五方面加强了地方法规建设。

2012年4月，河南省教育厅等13部门联合发布了《河南省幼儿园管理办法（试行）》，对幼儿园办理的准入制度，园长、保教人员任职资格与聘任，幼儿保教与课程实施做了规定，如要求民办幼儿园的举办者递交幼儿教师资格的相关证明，以及"民办幼儿园的教师、医师、保健员、保育员及其他工作人员由幼儿园园长聘用，也可由举办幼儿园的单位、组织或个人聘用"，为河南省的幼儿教育提供了基本的法律规范。

第四节　加强内涵建设 提升保教质量

1996年幼教工作重心从注重发展规模及时转移到练内功、上水平、要效益上来。主要举措是以奖励鼓干劲，以评估促发展，概括起来有以下两点。一是指导各地继续按照《幼儿园教育指导纲要（试行）》指导思想，多渠道发展幼教事业，使全省幼教事业稳步前进。二是开展评先表彰活动。2月1日，省教委与省财政厅、省计委、省卫生厅联合表彰奖励了100多个幼教先进单位和 204 名先进工作者。这是 1988 年幼教工作归口教育行政部门管理以来的首次表彰。5 月，省教委、省妇联共同组织了全省家庭教育评先活动，评选出全省家庭教育先进单位 10 个，先进家长学校 21 所，先进工作者 50 名，优秀家长 48 名。同时从中选拔出部分单位向国家教委和全国妇联推荐进行表彰，省教委基础教育处被评为全国家庭教育先进单位。省教委与省妇联、省卫生厅共同开展了"百名健康儿童"评选活动，评选出了百名健康儿童和十佳儿童。制定出了《河南省示范幼儿园评估验收实施细则》。各地都对照该细则找差距，狠抓管理促效益，对于创建示范幼儿园和促进所有幼儿园的规范化工作起到了积极的引导作用。9 月，在中原油田开展了省级示范幼儿园的试评工作，标志着省级示范幼儿园建设开始启动。3 月至 12 月，在林州、新郑开展学前班的分级分类评估试点工作。

平顶山市七彩虹幼儿园的前身是市商业局幼儿园，由市商业贸易局直接领导，1994 年被推向市场走上自谋生存的路子。幼儿园紧紧围绕一个中心（以保教工作为中心），努力搞好两个服务（为幼儿和幼儿家长搞好服务），切实加强三个教育（思想政治教育、业务技能教育和幼儿素质教育），不断提高四个水平（领导艺术水平、素质教育水平、后勤管理水平和幼儿发展水平），建立了观摩课设计评价、一日活动管理评价、常规工作评价、幼儿发展水平目标评价、教学环境评价等评价体系。采取以游戏为主的灵活多样的教育方式，加强素质教育，开展以幼儿乒乓球为主的特色教育，促进幼儿德、智、体、美全面发展。

新乡市育才幼儿园把科学管理当作提高教育教学质量的根本保证，制定实施《教职工全面工作量化评估方案》和《量化奖惩条例》，建立健全 42 项规章制度，制定 36 个岗位职责，优化组合，竞争上岗，层层聘任，奖优罚劣，使各项工作操作有程序、考核有目标、奖惩有依据，做到考核天天有记录、月月有总结。实行园务公开，民主管理，变隐性管理为显性管理，考核成绩与结构工资、评先、评聘职称结合起来，对考核连续三年前 3 名的同志，实行低职高聘。鼓励教职工勇于创新，敢于冒尖，充分调动了广大教职工工作的积极性，促进了各项工作的开展，取得了显著成绩，被评为民主管理先进单位。

1997 年，河南幼儿教育持续平稳发展，工作重点已从主要抓事业发展转到抓事业发展与提高管理水平和效益并重上来。一是按《幼儿园工作规程》要求，组织力量对首批申报省级示范幼儿园的 13 所幼儿园进行了评估。二是对林州、新郑开展的学前班评估试点工作进行了总结。三是开展了"六一"儿童节系列庆祝活动，组织召开了省会部分小学校长、幼儿园园长"庆六一、迎回归"座谈会；配合省妇联陪同省委省政府领导对省会部分小学、幼儿园进行节日慰问；开展"庆六一"咨询活动和"庆六一、迎回归"游园活动；开展"爱心献春蕾"救助失学女童活动等。四是组织人员对学前班用书进行了修订。五是起草了全省幼儿园园长的培训规划，初步选定河南大学教育系为园长培训基地，并选派 4 人参加了国家教委在江苏丹阳市举办的幼儿园园长培训教材培训班。六是承办了中国学前教育研究会第四届理事会第二次常务理事扩大会，组织郑州等部分市地教师参加了由全国学前教育研究会举办的全国幼儿家庭教育研究骨干培训班及全国幼儿园双语教育研讨会。

全面开展学前班评估工作。1998 年初，省教委制发了《关于加强学前班评估工作的意见》，对各市、地的评估方案进行了审核。大部分市、地结合本地情况制定下发了学前班评估方案或细则，全面开展了对学前班的评估工作。通过评估，有力地促进了学前班办班条件的改善和保教质量的提高。

1999 年 5 月 5 日，省教委下发了《关于举办河南省幼儿教育优质课评比活动的通知》。8 月 20～25 日，省教委组织专家对各地报送的幼儿园和学前班各 120 节录像课进行了评选，共评出幼儿园类一、二、三等奖共 62 节和学前班类一、二、三等奖共 56 节。

1995 年 5 月，长葛市教委实行幼儿园、学前班登记注册制度。1996 年 6 月，《幼儿园工作规程》正式施行，长葛幼儿教育工作更加规范化。

2003 年，郑州市开展了幼教管理规范工作专项治理。一是开展幼儿园、学前班的注册及年审工作。全市 0～3 岁婴幼儿 157731 人，入园率为 11%；3～6 岁幼儿 185951 人，其中城市幼儿 72206 人，入园率 94%；农村幼儿 113745 人，入园（班）率 66%。二是配合市物价局多次召开座谈会，对各种类型的幼儿园办园成本进行测算、分析，制定了《郑州市幼儿园收费管理暂行办法》，规范了办学秩序。三是加强对农村幼教工作的指导。一方面，继续实施"班改园"策略，撤销农村城镇学前班，大力发展农村幼儿园；另一方面，加强乡中心幼儿园建设，将省定目标逐层分解到各县（市）区。新建 17 所乡中心幼儿园，超额完成了省定目标。四是深入开展调研活动，开展幼教专项督导检查。全面贯彻国务院关于"幼儿园不得以开办实验班、特色班和兴趣班等为由，另外收取费用"的规定，要求各县（市）区开展调研，摸清各园乱办班的情况，采取有力措施，制止乱收费现象。同时，市教育局又下发了郑教基〔2003〕44 号文件，各县（市）区进行自查，对自查中发现的问题认真研究并进行整改。五是进一步加强安全教育和安全检查工作。抓好全市幼儿工作会议精神的落实，采取幼儿园（班）自查与主管部门检查相结合，定期检查和平时抽查相结合的办法。

2003 年，夏邑县教体局认真贯彻落实《幼儿园工作规程》、《幼儿园管理条例》和《幼儿园教育指导纲要（试行）》，制定下发了《夏邑县人民政府关于加强乡镇中心幼儿园建设的意见》。以争创示范性幼儿园为契机，充分发挥中心幼儿园的辐射带动作用，2003 年全县乡镇中心幼儿园建园率达 100%，幼儿接受教育率达 98%，夏邑县也被评为全国幼儿教育先进县。

2004 年 7 月和 8 月，安阳市教育局先后印发《关于对市区民办幼儿园和违规举办学前班进行专项督查的通知》《关于规范幼儿一日生活时间安排的通知》，对城市市区进一步整顿学前教育机构和规范、优化全市幼儿园幼儿一日生活做出了明确要求，经认真督查，市区共取缔非法办园 30 余所。

2004 年，鄢城县加强民办幼儿园管理，一是对全县民办幼儿园进行重新备案、登记。要求各民办幼儿园指定具体负责人，并根据本园实际情况，认真填写相关表格。对不符合办园条件的进行查封，停办整顿。县教体局对未经教育主管部门批准设立的 38 处民办幼儿园提出了整顿意见，对一处幼儿园进行了查封停办处理。二是加强管理。要求各幼儿园做到健全制度，明确责任，确保幼儿身心健康发展，确保安全、卫生、饮食万无一失，并逐步使幼儿园的管理走向规范化、统一化。三是提高保教保育质量。力争扭转片面追求识字率和特长教育现象，尊重幼儿身心发展规律和认知特点，以游戏为基本活动，保教并重，关注个别差异，保证幼儿在轻松愉悦的氛围中健康成长。

2005 年，郑州市教育局出台了《关于加强幼儿教育管理的实施意见》，从审批、注册等环节进一步加强对幼儿园的管理。督促各县（市）区对幼儿园、学前班重新注册，共审查幼儿园 920 所，其中注册 712 所，不合格 86 所，整改 92 所，取缔 30 所；共审查学前班 1084 所，其中注册 1049 所，整改 30 所，取缔 5 所。

2006 年，周口市加强对幼儿教育的管理工作。坚持实行全市幼教机构设立审批、登记注册和年审制度，依托市、县、乡三级幼教管理网络，不断开展对各级各类幼教机构的监督检查和业务指导工作，采取有效措施，加强对民办幼教机构办学行为的规范化管理，及时发现和排除幼儿园安全隐患，坚决杜绝违背教育规律和损害幼儿身心健康的不良现象发生，切实保证幼儿教育正确的办学方向。

2008 年 2 月，襄城县成立创建规范化幼儿园领导小组，下发《关于创建百所规范化幼儿园的意见》，多次召开会议，对创建活动做了具体安排。组织全县幼儿园园长到许昌、长葛的示范性幼儿园进行参观学习，对全县幼儿教师进行学历达标培训。29 所幼儿园验收达标，授予第二批"规范化幼儿园"称号。

2014 年 4 月，教育部部署在河南省先行试点建设全国学前教育管理信息系统二期试运行工作。同月，省教育厅召开试点地市系统二期运行部署培训会，制定《关于学前教育管理信息系统二期试运行工作要求》，明确各级用户职责和任务。各级教育行政部门和学前教育机构迅速行动，通力协作，对系统二期核心功能设计的合理性、易用性进行检验，探索系统二期在部署、培训、运行、应用及维护上的基本机制和经验。试运行工作顺利完成，为完善优化二期系统，加强对幼儿园的动态管理作出积极贡献。

2014 年 8 月，滑县教体局设立幼教办，负责全县幼儿教育行业的发展。7 月，举行 2014 年滑县民办幼儿园自制玩教具比赛，共有 59 件作品参评，评出一等奖 3 件，二等奖 7 件，三等奖 10 件。10 月，举办民办幼儿园开放周活动，为全县幼儿园园长提供了一个互相学习交流的平台；先后组织民办幼儿园教师、保育员、园长培训班，累计培训 393 人次（125 名保育员取得有效证件）。

第五章　多元办学 百姓受益

新中国成立初期，国家就确定了政府办和社会力量办（在城市中由厂矿、企业、机关、团体、群众举办，在农村提倡农业生产合作社举办）并举的发展幼儿教育的方针，这个方针后来被形象化地称为"两条腿走路"，多渠道、多主体、多样化的办园体制也逐渐形成。

根据办园主体和经费投入方式，中国的幼教机构大体可分为四种类型。

一是教育部门办园。其经费由公共财政（教育经费）支出，教师纳入国家教师编制，与中小学教师享有相同的待遇。

二是其他部门办园。主要指的是政府机关、事业单位和国有企事业办的幼儿园。政府机关和事业单位办园虽然不直接从教育经费中列支，但有一部分（如教师工资、建设费用等）可以通过机关预算间接进入公共财政预算；国有企业办园作为职工福利，通过税前预留（营业外开支）的方式，间接地获得了公共资金的支持。教师往往作为机关或企业后勤人员享受本单位工作人员的待遇。

三是集体办园。包括城市的集体所有制企业、街道和农村村镇办的幼儿园。集体所有制的企业一般以税前预留的方式间接得到公共资金的支持。城市街道往往也有属于自己的集体企业，用以支持包括幼儿教育在内的福利开支。政府对城市街道集体企业一般不征收利润，这在客观上支持了城市街道园的发展。农村园的经费虽然得不到政府任何的财政支持，但由于实行的是粮食统购统销政策，教师报酬与当地同等劳动力一样获得，由生产队集体负担。

四是民办园，即私立园。经费基本来自家长，教师的工资待遇由举办者确定。

在这几类幼教机构中，教育部门办园所占比例不高，其基本定位是为各种类型的幼儿园提供保育教育工作的示范，配合师范院校的科研和实习工作。其他部门和集体所办的幼儿园更多具有"单位职工福利"的性质。

第一节　坚持"两条腿走路"的办学方针

1949 年 12 月，第一次全国教育会议议决："在目前条件下，我们对中国人办的私立学校，除极坏者应予取缔或接管外，一般的，应采保护维持、加强领导、逐步改造的方针。没有必要而随便命令停办或接管，是不妥当的。"①

中国共产党迅速调整了政策，对私立学校采取了不接管或少接管的策略，协助其尽力维持，以待发展。对于已经接管的私立学校，也以放手自办为原则，尽可能做到"接"而不"管"。这对于维护私立幼稚园的现状，无疑是明智之举。

新中国成立以后，根据毛主席"好好的保育儿童"的指示，在党和政府的领导下，我国幼儿教育本着为培养社会主义事业新一代、为生产服务、为人民生活服务的目的，遵循自力更生、勤俭办园（所）的精神，采取了公办和民办"两条腿走路"的方针，调动一切积极因素，从实际出发，办起了多种形式的托儿所、幼儿园，取得了很大的成绩。

1949~1956 年是幼儿教育事业蓬勃发展的 7 年，在这个时期国家采取的一系列根本改革措施，如《关于学制改革的决定》、《幼儿园暂行规程》和《关于托儿所、幼儿园几个问题的联合通知》等的颁布，明确了我国幼儿教育的性质、任务和发展方针，对促进我国幼教事业的发展，建立一支又红又专的幼教队伍，提高幼儿园教育质量和管理水平等都打下了良好的基础。在第一个五年计划（1953~1957 年）中对幼儿教育事业指出，"稳步地发展保育事业"，"五年内应该根据可能的条件适当地发展幼儿园，在城市可由

---

① 《中国教育年鉴》编辑部编《中国教育年鉴（1949~1981）》，中国大百科全书出版社，1984，第 685 页。

机关、团体、企业单位和群众团体举办，在农村提倡农业生产合作社举办"。1953 年，全国初等教育会议提出了"整顿巩固、提高质量、重点发展、稳步前进"的方针。于是，工厂、团体等单位积极举办幼儿园，使各类幼儿园得到稳步发展。据 1957 年统计，全国有幼儿园 1.64 万所，比 1952 年增加 1.5 倍以上，入园幼儿 108.8 万人，比 1952 年增加 1.6 倍。

孟津县平乐村幼儿园创建于 1954 年 9 月，面向农民，勤俭办园，根据农业生产特点，除每年一次寒假外，教师没有假期，轮流休息。到 1987 年，由初办时的 1 班 42 名幼儿，发展到 6 个教学班 300 余名幼儿，使全村 5～6 岁儿童入园率达 98%。该园坚持幼儿德智体美全面发展的办园宗旨，在多年的保教实践中积累了丰富的经验，注重加强幼师队伍建设和幼儿的卫生保健，针对幼儿心理特点组织教学活动，开设儿歌、故事、诗歌、唱歌、游戏、美工、体操、计算等课程。采用启发式教学方法，寓知识于游戏之中，调动幼儿的求知欲。1958 年中央领导同志康克清、罗琼曾亲临视察，1979 年和 1983 年两次被命名为"全国'三八'红旗集体"。

1955 年 1 月 8 日，国务院发出《关于工矿、企业自办中小学和幼儿园的规定》，要求实行"两条腿走路"（公办、民办并举）的方针，以解决国家教育投资不足与人民群众日益增长的教育需求的矛盾。此后，城市街道、农村社队所办幼儿园便纷纷涌现，民办幼儿园重新成为公立幼儿园的补充形式。

1955 年 11 月 21 日，中华全国民主妇女联合会在北京召开的第二次妇女儿童福利工作会议开幕。参加会议的有各地妇联的福利工作干部和文教卫生部门的代表共 119 人。中央有关部门也派人出席了会议。会议讨论了自 1951 年 10 月第一次妇女儿童福利工作会议以来，各地妇女儿童福利工作开展的情况和今后的工作任务。会议指出，今后妇女儿童福利工作应继续贯彻以生产为中心，为广大城市和农村劳动妇女及其子女服务的方针，随着国家社会主义建设事业发展的需要，有计划、有领导地在城市和农村发展多种多样的群众性托儿组织，培养一批优秀的保育人员。要做好今后妇女儿童福利工作，必须进行全面规划、加强领导。在农村要结合县、乡农业生产合作社的全面规划，根据群众原有习惯和自愿互利原则，有计划地组织多种类型的托儿组织，以适应妇女参加生产的需要。在城市厂矿企业学校要大力举办小型日间托儿所、幼儿园，在街道要积极提倡群众"自办""自管"小型日间托儿站或幼儿园（班）。会上还交流了举办群众性托儿组织和开展妇幼卫生工作等经验。

1956 年 2 月 23 日，教育部等发出《关于托儿所幼儿园几个问题的联合通知》（简称《联合通知》），提出"今后应当按照'全面规划、加强领导'和'又多、又快、又好、又省'的方针，同时根据需要和可能的条件积极地发展托儿所和幼儿园"；"划清托儿所和幼儿园的界限"，"明确对各种类型的托儿所、幼儿园的领导职责"等。1957 年，教育部出台《幼儿园教育工作指南（初稿）》，包括幼儿园教育工作的任务、手段、内容，教育任务与年龄特征，幼儿园的作息制度以及一日教育工作内容等。幼儿园的工作任务是对幼儿实施体智德美等方面的教育。1958 年 9 月 19 日，中共中央、国务院《关于教育工作的指示》中指出，"培养出一支数以千万计的又红又专的工人阶级知识分子队伍，是全党和全国人民巨大的历史任务之一"，"坚持国家办学与厂矿企业、社队办学相结合的'两条腿走路'，不是'一条腿走路'"的方针。

1957~1966 年，幼儿教育事业经历了比较曲折的发展过程。在 1958 年的"大跃进"运动中盲目地发展，短时期内，农村幼儿园急剧增加。1958年 7 月 14 日，刘少奇开始视察山东工厂、农村，邀请部分工人、农业社干部进行座谈。刘少奇在视察中指出，关于教育问题，应该使教育与生产劳动相结合，逐步做到一个工厂就是学校，半工半读，学生是工人，工人也是学生。农村也可以这样做，拨出几百亩地，办一个学校，让他们包产，学生一面生产一面学习，既是学生又是农民。用这个办法，不要很久，全国人民都能上大学。刘少奇还赞扬公共食堂、托儿所、缝纫组等，使家务劳动集体化，既省钱又省人，使广大妇女能够更好地参加社会生产，在社会主义建设中发挥更大的作用。

1958 年 9 月 16 日，刘少奇开始在河南视察。在郑州，刘少奇说，当前要做好这样五件事。第一，使社会上所有有劳动能力的人都进行劳动，特别是体力劳动。每个人都应当担负起力所能及的劳动。体力劳动是搞吃穿的，每个人都要吃穿，有人不负担，别人就要加重负担。每个人都参加体力劳动的意义，毛主席说过，马克思、恩格斯也都指出过，这是过渡到共产主义的一个必要条件。第二，搞好食堂、幼儿园、缝纫厂，把妇女从家务劳动中解放出来，参加生产。第三，要搞技术革命——搞技术革命就能节约大量的劳动力。第四，改进社会的劳动组织也能节省很多劳动力。第五，要提高技术水平和文化水平。

1958 年 9 月 19 日，中共中央、国务院发出《关于教育工作的指示》。该指示规定，党的教育方针是"教育为无产阶级政治服务，教育与生产劳动相结合"。各大协作区要建立一个完整的教育体系，各省、自治区、直辖市也应该建立起这种比较完整的教育体系，然后，每个专区、每个县也应该这样做。我国教育事业"大跃进"的目标是，全国用 3~5 年的时间，基本上扫除文盲，普及小学教育，使农业合作社社社有中学，使学龄前儿童大多数都能入托儿所和幼儿园；争取用 15 年左右的时间，基本上使全国有条件的青年和成年都可以受到高等教育。

1958 年"大跃进"中，工厂、机关、农业社也都先后筹办了幼儿园。据统计，当时仅濮阳县就有 574 所 1615 班，入园儿童 4.54 万名。1969 年，各公社建立了育红班，小学代设育红班，全县育红班猛增至 947 个，入学幼儿 3.46 万人，占 4~6 岁幼儿的 80%。不久，育红班大部解散。

1959 年 1 月 16 日，《人民日报》发表署名文章《农村福利事业的新阶段》。文章称，自 1958 年夏季以来在短短几个月里，农村的生活福利事业发展得非常迅速，26000 多个人民公社共建立了 200 多万个公共食堂，400 多万个托儿所、幼儿园，11 万多个敬老院。文章认为，这是适应生产力的发展和人民公社的建立而出现的，当务之急是管好集体生活。

1959 年 3 月 3 日，日本共产党总书记宫本显治在中共河南省委书记处书记李文、中共郑州市委书记处书记刘必陪同下，参观了国营郑州第三棉纺织厂。郑州第三棉纺织厂负责人向宫本显治介绍了全厂生产和工人生活福利事业的情况。接着，宫本显治参观了工厂的各个生产车间，并着重参观了工厂的食堂、哺乳室、托儿所、母子楼以及职工家属宿舍和职工集体宿舍。在参观的时候，宫本显治受到了职工群众和工人家属的热烈欢迎。

幼儿园的发展速度大大超越了当时农村的经济发展水平，违背了幼教事业发展的客观规律。在这种情况下，教育部对有的地区适应现实条件和幼教特点的措施比较重视，并以文件的形式将有关经验或具体做法转发至全国各地，力图对发展失控地区能有积极的影响。如 1958 年 7 月 22 日教育部转发的《江苏等省关于办农村幼儿园的四个文件的通知》是当时具有代表性的一个文件。但是，这类文件未能从根本上改变农村幼教机构发展失控的状况。1961 年在中央"调整、巩固、充实、提高"八字方针的指引下，幼儿教育机构根据经济、师资等实际条件采取了保留、撤销、充实等手段进行整顿，农村幼儿教育朝着巩固和提高的目标逐步恢复正常发展秩序。

党的十一届三中全会召开以后，全国面临着拨乱反正、改革开放的新局面，幼儿教育事业进入了一个新的发展阶段。党和国家加强了对农村幼儿教育工作的领导和管理，颁布和实施了一系列发展农村幼儿教育的政策措施，为农村幼教事业的良性发展提供了基本保障。

1979 年 7 月，教育部、卫生部、国家劳动总局、全国总工会和全国妇联在北京联合召开全国托幼工作会议。针对全国城乡托幼工作中存在的园所数量少、保教质量低，托幼工作还未受到应有的重视、没有纳入国家计划、缺乏统一的领导，托幼经费没有切实的保障等问题，会议讨论了托幼工作如何适应社会主义建设新时期的需要，各有关部门如何分工合作，以促进托幼工作的发展。会议指出，加强托幼工作的统一领导和分工合作，积极解决托幼工作的经费和保教人员工资、劳动保险、福利待遇问题，坚持"两条腿走路"的方针，恢复、发展、整顿、提高各类托幼组织；建设一支又红又专的保教队伍，努力提高保教质量。10 月，中共中央、国务院转发《全国托幼工作会议纪要》，并提出由国务院设立"托幼工作领导小组"（1982 年精简机构被撤销），各省、自治区、直辖市设立相应的托幼工作领导小组，由有关部门组成。《全国托幼工作会议纪要》特别指出，"农村社队园所保育人员的待遇，应相当于同等劳动力的报酬；经过培训考核或工作成绩突出的保教人员，其报酬可高于同等劳动力"，"农村要大力发展农忙托幼组织，有条件的社队要举办常年托儿所、幼儿园（班），要普及婴幼儿卫生保健和教养知识，提高现有园所的保教水平"，"幼儿师范要逐步地为农村社队托儿所、幼儿园代培幼教骨干"。这次会议及中央转发的《全国托幼工作会议纪要》和所建立的托幼工作领导小组都体现了中央对幼儿教育包括对农村幼儿教育的重视，是对幼儿教育政策进行拨乱反正的重要标志。

1979 年 11 月 6 日，中共中央批转了《中共湖南省桃江县委关于发展农村教育事业的情况报告》，宣传了湖南省坚持"两条腿走路"的方针，普通教育、业余教育、幼儿教育一起抓，全面发展农村教育的先进经验。该报告就发展农村幼儿教育的意义、幼儿教育与小学一年级的衔接、幼儿教师队伍建设等问题做了介绍。

1980 年 12 月，国务院托幼工作领导小组召开各省、自治区、直辖市托幼办公室主任会议，强调托幼事业是一项社会性的事业，需要全党全社会的重视和关心。1981 年的托幼工作要继续贯彻中央有关文件的精神，对城乡各类托幼组织要分类指导。要提高保教队伍的质量，进一步提高教育教学的水平，加强管理和思想教育工作，要关心少数民族地区的托幼工作，要增强幼儿教师及保育工作者的光荣感和责任感，对成绩突出的要给予表扬和宣传。会议还提出要加强婴幼儿教养的科研工作，广泛宣传科学育儿知识和早期教育的重要性。为了办好托幼事业，会议强调托幼工作者要继续发扬延安精神，自力更生，艰苦奋斗，肩负起培养人才的重担，依靠国家、集体、社会各个方面，采取多种办法办好托幼事业。

1981 年 5 月，全国妇联、中华全国总工会、共青团中央、全国文联、中国科学技术协会联合发出倡议《全社会都来为孩子们的健康成长做好事》，希望党政机关、人民团体、社会各方面为儿童和少年办几件实实在在的好事。妇联、共青团、工会的基层组织和街道居委会、派出所、人民公社，要动员学龄儿童全部入学，并积极配合学校、少先队，照顾好少年儿童的校外生活。街道居委会和饮食服务部门要关怀双职工子女的午餐问题。占用幼儿园、托儿所、学校、少年宫（家、站、室）的房舍、场地的单位或个人，应尽快合理地予以解决。要促进城乡托儿所（组）、幼儿园（班）的恢复、发展。要根据群众需要，因地因时制宜举办多种多样的托幼组织，支持街道或个人办托儿所、幼儿园。逐步改善园、所条件，提高儿童保健和教育工作水平，努力为托儿所、幼儿园提供玩具教具。机关、部队、企（事）业单位的托儿所、幼儿园，要挖掘潜力，积极创造条件，向社会开放，逐步地解决"托儿难"的问题。

1983 年，教育部《关于发展农村幼儿教育的几点意见》中提出了支持个人办园的思路，指出在这样一个人口众多、经济尚不够发达的国家，发展幼儿教育必须坚持"两条腿走路"的方针";农村以集体办园为主,充分调动社(乡)、队(村)的积极性;县镇则应大力提倡机关、厂矿企事业、街道办园,并支持群众个人办园。通过多种渠道筹集资金,可采取社(乡)统筹,生产队(村)自筹,群众集资,家长交纳少量保育费等多种办法。发展幼儿教育,还必须从实际出发,因地制宜,采取多种形式、多种渠道办园。在县镇,可按单位办,也可以联合办或按系统办;在农村,可办独立建制的幼儿园,也可在有条件的小学附设幼儿班;可办常年性的,还可办季节性的。农村幼儿园(班)实行社(乡)办社(乡)管、队(村)办队(村)管;附设在小学的,也可实行队(村)办校管。这是社会力量办园思路的雏形。

在农村,幼儿教育办园主体是农村大队,采取集体兴办农忙季节性幼儿园(班)的方式,兼具教育性和福利性。针对农村学前教育在不少地方受到忽视、事业发展缓慢的情况,1983年9月,《国家教育委员会关于发展农村幼儿教育的几点意见》发布,提出发展农村幼儿教育的意义在于有利于小学教育的普及与提高,有利于促进农业生产的发展,有利于实行计划生育这一基本国策,是广大农民群众的迫切要求。该意见根据农村经济发展和幼儿教育的状况,提出要根据农村经济体制改革的新形势,有计划地发展农村幼儿教育。必须坚持"两条腿走路"的方针,创造条件有计划地发展农村教育,并指出要积极恢复和发展教育部门在农村办的幼儿园,采取多种形式开办幼儿园,首先发展学前一年教育,短期内要在基础好的地方基本满足学前一年幼儿入园的要求,同时逐步创造条件接收3~5岁的幼儿入园(班),通过统筹、自筹经费和集资等多种办法,改善办园条件。

在1987年7月国家教育委员会发布的《关于社会力量办学的若干暂行规定》中明确提出,将社会力量办学作为我国教育事业的组成部分。幼儿教育在这一时期政策的支持下重新得到了振兴和发展,社会力量办园纷纷发展起来。

为部署1987年幼儿教育工作,省教委于1987年初在郑州召开全省幼儿教育工作会议,邀请时任省顾委副主任张赤侠出席会议并讲话。时任省教委副主任李春祥在会上要求各地要重视幼儿教育,坚持国家、集体和个人一起上的原则,使幼儿教育有一个新发展。

1987 年，在省委省政府和国家教委领导同志的关怀下，河南省中小学幼儿教师奖励基金会的筹备工作进展顺利。6 月 15 日，省教委向省人民政府呈报关于成立河南省中小学幼儿教师奖励基金会的请示，7 月 15 日，省人民政府批复同意成立中小学幼儿教师奖励基金会。经过与有关方面协商，初步确定了理事会成员名单（草案）。理事为 65 人，由以下几个方面人员组成：①社会各界知名人士，如教育家、艺术家、书法家等 13 名；②省委、省人大、省政府、省政协及地市、省直各有关部门负责人 30 名；③民主党派、教育部门代表，如民盟，大、中、小学，幼儿园的代表 22 名。

在征询理事意见的过程中及时抓了募捐宣传工作。经过筹备组的努力，基金会成立时，已筹措资金 315 万元。省建设银行不仅为基金会建立了账号，提供优质服务，而且还为基金会捐款 10 万元。省新闻出版局积极为基金会捐款，时任局长杨凤阁召开局属专业社、各直属单位负责人会议，专题研究支持发展全省基础教育事业捐款事项。该局属河南教育出版社捐款 35 万元，海燕出版社捐款 30 万元，文心出版社捐款 20 万元，其他社也积极捐款。省财政厅捐款 50 万元，省邮电局捐款 10 万元，河南教育社捐款 20 万元。

1988 年 8 月 15 日，国务院办公厅转发国家教委等部门《关于加强幼儿教育工作的意见》。该意见提出了四个方面的意见：幼教事业具有地方性和群众性，动员和依靠社会各方面力量，通过多种渠道、多种形式发展幼儿教育事业；建立一支合格、稳定的幼儿师资队伍；端正办园思想，深化教育改革，全面提高保育、教育质量；明确职责，加强领导。该意见指出，我国发展幼儿教育事业必须按照因地制宜，积极创造条件，以条件定发展的原则，坚持在保证一定质量前提下的数量与质量的统一，逐步做到基本适应当地经济和社会发展的需要，并使幼儿师范教育协调发展。认为应当把幼儿教育事业的发展重点放在经济发展快、教育基础比较好的农村地区。在农村，可先发展学前一年教育，有条件的地方要发展农村幼儿园以及办好乡中心幼儿园。乡、村举办的集体性质幼儿园（班），其经费由举办单位自筹解决，并可按有关规定向家长收费。在办园形式上，要因地制宜，适应家长的需要，坚持灵活多样的原则，可以举办全日制幼儿园（班），也可以办寄宿制、半日制和季节性幼儿园（班），或学前幼儿班等。改革幼儿师范学校招生和毕业生分配制度，可实行定向招生、定向分配，使幼儿园师资来源地方化。该意见的实施，对农村幼儿教育规模的扩大、师资的培养、质量的巩固和提高等起到了重要作用。

1989年1月，河南省教委、省计经委、省财政厅发布的《关于改革和加强幼儿教育工作的意见》提出，要动员和依靠社会多方面的力量，多渠道、多形式举办幼儿园。幼儿教育既是社会主义教育事业的一个组成部分，同时又具有社会福利性质。发展幼儿教育事业应按照实事求是、因地制宜、积极创造条件、以条件定发展的原则，国家、集体、个人一起上，动员和依靠社会各方面的力量，采取多种形式举办幼儿园。在今后一段时间内，河南幼儿教育事业的发展重点应放在城市和经济、教育基础比较好的农村地区。城镇要积极创造条件举办幼儿园，市政建设应把幼儿园建设纳入规划，统筹安排。新建、改建或扩建居民区，都要统筹配建与居民人口相适应的幼儿园，逐步满足居民子女入园的需要。农村的幼儿教育，当前以发展学前一年教育为主。举办集体性质的幼儿园，是河南城乡发展幼儿教育事业的一条重要渠道，是群众集资办园的好形式，要大力提倡。要继续调动机关、团体、部队、厂矿等企事业单位办园的积极性。500人以上的企事业单位应自办或联办幼儿园，同时要鼓励有条件的幼儿园向社会开放，吸收附近居民子女入园。各级政府和各有关部门要鼓励和扶持个人举办幼儿园，并对他们加强指导和帮助。各级各类幼儿园的办园形式要灵活多样，应根据不同地区不同条件和家长的实际需要，可以办成全日制，也可以办成半日制、寄宿制等。还要多种渠道筹措经费，不断改善办园条件。各级人民政府要遵照《中共中央关于教育体制改革的决定》精神，妥善安排幼教经费。凡没有建起示范性幼儿园的县（市）、区，同级人民政府应拨出专款，争取1990年前建起一所示范性幼儿园。各级计划部门要将幼儿教育列入社会事业发展计划，要继续提倡和鼓励厂矿企事业单位、机关、部队和社会团体及公民个人在自愿的原则下资助兴建幼儿园。

城镇街道举办的集体性质的幼儿园，应实行合理收费，独立核算，自负盈亏。各级人民政府可酌情对其开办、添置设备及房屋修缮等开支，从地方自筹经费中给予适当补助。乡村举办的集体性质的幼儿园（含学前班），其经费可以由举办单位自筹解决，也可以由乡村统筹解决，并按有关规定适当向家长收费。个体性质幼儿园的各项开支，依靠收取幼儿家长交纳的费用解决。各类幼儿园应根据办园条件和保教质量，实行优质优价。具体收费标准，各市地教育部门要在调查研究的基础上提出意见，报同级物价、财政部门批准。

1999 年 6 月 13 日，中共中央、国务院颁发《关于深化教育改革，全面推进素质教育的决定》。该决定明确指出，"实施素质教育应当贯穿于幼儿教育、中小学教育、职业教育、成人教育、高等教育等各级各类教育，应当贯穿于学校教育、家庭教育和社会教育等各个方面"，"要重视婴幼儿身体发育和智力开发"，"实施素质教育，必须把德育、智育、体育、美育等有机地统一在教育活动的各个环节中……促进学生的全面发展和健康成长"。该决定强调"积极发展以社区为依托的、公办与民办相结合的幼儿教育"，提出了"建设全面推进素质教育的高质量的教师队伍"的要求。教育部基础教育司于 1999 年 7 月初已召集地方幼教行政部门负责人共同商议贯彻该决定的措施，为实施科教兴国战略切实做好幼儿教育工作。

2003 年 3 月 4 日，国务院办公厅转发教育部等十部门《关于幼儿教育改革与发展的指导意见》。该意见指出，"地方各级人民政府要加强公办幼儿园建设"，"积极鼓励和提倡社会各方面力量采取多种形式举办幼儿园"，"今后 5 年（2003~2007 年）幼儿教育改革的总目标是：形成以公办幼儿园为骨干和示范，以社会力量兴办幼儿园为主体，公办与民办、正规与非正规教育相结合的发展格局。根据城乡的不同特点，逐步建立以社区为基础，以示范性幼儿园为中心，灵活多样的幼儿教育形式相结合的幼儿教育服务网络"。

2004 年 4 月，河南省教育厅、省编办、省发展改革委等十部门发布《关于幼儿教育改革与发展的实施意见》提出，到 2007 年，全省幼儿教育改革的总目标是：形成以公办幼儿园为骨干和示范，以社会力量兴办幼儿园为主体，公办与民办、正规与非正规教育相结合的发展格局。根据城乡的不同特点，逐步建立以社区为基础，以示范性幼儿园为中心，灵活多样的幼儿教育形式相结合的幼儿教育服务网络。为 0~6 岁儿童和家长提供早期保育和教育服务。该意见还提出积极鼓励和提倡社会各方面力量采取多种形式举办幼儿园。社会力量举办的幼儿园，在审批注册、分类定级、教师培训、职称评定、表彰奖励等方面与公办幼儿园具有同等地位。各级教育部门要加强对社会力量举办幼儿园保育、教育工作的指导和监督，规范办园行为，保证办园的正确方向。加强对企事业单位幼儿园的管理。企事业单位转制后，可以继续举办幼儿园，也可将企事业单位办园资产整体无偿划拨，移交当地教育部门统筹管理；要通过实施联办、承办、国有民办等办园体制改革，提高办园效益和活力。实施办园体制改革要保证国有资产不流失，保育、教育质量不下降，广大幼儿教师合法权益受到保障、整体素质得到提高。

2010 年 7 月 29 日，我国颁布了《国家中长期教育改革和发展规划纲要（2010~2020 年）》，其中关于学前教育的部分明确提出"重点发展农村学前教育"，要"努力提高农村学前教育普及程度，多种形式扩大农村学前教育资源，新建扩建托幼机构，在小学附设学前班，充分利用中小学布局调整的富余校舍和教师资源，支持贫困地区发展学前教育"。另外，为贯彻《国务院关于当前发展学前教育的若干意见》（国发〔2010〕41 号）和《财政部教育部关于加大财政投入支持学前教育发展的通知》（财教〔2011〕405 号）精神，努力扩大农村学前教育资源，财政部和教育部联合颁布《支持中西部农村小学增设附属幼儿园的实施方案》（财教〔2011〕407 号）。该实施方案提出"从 2011 年起，用 3 年时间，中央财政支持中西部地区和东部困难地区依托当地布局调整规划中保留的农村小学或教学点现有富余校舍资源，增设附属幼儿园。主要对拟增设附属幼儿园的农村小学或教学点富余校舍进行功能改造，配备玩教具、保教和生活设施设备，满足基本办园需要"。2010 年 7 月，进入 21 世纪以来的第一次全国教育工作会议隆重召开。这个时期，民办幼儿教育在政策的引导下蓬勃发展，形成了"政府主导、社会参与、公办民办并举"的办园体制，"大力发展公办幼儿园，积极扶持民办幼儿园"的格局。2010 年 12 月 1 日，国务院召开全国学前教育工作电视电话会议，时任国务委员刘延东出席会议并做重要讲话，对地方各级政府贯彻落实国发〔2010〕41 号精神，编制和实施学前教育三年行动计划等工作做出重大部署。这些政策措施的出台标志着我国学前教育制度建设和体制机制建设取得了重大突破。

1997 年，国家教委发布的《全国幼儿教育事业"九五"发展目标实施意见》中提出："幼儿教育既是教育事业，又具有福利性和公益性的特点。"1996 年正式推行的国家教委颁布的《幼儿园工作规程》和 2003 年十部委《关于幼儿教育改革与发展的指导意见》明确指出，"任何组织和个人举办幼儿园不得以营利为目的"。幼儿教育的公益性和教育性是通过政府对幼儿教育的财政投入得以体现的。河南省与全国其他省份一样，不但幼儿教育财政性教育经费的投入不多，而且一般是投向公办幼儿园，非公办幼儿园在政策层面上难以得到国家和地方财政的支持。1998 年，河南省共有 2763 所幼儿园，全部是公办园（教育部门办园和集体办园等）。2011 年发展到 10304 所幼儿园，其中公办园 2082 所，民办园 8222 所，民办园占全省幼儿园总量的比例为 79.8%。不少民办园主要是依靠收费解决办园经费问题，办园企业化，以营利为目的，追求投资效益最大化。因此，虽然河南省将幼儿教育纳入社会运作机制，激活了社会教育资源，扩大了幼儿教育规模，提高了适龄儿童入园率，但由于政府主导地位缺失，办园结构改变了公共服务的性质，偏离了公益性轨道，危及了幼儿教育的公益性和教育性。

2017 年 11 月 27 日，河南省正式印发《关于完善学前教育经费投入机制的通知》，希望通过完善学前教育经费投入机制，到 2020 年实现全省学前三年毛入园率达到 90%，普惠性资源覆盖率稳定在 85% 左右的目标。

该通知指出，改革公办幼儿园经费核拨办法，将原来主要按教师编制对幼儿园分项安排人员、公用和专项经费，改为按照幼儿园招收幼儿数量和公办幼儿园生均财政拨款标准安排综合财政拨款。市级、县级及以下独立设置公办园年生均财政拨款基准定额分别为 5000 元、3000 元，特殊教育幼儿园和随班就读残疾幼儿年生均财政拨款基准定额 1 万元，含民办幼儿园。落实生均财政拨款基准定额所需资金按幼儿园现行隶属关系由同级财政安排，纳入年度预算。

同时，对教育部门认定的普惠性民办幼儿园，按照每生每年不低于 200 元的标准给予奖补，每新增 1 个标准班按照市辖区、县（市）及以下分别不低于 7 万元、5 万元的标准给予一次性奖补，所需资金由所在县（市、区）财政承担，奖补标准随经济社会发展适时调整，鼓励各地支持民办幼儿园提供面向大众、收费合理、质量合格的普惠性服务。

第二节　福利化时期的幼儿
教育多元办学

从新中国成立后到 1978 年改革开放前，学前教育为妇女就业服务的单位福利定位是非常清晰的，学前教育体制适应计划经济体制，形成了政府和事业单位、企业、街道、农村大队四种不同供给方式并存的财政格局，适应了当时城市单位制度和农村社队制度的基本社会组织形式。任何一个人，只要被纳入单位或者农村的社队组织，就可以享受包括学前教育在内的社会福利。这个规定实际上奠定了中国幼儿教育分散供给的体制基础。幼儿教师或者保育员隶属于各个主办单位，聘用人员也就有投入，也便各自负责，这样，分散支出就有了一个分散的财政体制，但从本质上说，这个体制是"普惠制"的，财政通过三个不同的渠道为学前教育提供公共投入。

渠道一：财政投入。通过政府、事业单位、部队等的财政预算，投入政府或者教育部门办幼儿教育机构。

渠道二：企业利润提留。在计划经济体制下，企业的所有利润都要上缴财政，但是，企业举办的幼儿园等福利机构却可以作为成本在利润中去除。因此，政府通过把该收走的利润留给企业办幼儿园，实际上等于为企业工人的幼儿教育提供了财政支持。

渠道三：街道和农村村社"税收"减免。对于不能在企业中工作的市民和农民，也把他们组织在街道、村社等集体经济组织中，相应的，这些集体经济也举办自己的幼儿教育和托儿机构，政府减免上缴利润，实际上也对这些幼儿教育机构进行了投入。

单位和社队作为社会福利的供给机构，必须有分散的财政投入体制作保证，即将学前教育等福利列支在单位和社队的运行成本中。与服务于妇女就业的功能相对应，幼儿教育投入自然地就列支在单位或社队福利中，并在财政制度上逐步得到完善。1953 年，政务院发布《中华人民共和国劳动保险条例》，规定各企业工会基层委员会要根据本企业的经济情况及职员的需要，与企业行政方面或资方共同办理疗养所、托儿所等集体劳动保险事业。这一条例明确规定了幼儿园、托儿所是单位为职工提供的劳动保障和社会福利的一部分。

1973 年，财政部发文规定学前教育成本改在营业外支付，从制度上完全确定了幼儿园归属后勤服务开支的准则，强化了托儿所和幼儿园的单位福利属性。到 20 世纪 70 年代，中国已经建立了较为完善的、适应计划经济下财税体制特点的学前教育财政体制。

1956~1958 年，由街道妇女积极分子大量举办起来的幼儿园小型分散，自办、自治、自管，方便群众就近送子女入园。他们艰苦创业，勤俭办园，借用民房、庵堂，甚至腾出自己的住房，因陋就简地办起幼儿园（班）。开办时不收费，尽义务工作。后来，根据家长的经济条件酌情收费，经费来源主要依靠向家长收费解决。1979 年后，根据《全国托幼工作会议纪要》有关扶植街道居民办好幼儿园的精神，规定可向家长收取托管费（家长可向本人工作单位报销）。关于房屋维修、教师退休和劳保福利，开支有困难的，由地方财政给以补贴。有些幼儿园还与该街道的工厂企业（集体所有制）和其他无幼儿园的单位挂钩，收托这些单位的子女，单位给以经济补助。

焦作市中站区红旗幼儿园创办于 1958 年 10 月，该园职工有自力更生、勤俭办园、艰苦创业的精神。幼儿园初办时，由于全托幼儿增多，住房困难，全园人员在园长带领下，因陋就简，盖起三间房，初步解决了住房问题。1959 年 5 月，由于部分厂矿企业下放人员，一大部分幼儿出托，全园幼儿仅剩下 17 名，经费困难，职工工资和正常开支难以维持，园领导组织大家出主意、想办法，借款买一台缝纫机，除轮流照看幼儿外，其他同志兼做缝纫工作。有的同志帮助商店卖菜、卖水果，就这样解决了职工的工资问题。为压缩开支，园所用的面、菜、煤全由职工用平板车去拉。全园职工同心协力，克服了重重困难，终于使幼儿园继续办下来了。同年，时任中共中央政治局候补委员、中华全国总工会主席刘宁一来该园视察工作，给了他们极大的鼓舞。1960 年，红旗幼儿园入园幼儿由原来的 17 名增加到 236 名。同年 6 月，该园被中华全国总工会、全国妇联、青年团中央、中国人民保卫儿童全国委员会联合授予"儿童先进单位"。1961 年 4 月，厂矿又一次人员下放，幼儿随之减少 100 名。社会上有两个单位要占用幼儿园址，有个生产队到幼儿园办公,把牌子挂在幼儿园的牌子上,幼儿园再次面临停办局面,园领导多次找上级交涉,几经周折,终于保住了这所幼儿园。

当时,我国政府主要用如下几种方式支持和鼓励国家机关、企事业单位创办托幼机构。一是基本建设投入。国家容许各单位的基本建设投资中,包括与职工基本生活有关的非生产性投资,各单位创办托幼机构的经费可从中支出。二是建立福利费制度。1953 年政务院财政经济委员会规定,国营企业可按工资总额的 2.5% 提取福利补助金(私营企业和其他机关、事业单位的福利补助费制度随后都建立起来了),这部分经费各单位可部分用于单位的集体福利,包括托幼机构。三是工会经费中的一部分。1950 年,中华全国总工会规定,基层组织工会会费收入的 20% 可用作会员困难补助费。1953 年,财经委员会规定,国营企业可按工资总额的 2% 提取工会经费,其中 1% 可用于企业的文化教育经费。四是从单位的行政经费、企业管理费和事业费中开支。五是容许托幼机构保留活动收入和收取的费用。

由于国家逐步建立了激励各机关、部队、企事业单位财政支持幼儿教育的制度,这些单位附属的托幼机构得到迅速发展。这类托幼机构对所属单位一般具有归属性和依附性,其行政级别和归类随单位而定,其办园条件和质量随所属单位的福利状况而变。国家的职工福利政策对这类托幼机构的发展具有决定性的作用,这种作用甚至超过了国家有关部门单位的财务政策。

但是,从 1980 年对企业放权开始,企业办幼儿园就一直是被政策遗忘的角落。企业不清楚改革方案,又缺乏减少职工福利的勇气,于是大多数企业将幼儿园当作烫手山芋。对地方政府而言,长期以来学前教育都并非其重点发展的教育阶段,可投入学前教育的财政经费也少得可怜,在这样的背景下,地方政府也多对这些幼儿园采取了不管不问的态度。"利改税"彻底改变了单位福利制度的财政基础。随着独生子女政策的实施,儿童出生率下降,企业职工子女减少,举办幼儿园也越来越不值得。特别是一些建筑企业、城市环卫部门用工制度发生了很大的变化,开始雇用大量临时工,对幼儿园等福利设施的需求近乎消失。

为了解决企业职工子女入园入托问题,教育部《城市幼儿园工作条例》《关于发展农村学前教育的几点意见》先后推出,分别从体制、办学行为规范上、行政管理权限上，对学前教育体制做出了强化已有分散投入制度的决定，但允许收费、允许面向社会招生，弥补单位投入的不足。在不进行根本性的投入制度改革的前提下，靠收费和向社会开放维持这些幼儿园的运转。到1993年国有企业进行现代企业制度改革前，中国学前教育财政制度一直在1973年财政部文件奠定的制度框架下恢复和稳定发展。许多企业将幼儿园以承包、合并的方式转出去，摆脱了企业对幼儿园的投入责任。从1993年到2002年国务院第二批中央企业分离社会职能试点工作开始时，企业已经逐渐撤出学前教育领域。为了保障教育事业的稳定发展，对于企业移交地方管理的中小学，采取了人员纳入编制、财政过渡管理的模式，较好地保证了企业办中小学的移交工作。然而，《国务院办公厅关于第二批中央企业分离办社会职能工作有关问题的通知》却并未对企业办幼儿园的移交工作做出任何规定。

《关于企业办幼儿园的若干意见》和《幼教事业"九五"实施意见》两个文件改变了我国幼儿教育的办园体制和发展格局，许多企事业单位因内部体制的改变和考虑经济效益，纷纷关、停、并、转幼儿园，将大批的幼儿园推向社会，社会力量办园呈现繁荣与混乱并存、遍地开花但又良莠不齐的局面，幼儿教育事业呈现多渠道、多层次、多形式的发展。

第三节　公共服务体系下幼儿教育的多元化办学

1978～1992年，在不变革学前教育投入制度的情况下，分散的各类资金仍然沿着不同渠道投入支持学前教育，但是，体系积累着结构问题。由于政府机关和事业单位办幼儿园有稳定的预算支持，质量好、教师素质高、经费充足的优势日益突显，而其他投入主体缺乏系统的制度安排，在行政力量约束下勉强投入，进而越来越依赖社会投入。

为了推动国有企业分离社会职能，早在1982年，国务院就发布了《关于解决企业社会负担过重问题的若干规定》，提出要酌情解决向企业摊派教育经费的问题。1989年全国民政厅局长座谈会议上，首次提出福利事业要"社会化"以后，中国福利事业的社会化改革开始启动。幼儿的非义务教育性使中国的各级政府以此为由将学前教育推向社会（民间）。1995 年国家教委等七部门发布的《关于企业办幼儿园的若干意见》，对中国企业幼儿园办园体制和格局变化产生了重大影响。

1999 年，党的十五届四中全会通过了《中共中央关于国有企业改革和发展若干重大问题的决定》，对企业办学指出了三条出路：一是逐步把城市中企业办的学校移交给地方政府统筹管理，经费采取由企业和政府分摊的办法逐步过渡到政府完全负担；二是部分学校可以转为企业化经营；三是独立的工矿区采取学校与企业逐步分离的办法。

2002 年，国家经贸委、财政部等部门又联合发布《关于进一步推进国有企业分离办社会职能工作的意见》，规定企业办的普通中小学和医院属于公益性机构，在分离后移交给当地政府；企业办托儿所等则被定位为福利性社会职能，要求此类机构在分离后变成自负盈亏的经济实体，但是对于企业办幼儿园的处置却未做明确规定。此外，由于各地政府不再鼓励企业税前预留教育经费，相反要收取城市建设费和教育费附加，许多地方也没有按照国家规定将这两项经费部分返还给配有附属教育机构的企业，这样，企业失去了办学的积极性。市场经济削弱了学前教育的公共供给，给市场力量留下了极大的空间，私立机构在学前教育方面的供给能力不断增强。

1978 年后，新乡市的幼儿教育事业发展较快。1985 年统计，新乡市红旗区有幼儿园 29 所 119 个班，入托幼儿 3207 名，其中街道民办幼儿园 9 个班，幼儿 301 名；厂矿企业幼儿园 110 个班，幼儿 2906 名。小学附设学前班 24 个，入学儿童 1158 名。其中区属小学附设学前班 14 个，儿童 800 名；厂办小学附设学前班 7 个，儿童 223 名；民办学前班 3 个，儿童 135 名。全区共有保教人员 491 人，其中幼儿教师 140 人，保育员 323 人，学前班教师 28 人。

自 1987 年以来，扶沟县委县政府把幼儿教育工作列入十大目标管理之一。1989 年 10 月，县政府对幼儿教育事业提出一系列要求，并将幼教工作列入对乡村的目标管理之一，规定幼教工作完不成任务者，当年不准评先进。县劳动局、粮食局、电业局等行政部门分别与幼儿园建立了经济资助关系。每年都要拿出一部分钱、物支持与自己挂钩的幼儿园。县委县政府每年对为发展幼教事业作出贡献的单位和个人进行表彰。为了保证幼儿教育质量的提高和幼儿教师队伍的稳定，1986 年以来，县委县政府先后三次下发文件，落实幼儿教师的待遇，解决他们的后顾之忧。自 1985 年以来，全县共集资 61.4 万元，新建扩建幼儿园 45 所，私人腾房 82 间，新添桌凳 880 套，购买幼儿教材 1.65 万套、风琴 320 部、大中型玩具 1 万多件、舞蹈衣 500 多套，为幼儿园教师提留工资十万多元，基本上实现了园园有院墙，有大门，桌凳齐全，玩具充足，为幼儿教育提供了舒适的环境和娱乐活动条件。采取多种形式办园：一是国办，由教育局从教育经费中开支，办了 1 处县实验幼儿园；二是乡办中心幼儿园，由乡政府牵头，乡乡建 1 处中心幼儿园；三是企事业单位办园；四是个体劳协办园；五是全日制小学附设学前班；六是私人办园。1991 年，扶沟县被国家教委授予"幼儿教育先进县"称号。

建业小哈佛双语幼儿园于 1996 年成立，由建业集团投资创办，建业教育产业有限公司统一策划管理，地处郑州市市区东部建业"金水花园"小区内，总建筑面积 6200 平方米，容纳 400 多名幼儿。设有大、中、小 13 个标准班套间，9 大专业教室和两大游乐场，增设微机管理系统、电视监控教学兼报警系统、多媒体教学系统及背景音响广播站系统。

2000 年，偃师市委市政府出台了《关于大力扶持发展民办学校的意见》，使该市民办幼儿园有了长足发展。向阳花幼儿园投资 100 多万元新建教学楼一栋，建立了具有较大规模的幼儿园；首阳山电厂投资 1000 多万元建起较高标准的幼儿园，除供本单位子女入园外，还面向市区招生；蓝精灵幼儿园新征地 5 亩，投资 200 万元新建标准化幼儿园。截至 2000 年底，该市社会力量举办的幼儿园已达 55 所，总投资在 2100 万元以上。

2001 年，息县小茴店镇党委、政府决定实行"国家、集体和个人共同筹资"的办法，建设小茴店镇中心幼儿园。2001 年 3 月动工，2002 年 1 月竣工，2002 年 2 月招生，是全县第一所乡镇中心幼儿园，也是一所标准化二轨三年制幼儿园。该园占地面积 4000 平方米，建筑面积 1000 余平方米，现有 6 个教学班，210 名幼儿，教职工 14 人，教师学历合格率 100%。幼儿园场地宽敞，建筑布局合理，花草相间，景色优美。各班活动室装有电扇，配备收录机、风琴、热水器、卫生消毒柜、开放式玩具柜和适合幼儿使用的桌椅，室内布置富有儿童情趣，集教育、美观于一体。室外有大型活动器材多件。

2006 年，安阳市继续坚持"规范与发展并重"的总体要求，学前教育规模进一步扩大。以民办幼儿园为主体，以公办幼儿园为骨干和示范的学前教育发展格局初步形成。全市适龄幼儿学前三年受教育率稳步提高，学前一年受教育率继续保持较高水平。大多数家长及幼儿看护人员受到科学育儿指导，育儿指导网络渐趋完善。幼儿安全教育逐步规范化、系列化，各种幼儿园分级分类得到有效落实。省、市级示范幼儿园建设工作明显加快，市九府幼儿园和市实验幼儿园顺利通过省级示范幼儿园验收和复审。

2011 年，郑州市政府通过科学引导和补助政策，积极扩大学前教育资源，扩充幼儿园学位。市财政对市区公办幼儿园每增加 1 个教学班给予 20 万元补助。凡新建的乡镇公办幼儿园，市财政按照每班 10 万元的标准给予补助和奖励。2011 年，市区新建的 23 所公办园中，小区配套建设的有 19 所。全年新建、改扩建乡镇中心园和行政村分园 101 所，其中利用学校布局调整后的校舍进行建设的有 41 所。对达到办园基本标准、收费适中的普惠性民办园，市政府通过多种方式给予适当奖励。凡通过市合格园、二级园、一级园、市示范园、省示范园验收的普惠性民办园，市财政分别给予 3 万元、4 万元、5 万元、10 万元和 20 万元一次性奖励。全年纳入这项奖励计划的各类民办幼儿园有 400 所，仅扶持 2 所央企办幼儿园就投入 900 余万元。从秋季起，具有郑州市户籍或郑州市居住证且年满 3 周岁的适龄幼儿，实行"生均标准补贴"，按照每生每年 300 元的标准补贴。

2011 年，南阳市"学前教育三年行动计划"全面启动，全市争取国家学前教育项目专款 7100 万元，新建、改扩建 218 所幼儿园，一部分已投入使用。为淅川县争取到试点县项目资金 1600 万元，新建 7 所标准化幼儿园。卧龙等 4 所省级示范园顺利通过省教育厅验收，全市省级示范园达到 15 所，学前一年和三年受教育率分别达到 79.1% 和 68.8%，均超出全省平均水平。

2011 年，鹤壁市引进北京"乐嘟嘟"幼教集团投资 2000 余万元改扩建 20 所幼儿园。出台《学前教育师资培训三年计划》，对幼儿园园长进行全员培训，对 100 名骨干教师进行提高培训。

位于洛宁县王范回族镇王东村的小博士幼儿园创办于 2000 年。十多年来，在园长蒋小平的领导下，幼儿园始终致力于发展优质学前教育。幼儿园拥有一支朝气蓬勃、爱岗敬业、有团队凝聚力的专业化幼师队伍。她们善于学习，业务水平过硬，在为孩子们提供高品质学前教育的同时，也在用爱心为孩子们塑造美好的童年。

农村幼儿园存在着非常多的问题，在教学环境、师资力量方面都非常薄弱。它们没有专业的幼儿园老师，小学化现象严重，从小班开始就让孩子拿笔写字，中班以后要学习20以内的加减法，家长却非常认可这样的教育方式。但是，这样的孩子还能有快乐的童年吗？小学化的教育扼杀了他们的天性，他们还能快乐地成长吗？

作为园长，蒋小平深知自己责任重大。如何带领一班人在农村抓好幼教工作？她以教师为重点，以家长为关键，设法扭转农村根深蒂固的教育观念。一方面，如果请不到专业老师，就没有专业知识教育孩子，更没有专业的教育理念改变家长的观念，因此，她始终在为孩子们寻找好的老师、专业的老师；另一方面，她多次与学生家长沟通交流，指出学前教育不同于小学教育，不可拔苗助长。她提出的《关于合理解决幼儿园卫生保健工作岗位人员缺乏的建议》被列入重点建议正被逐步加以推进，她提出的《关于在贫困县推行"公建民营"幼儿园试点模式的建议》备受关注，她提出的《关于在学校门口增设交警，人行道不准摆摊设点的建议》已被政府采纳。为了使农村学前教育更好发展，她帮助引进市优质教育资源，与位于山区的上戈镇蓝天幼儿园、爱心幼儿园结对帮扶，为位于山区的红苹果幼儿园捐赠桌凳、义务培训教师。她还自己出资，每年2次邀请爱心教育专家轮流到幼儿园免费为家长做家庭教育讲座。开办家长圣贤学院，利用周六、周日为家长充电学习，鼓励家长做圣贤父母，与家长一同交流学习育儿方法，受到了家长的广泛好评。

第四节　区域均衡发展格局下的幼儿教育多元化办学

1994年分税制改革以后，县、乡两级地方政府财力大大削弱，尤其是在2001年农村税费制度改革后，乡镇统筹款与教育费附加被取消，使乡镇政府的财力更加薄弱。以2002年国务院第二批中央企业分离社会职能试点工作开始为标志，中国学前教育财政投入改革开始进入新阶段，社会力量办学开始成为幼儿教育的主要部分。随着近几年园所数量的增长，河南省公办园的数量占幼儿园总数的比例在 20% 左右，而民办园维持在 80% 左右，民办园在很大程度上为满足河南省学前教育需求贡献了力量，有些地区民办园甚至承担了 90% 的在园幼儿学前教育服务。

但是，教育资源在民办幼儿园中分配不均，主要表现在河南省不同地区之间学前教育资源分配不均衡。由于河南省各个地区的经济发展水平以及适龄儿童人口不同，河南省政府对教育经费的财政投入存在很大的差异。教育经费的投入主要集中在河南省的中部、南部、东部地区，而对河南省北部、西部的教育经费投入相对较少。且学前教育经费支出主要为优质园和公办幼儿园，对民办幼儿园的支出较少。由此可见，河南省不同地区学前教育资源的分配存在严重的不均衡，影响了河南省学前教育事业的整体发展。

在学前教育经费投入中，县（区）级政府在学前教育经费中承担过大的比例，而省、市级政府承担的比重非常小。由于河南省各个地市经济发展水平差异明显，河南省经济欠发达地区无力拿出较多的资金投入学前教育事业中，更不用说投入民办幼儿教育了，这在一定程度上会使河南省各个地区学前教育事业的差距增大，不利于河南省学前教育事业的均衡发展。

目前在河南省，县级政府是发展学前教育的责任主体，因此，财政性学前教育经费一般由河南省各个县（市、区）教育局负责分配。在县（市、区）教育经费有限的情况下，其对教育经费采用倾斜式的分配体制，即对公办幼儿园、示范性幼儿园进行重点资助，对普惠性民办幼儿园进行一般性的投入，对于办学条件落后的农村幼儿园进行补偿性投入（对于经济发展水平较落后的地区，甚至没有补偿性投入），而对一般的民办幼儿园投入最少。因此在教育资源分配上，县（市、区）教育局也倾向于将教育资源投入优质公办园和普惠园，而给予民办幼儿园的教育资源十分少。教育资源在各个地区、各个幼儿园之间分配不均，会给民办幼儿园带来巨大的生存压力，会在一定程度上削弱民办幼儿园办园的积极性，不利于河南省整个学前教育事业的发展。

在民办幼儿园中，家长缴纳的费用是幼儿园经费的主要来源，家长缴纳的保教费占幼儿园经费投入的 51%~80%，另有 30.3% 的幼儿园完全以家长缴纳的保教费作为幼儿园全部经费的来源，只有 24.8% 的民办幼儿园其家长缴纳的学费占幼儿园经费来源的比例较小。

在不同等级的民办幼儿园中，优质幼儿园的家长缴纳的费用所占的比例主要集中在 51%~80%，完全以家长缴纳的保教费作为幼儿园所有经费来源的幼儿园只占 18.8%；在合格园中，35.1% 的幼儿园完全以家长缴纳的保教费作为幼儿园所有经费的来源。由此可见，合格民办园的家长承担的经费比例要大于优质幼儿园。

在城乡民办幼儿园之间，城市幼儿园的家长缴纳的费用占幼儿园经费投入的比例主要集中在 51%~80%，完全以家长缴纳的费用作为幼儿园所有经费投入的幼儿园占 28.6%；在农村，31.7% 的民办幼儿园以家长缴纳的费用作为幼儿园所有经费的来源。由此可见，农村民办幼儿园的家长承担的经费比例要大于城市地区。

在不同地区之间，发达地区的民办幼儿园中 15.7% 的民办幼儿园以家长缴纳的费用作为幼儿园经费的全部来源；在中等发达地区，33.3% 的幼儿园以家长缴纳的费用作为幼儿园经费的全要来源，另有 29.2% 的幼儿园其经费的 51%~80% 来自家长缴纳的费用；在欠发达地区，41.4% 的幼儿园以家长缴纳的费用作为幼儿园经费的全部来源。由此可见，在欠发达地区，家长承担的经费比例要高于发达地区和中等发达地区。

在民办幼儿园教职工工资支出中，35% 的民办幼儿园中其经费的 21%~40% 用于支付教师的工资，36.8% 的民办幼儿园其经费有一半以上用于支付教师的工资，甚至有 8.7% 的民办幼儿园其经费的 71% 以上都是用于支付教师工资的。

在不同等级的幼儿园之间，28.6% 的优质民办幼儿园其经费的 41%~50% 用于支付教师的工资，39.3% 的优质民办幼儿园其经费有一半以上用于支付教师的工资。在合格的民办幼儿园中，38.7% 的幼儿园其经费的 21%~40% 用于支付教师的工资，36% 的幼儿园需要用其经费的一半以上支付教师的工资。但从总体水平来看，优质民办幼儿园经费支出中教师工资的百分比要大于合格民办幼儿园的比例。

在城乡之间，39.2% 的城市民办幼儿园需用经费支出中的 21%~40% 支付教师的工资，在农村这一比例为30.8%，27.5%的城市民办幼儿园其经费的一半以上用于支付教师工资，在农村这一比例为46.1%。因此，从总体水平来看，农村民办幼儿园经费支出中教师工资的百分比要大于城市民办幼儿园的比例。

在不同等级的幼儿园之间，39.3%的优质民办幼儿园添置玩教具和设施的支出比例主要集中在6%~10%，在合格园中43.8%的幼儿园添置玩教具和设施的支出比例主要集中在11%~20%。由此可见，合格园添置玩教具和设施的支出比例大于优质园。

在城乡之间，36.7%的城市民办幼儿园和40.4%的农村民办幼儿园添置玩教具和设施的支出比例主要集中在11%~20%。农村民办幼儿园添置玩教具和设施的支出比例要大于城市幼儿园。

在河南省民办幼儿园经费投入中家长承担了幼儿园经费的50%~80%，举办者承担了幼儿园经费的11%~30%，政府承担的幼儿园经费不到5%，其他社会力量对民办幼儿园的经费投入更是寥寥无几。河南省第一期与第二期学前教育三年行动计划中都明确提出"建立完善政府投入、社会举办者投入、家庭合理负担"的学前教育经费投入机制，但从民办幼儿园目前的经费投入结构中可以看出，家庭投入是幼儿园经费的主要来源，且在民办幼儿园中家长以农民、外来务工人员居多。在市场经济体制下，民办幼儿园投资者只有在资本利益得到满足的情况下才会考虑社会价值的最大化。在资金来源有限的情况下，民办幼儿园很难拿出富裕的资金去提升幼儿园的质量，而民办幼儿园仅依靠家长的缴费在市场的竞争机制下运行，最终只能让学前教育的发展事与愿违。

政府对城市地区民办幼儿园的经费投入比例大于对农村地区民办幼儿园的投入比例，在城市地区25%的民办幼儿园可享受到政府的经费投入，而在农村地区只有19%的民办幼儿园可享受到政府的经费投入。

目前河南省对普惠性民办幼儿园的经费投入主要有学前教育专项奖补资金、降费奖补资金、政府购买、减免租金等。例如，2015年郑州市政府对降费的普惠性幼儿园给予每生每年2000元的奖补。

2015年，河南省的财政性学前教育经费投入为347万元，占财政性教育经费的2.52%，比全国的财政性学前教育经费占财政性教育经费的比例

3.95%还要低 1.43 个百分点。而从生均经费来看，河南省的生均经费支出常年处于全国范围的下游水平，2015 年，北京的生均学前教育经费为 24441.52 元，是河南 1920.54 元的 12.7 倍。可以看出，对于河南这样一个人口大省，已有的财政性学前教育经费的总量是非常不足的。

针对普惠性幼教资源严重短缺，公众深感"入园难、入园贵"的问题，《关于当前发展学前教育的若干意见》（"国十条"）提出"多种形式扩大学前教育资源"的要求，并提出以下具体措施。

第一，大力发展公办幼儿园，提供"广覆盖、保基本"的学前教育公共服务。一是在公办资源短缺的地区，新建、扩建一批公办园。二是利用中小学布局调整后的富余资源和其他富余公共资源，优先改建幼儿园。三是鼓励优质公办幼儿园通过举办分园或合作办园的方式扩大公办资源。四是制定优惠政策，支持街道、农村集体举办幼儿园。

第二，鼓励社会力量以多种形式举办幼儿园。一是通过保证合理用地、减免税费等方式，支持社会力量办园。二是积极扶持民办园，特别是面向大众、收费较低的普惠性民办园。采取政府购买服务、减免租金、以奖代补、派驻公办教师等措施，引导和支持民办园提供普惠性服务。

第三，建好、用好、管好城镇居民小区配套幼儿园。"国十条"要求各地根据居住区规划和居住人口规模配套建设幼儿园。新建小区配套幼儿园要与小区同步规划、同步建设、同步交付使用，由当地政府统筹安排举办公办园或委托举办普惠性民办园。小区配套幼儿园是城市扩大幼教资源、缓解入园难的主渠道，也是幼儿园从"单位化"变为"社会化"的主要方式。

第四，努力扩大农村学前教育资源。乡镇和大村要独立建园，小村设分园或联合办园，人口分散地区举办流动幼儿园、季节班等，配备专职巡回指导教师，逐步完善县、乡、村学前教育网络。

提供更多的入园机会，特别是设立更多让中低收入家庭的幼儿能够进得去、上得起而且有基本质量保障的普惠性幼儿园，是破解"入园难、入园贵"问题的关键，也是学前教育新政策的核心。正如《2009 年全民教育全球监测报告》中所指出的，"重中之重是要确保所有儿童都有机会进入一个受到良好资助的公共教育体系，这在贫困国家尤为重要"。

针对幼教经费长期投入不足的问题，"国十条"明文规定，各级政府要将幼教经费列入财政预算。新增教育经费要向幼教倾斜。幼教经费要在同级财政性教育经费中占合理比例，未来三年要有明显提高。要制定优惠政策，鼓励社会力量办园和捐资助园。

针对以往幼教经费投入未能有效促进教育公平的问题，中央财政决定设立专项经费，实施推进农村学前教育项目，支持中西部农村地区、少数民族地区和边疆地区发展幼儿教育。要求地方政府加大投入时也将投入重点放到边远贫困地区和少数民族地区。同时，建立资助制度，资助家庭经济困难儿童、孤儿和残疾儿童接受普惠性幼儿教育。

改善农村幼儿教育办园条件，实现区域均衡，是河南省推进幼儿教育社会化工作的重点。第一，教育经费投入应向农村幼儿教育倾斜。可以采取专款投入方法支持农村幼儿教育硬件建设，改善教师的工作生活条件，加大农村幼儿教育师资培养和培训力度，解决职称评聘、业务进修等一系列实际问题。第二，对农村幼儿教育实行政策支持。制定优惠政策鼓励农村幼儿教育发展，引导民办教育资源进入农村地区，通过城乡幼儿园结对子的形式提高教育水平，为农村提供优质幼儿教育服务。第三，因地制宜发展各种形式的幼儿教育。大力发展乡镇公办中心幼儿园，加大标准化幼儿园建设力度，发挥其示范和辐射作用，带动邻近村办幼儿园的快速发展。第四，调整幼儿园布局，整合教育资源。利用农村中小学布局调整后多余的教育资源，形成覆盖城镇、乡村的幼儿教育网络，实现城市与农村幼儿教育的均衡、协调发展。

自 2010 年《国务院关于当前发展学前教育的若干意见》中明确提出"鼓励社会力量以多种形式举办幼儿园，通过保证合理用地、减免租费等方式，支持社会力量办园"以来，民办幼儿教育迎来了发展的春天。该意见中关于支持发展社会力量办园的重大决策给地方民办幼儿园的发展提供了良好的机遇，各个地市也通过各种尝试与探索促进民办幼儿教育事业发展。

河南省政府在推动民办幼儿园的发展方面也做了一些有益的探索与尝试，比如在《河南省学前教育三年行动计划（2011~2013 年）》中曾提出，通过采取实行民办公助、以奖代补，完善财政、税收、金融和土地等优惠政策，落实个人教育公益性捐资支出在所得税前扣除等规定等形式，鼓励社会资金进入学前教育领域；在《河南省第二期学前教育三年行动计划

（2014～2016 年）》中也曾提出"采取政府购买服务、减免租金、派驻公办教师、培训教师等多种方式予以支持，逐年提高普惠性民办幼儿园比例……鼓励民办幼儿园提供多形式、多层次的学前教育服务"。

公办幼儿园办园体制改革的试验和探索取得了一定的成效，在不改变国有性质的前提下，用公立转制的形式引进民办机制，使幼儿园在发展规划、招生收费、岗位职责、人事聘用、薪酬分配等方面拥有了更大的自主发展权，这些为幼儿园的发展注入了新的活力，也推动了区县教育行政管理体制的改革。

公办园的布局就是学前教育机会的分配。在《河南省学前教育三年行动计划（2011～2013 年）》中，不仅鼓励扩大公办学前教育资源，而且对布局提出了要求。通过新建、改建、扩建等方式扩大公办资源，在公办资源短缺的城乡地区，要新建一批公办园；利用中小学布局调整的富余资源和其他富余公共资源，优先改建幼儿园；鼓励优质公办幼儿园通过举办分园或合作办园的方式扩大公办资源；制定优惠政策，支持街道、农村集体举办幼儿园。

河南省在推进幼儿教育社会化的过程中引导幼儿教育机构科学规划发展目标和发展方向，改革办园体制，引入竞争机制，促进了幼儿教育机构自身的发展，使幼儿教育逐步适应市场经济发展的需要。在推进幼儿教育社会化过程中，不少企业单位和高校将所属幼儿园推向了社会，促使幼儿园改革办园体制。引入独立自主的决策机制、优胜劣汰的用人机制、考核奖惩的评价机制、功效挂钩的分配机制，使幼儿园的内部管理迈入了科学化的轨道。幼儿园教职工和幼儿园之间建立起的是聘用合作制的人事关系，身份由原来的单位人变成了社会人，实行按劳取酬、绩效挂钩的结构工资制度。通过改革办园体制，幼儿园教职工更加积极主动、高质量地做好本职工作，为幼儿及其家长和社会提供了优质服务。河南省区域学前教育的发展模式大致有三种：以公办为主的发展模式，以民办为主的发展模式和公办、民办混合的发展模式。尽管国务院和河南省政府要求发展学前教育坚持政府主导，加快公办学前教育发展步伐，但各地完全可以在此基础上扬长避短，结合当地实际情况，走出有自己特色的学前教育发展之路。

第六章　保教结合 正本清源

清末民国时期，河南省的蒙养院、幼稚园的保育、教养宗旨在于发育幼儿身体，启发幼儿心智，培养幼儿生活规范，注重对幼儿的养护。养护主要由保育员（保姆）负责，通过对幼儿的监护、启发、诱导与必要的奖惩，使其养成良好的生活习惯与互助、友爱的品质。中华人民共和国成立后，河南省的幼教机构逐步贯彻"保教合一"的原则，对 3~7 岁幼儿进行初步的体智德美全面发展的教养工作，主要目标是保证幼儿身体的正常发育和健康，发展幼儿智力，培养幼儿的优良品德和习惯。党的十一届三中全会后，河南省各地的幼儿园积极进行改革，在教育思想、内容及方法上进一步得到发展和完善，保教质量不断提高。

第一节　保育工作的发展

保育并重是我国幼儿园的优良传统。光绪二十九年（1903）颁布的《奏定蒙养院章程及家庭教育法章程》规定，"蒙养家教合一之宗旨，在于以蒙养院辅助家庭教育"的办学原则，并提出了保育教导基本内容："保育教导儿童，专在发育其身体，渐启其心知，使之远于浇薄之恶风，习于良善之轨范；保育教导儿童，当体察幼儿身体气力之所能为，心力知觉之所能及，断不可强授以难记难解之事，或使为疲乏过度之业；保育教导儿童，务留意儿童之性情及行止仪容，使趋端正。儿童性情极好模仿，务专意示以善良之事物，使则效之。"保育之法也有具体规定，即要通过游戏、歌谣、讲故事、手技（手工技巧）等项目对幼儿进行教育。并规定每日保育教导儿童时间不得超过 4 小时（含饮食在内）。《奏定蒙养院章程及家庭教育法章程》虽正式颁布，但由于当时还没有女子师范学校，蒙养院开设很少，而且一般附设在育婴堂、敬节堂内，规定的教育内容实际上是不可能实现的。

民国政府教育部于 1916 年 1 月公布了《国民学校令施行细则》，该细则第六章规定了幼儿教育的目的和要求："蒙养园以保育满 3 周岁至入国民学校年龄之幼儿为目的；保育幼儿，务令其身心健全发达，得良善之习惯，以辅助家庭教育，幼儿之保育，须与其身心发达之度相符，不得授以难解事项及令操过度之业务；幼儿之心情容止，宜常注意使之端正，并示以良善之例，令其则效。"保育项目为游戏、唱歌、谈话、手艺。保育时数由管理人或设立人决定，报经县知事认可。

1928 年 10 月，国民政府教育部聘请几位教育专家开始编订幼稚园课程标准，1929 年 9 月，教育部令各省教育厅、特别市教育局试行幼稚园课程标准，1932 年 10 月，教育部正式颁布《幼稚园课程标准》。

1931 年，《中华苏维埃共和国劳动法》中规定，在工厂内设立哺儿室及托儿所，由工厂负责请人看护。1932 年，湘鄂赣省苏维埃政府训令文字第二号颁布的普通教育学制中，将幼稚园列入学制系统，规定 3~7 岁儿童入幼稚园。为使 3 岁前的婴儿在有专门知识的保姆保育下适当生活，让保姆白天为劳动妇女看护婴儿，应适应实际情形设立保育院。1933 年，在全苏区教育大会上提出的苏维埃教育政策规定，建立一般未达入学年龄的机关托儿所、幼稚园等，以达到增进社会教育和解放妇女的目的。1934 年 2 月，时任代内务人民委员的梁柏台同志发表的《托儿所组织条例》指出，组织托儿所的目的是改善家庭生活、替妇女担负婴儿一部分教养的责任，使每个劳动妇女可以尽可能参加生产及苏维埃各方面的工作，使儿童能够得到更好的教育和照顾。

《托儿所组织条例》指出了托幼机构的性质和任务。当时由于很多男子参加红军，农业耕种多由妇女负担，因此，托儿所的建立，减轻了妇女带小孩的负担，促进了生产。如兴国县为支援妇女参加春耕运动，组织了 227 个托儿所，使生产迅速开展起来。在抗日战争和解放战争时期，由于革命根据地不断壮大和相对稳定，为了支援前线、开展生产，参战参干的女干部增多，边区政府为解决干部、将士后顾之忧，培养革命后代，制定了许多方针和措施。

1938年3月，为抢救千千万万的儿童，支援抗日战争，由中共长江局周恩来、董必武、邓颖超等同志倡议，由宋美龄、冯玉祥与夫人李德全及各民主党派著名人士和社会贤达支持，在武汉成立了中国战时儿童保育会。同年7月，成立了陕甘宁边区分会，在分会的支持扶植下，成立了陕甘宁边区第一所儿童保育院，收托抗战将士的子女，并施以适当的教育。此后，晋察冀等边区也相继成立了保育分会。1940年9月，陕甘宁边区内政部倡导奖励各地设托儿所，俾使全国妇女均能参加抗战工作。

1941年，陕甘宁边区政府制定了《关于保育儿童的决定》，规定各机关、团体、学校有婴儿5人以上者应设托儿所，不足5人者，可由数单位共设或设立窑洞安置婴儿，由母亲轮流照顾。

江西省革命委员会《行动纲领》、湘鄂赣省苏维埃政府训令文字第二号《学制与实施目前最低限度的普通教育》及《托儿所组织条例》、陕甘宁边区《有关保育儿童问题之各项规定》、晋冀鲁豫边区政府《婴儿保育、产妇保健办法》、陕甘宁边区妇女第二届代表大会《关于保育的提案》等，从以下方面研究并保障了幼儿教保权利：将幼稚园、列宁小学校和特别学校纳入苏维埃学制的普通教育范畴，并明确规定了3岁以前之儿童进保育院，3~7岁进幼稚园，这为新中国幼儿教育的合法地位奠定了基础。确立了学龄前儿童的保教任务、保姆待遇以及扩大保育机关和成立保育工作委员会研究、领导保育工作等项目，并在1945年的边区保育工作方针中指出了实行儿童公育和全面推行保育工作的方向。这些基本上从物质条件、科学育儿、推广保育等方面为儿童公育提供了法的支撑。

1945年解放战争时期，边区保育工作方针明确提出，建立儿童公育制度，凡抗战将士及一切机关人员的子弟，一概都由政府抚育，以便使家长都能专心致力于抗战建国的事业；全面推进保育工作，使这个工作能普及深入民间，为全边区儿童谋福利。为了保证上述方针的实施，陕甘宁边区政府1942年在《关于保育儿童的决定》中规定，在民政厅设保育科（后改设在边区政府卫生处），以加强对保育工作的管理，同时为保育院、托儿所优先提供较适宜的住房、食品、医药等物质条件。

从此，比较正规的托幼机构相续成立。其中有洛杉矶托儿所、延安第二保育院、胶东育儿院、华东第一保育院等。党和政府领导人对托儿所、保育院给予极大的关怀。毛泽东主席写了"好好的保育儿童",朱德总司令写了"耐心的培养小孩子",边区主席林伯渠同志写了"新的战士在孕育中",边区教育部长徐特立同志写了"保证儿童平均发展"等的题词。周恩来在重庆亲自批示保育分会向总会拨款报告,千方百计为儿童及时送医送药等。在物质十分缺乏的战争时期,陕甘宁边区政府提出了"孩子第一"的口号,优先供给大米、白面、肉食、蛋类等。1946年,国民党大举进攻延安,党中央暂时撤离延安时,首先让孩子转移,并通知沿线的地方党政组织大力协助,使托儿所、保育院的孩子安全转移、健康成长。

1950年6月19日,毛泽东主席就学生健康问题写信给时任教育部部长马叙伦。信中说:"要各校注意健康第一,学习第二,营养不足,宜酌增经费。学习和开会的时间宜大减。病人应有特殊待遇。全国一切学校都应如此。"1951年1月15日,毛主席就学生健康问题再次写信给马叙伦。信中说:"此问题深值注意。提议采取行政步骤,具体地解决此问题。""提出健康第一,学习第二的方针,我以为是正确的。"

中华人民共和国成立后,河南省逐步建立健全了幼儿卫生保健制度,加强了卫生保健工作的科学性。1952年3月,教育部颁发试行《幼儿园暂行规程》,河南省各幼儿园制定了健康检查制度,并加强了对疾病的防治工作。1956年,河南省幼儿园贯彻部颁《关于幼儿园幼儿的作息制度和各项活动规定》,制定了作息时间表,并按幼儿年龄大小划分班级和组织活动。各幼儿园普遍注意为幼儿安排充足的户外活动时间,规定幼儿每天要有11~13小时的睡眠,同时坚持开展早操或间操。

1958年至1960年是农村幼儿园大发展的时期,许多幼儿园在招生扩大的情况下,仍重视卫生保健工作。如做到坚持每天一小扫,每周一大扫,定期给幼儿洗头、洗澡、修指甲。部分幼儿园做到了定期对茶杯、碗筷、毛巾进行煮沸消毒,实行流水洗脸;有些农村幼儿园自备自来水给幼儿漱洗。建立幼儿健康档案和幼儿体格检查制度。许多幼儿园与卫生防疫医疗部门配合,为幼儿注射防疫针苗,喂食预防药,做好传染病隔离工作。保证开展游戏和户外活动的时间;注意随时纠正幼儿坐、立、睡中的不正确姿势;定期给幼儿换座位方向,保护幼儿视力;组织幼儿进行日光、空气、水"三浴"锻炼等。但由于发展速度过快，不少新办的农村和城镇街道幼儿园，无论硬件还是软件，都跟不上要求，缺乏必需的食品和生活用品，没有建立必要的生活卫生制度，不利于幼儿的健康成长。1961~1963年，对大批不合格的幼儿园进行撤并，同时督促其余幼儿园做好卫生保健工作，并要求有条件的幼儿园配备专职保健医生、保育员、厨师，专设卫生保健室、隔离室，完善各项规章制度。1963年后，全省大部分幼儿园都能定期为幼儿进行体格检查。"文化大革命"时，幼儿卫生保健制度受到破坏。

在三年暂时困难时期，由于粮食和副食品供应紧张，党和政府对城市幼儿园的食品给予特殊照顾，各地幼儿园普遍注意了幼儿的营养和睡眠，渡过困难，健全各项卫生保健制度和幼儿生活卫生习惯的培养制度，大力开展户外活动，有的地方还开展"三浴"锻炼、小球类活动等，增强了儿童的体质，出现了不少幼儿园无传染病、幼儿呼吸道疾病大量减少的好现象。

1979年后，河南各地幼儿园根据教育部颁发的《城市幼儿园工作条例（试行草案）》和《幼儿园教育纲要（试行草案）》制定了卫生保健制度。多数幼儿园配设了专职或兼职医疗保健人员，努力为幼儿创设清洁、优美、舒适的生活环境，合理安排一天的生活内容，加强饮食卫生管理。同时配合家长做好经常性的疾病防治工作，培养幼儿良好的个人卫生习惯。

1980年，卫生部、教育部联合颁发《托儿所、幼儿园卫生保健制度（草案）》。1985年，卫生部对其做了修订，内容包括生活制度、婴幼儿饮食制度、体格锻炼制度、健康检查制度、卫生消毒及隔离制度、预防疾病制度、安全制度等9个方面，并附有婴幼儿喂养参考表。此文件规范了托儿所、幼儿园的保育工作，确保了婴幼儿的健康和安全。全省幼儿园与托儿所认真贯彻该制度，恢复和规范了托幼机构的卫生保健制度。1981年后，在全面实施教育部颁发的《幼儿园教育纲要（试行草案）》中关于卫生保健工作的系统规定下，许多幼儿园注重进一步改善幼儿饮食管理和卫生，注意幼儿营养；健全环境卫生和幼儿个人卫生制度，培养良好的生活卫生习惯；培养幼儿对体育活动的兴趣与能力，切实实施各种健康检查制度，保护和促进幼儿健康。

1989年6月，国家教委颁布了《幼儿园工作规程（试行）》，提出幼儿保育和教育的主要目标："促进幼儿身体正常发育和机能的协调发展，增强体质，培养良好的生活习惯、卫生习惯和参加体育活动的兴趣。发展幼儿智力，培养正确运用感官和运用语言交往的基本能力，增进其对环境的认识，培养有益的兴趣和求知欲望，培养初步的动手能力。萌发幼儿爱家乡、爱祖国、爱集体、爱劳动的情感，培养诚实、自信、好问、友爱、勇敢、爱护公物、克服困难、讲礼貌、守纪律等良好的品德行为和习惯，以及活泼、开朗的性格。培养幼儿初步的感受美和表现美的情趣。"同年，国家教委又颁布了《幼儿园管理条例》。这两个均在1990年2月1日起施行的文件强化了幼儿园干部和教师依法治园、治教的意识，对加强幼儿园的常规管理，推进全国幼儿教育环境的优化，促进幼儿主动参与活动，克服重教轻养、重知识轻能力、重结果轻过程、重集体教育轻个别教育的倾向，起到了积极的作用。

1989年1月，省教委、省计经委、省财政厅发布的《关于改革和加强幼儿教育工作的意见》，要求幼儿园教育应贯彻保育和教育相结合的原则，改革不适应社会主义现代化建设的陈旧教育观念，使幼儿的身体素质、心理素质、品德和行为习惯得到全面健康发展。要注意克服教育中的"小学化"和"成人化"倾向。要针对幼儿的特点，以游戏为基本活动形式，寓教育于各种活动之中，合理地组织各方面的教育内容。要热爱幼儿、尊重幼儿，坚持正面教育，积极诱导、坚决纠正重视智育，轻视体育、德育和美育的错误做法。要把幼儿身心健康发展和从小培养良好的行为习惯作为幼儿教育的首要任务。要面向全体幼儿，使所有入园幼儿都能受到全面良好的教育。同时，注重引导幼儿个性发展，培养有益的兴趣，但不宜对幼儿过早进行定向专长培养。

1996年《幼儿园工作规程》明确指出："幼儿园的任务是实行保育与教育相结合的原则，对幼儿实施体、智、德、美诸方面全面发展的教育，促进其身心和谐发展。幼儿园同时为家长参加工作、学习提供便利条件。"为家长服务、解决家长的后顾之优等社会职能是幼儿园的工具属性，是派生的，促进幼儿自身的发展才是幼儿园首要的任务。

坚持科学保教，促进幼儿身心健康发展。为加强对幼儿园保教工作的指导，2010年国家颁布《幼儿学习与发展指南》。遵循幼儿身心发展规律，面向全体幼儿，关注个体差异，坚持以游戏为基本活动，保教结合，寓教于乐，促进幼儿健康成长。加强对幼儿园玩教具、幼儿图书的配备与指导，为儿童创设丰富多彩的教育环境，防止和纠正幼儿园教育"小学化"倾向。研究制定幼儿园教师指导用书审定办法。建立幼儿园保教质量评估监管体系。健全学前教育教研指导网络。要把幼儿园教育和家庭教育紧密结合，共同为幼儿的健康成长创造良好环境。

第二节　保育队伍的专业成长

1949 年 3 月，全国大部分地区已经解放，但为了解放全中国，还需要一些将士继续上前线作战。为了让战士们安心战斗，河南省委在当时经济相当困难的情况下，在开封私人托儿所的基础上成立了河南省育英托儿所，后来又迁到开封市山陕甘会馆，成立时归省委行政处直接领导。档案记载："育英托儿所是全供事业单位，工作人员和孩子们全部实行供给制，一个工作人员国家拨 80 分，入托一个幼儿，上级给托儿所增加 60 分（分为工分，60 工分相当于 1955 年币制改革后的十几元钱，可满足一个孩子一个月的生活费）。"

除了老师，保育员也是经过省妇联、文化厅、卫生厅三家单位培训后选用的，托儿所的保教主任还曾被派到北京向苏联幼教专家学习理论以及幼儿营养学、服装设计等实用知识，"托儿所老师和孩子们的吃、穿、住宿都是统一的，所里供应面点、西餐、冷饮，保健医生是位德国的女大夫；老师夏天穿布拉吉，冬天穿列宁服，孩子的园服是'兜兜装'"。

河南省育英托儿所刚开班时，分大、中、小 3 个班，总共只有不到 50 个孩子，但每班却配备了 4 名教养员（教师）和 5 名保育员。档案记录了河南省育英托儿所当年的入园标准："非县团级以上干部的子女，一律不准入托。"

1954 年，随着省会从开封迁到郑州，河南省育英托儿所迁到了现省实验幼儿园所在地，并更名为河南省育英幼儿园。育英幼儿园由供给制改为"薪金制"，所有入园的孩子都要交费。币制改革后，"当时《河南日报》的几个子女在这里入托，每月要交 18 元"。

在那种高死亡率年代，幼儿教师自力更生、艰苦奋斗，用各种力所能及的方法为孩子服务，如用煎紫草根汤给幼儿配甜饼预防麻疹，生萝卜片配饼预防白喉，以紫苏荆芥煎茶配糖果预防伤风感冒，以牛屯草配馒头防脑炎等措施。幼儿园充分利用中国民间中草药方来预防和医治儿童疾病，充分发扬"一切为孩子，一切为生产"的精神，要求每个幼儿教师做到精心、热心、耐心、虚心，认真做好幼儿园卫生保健工作及每天的晨检工作，利用一切可能利用的废旧材料为儿童做玩具，幼儿教师在实际工作中做到"三勤（手、口、腿）、三要（爱孩子、团结、和母亲搞好关系）、二不怕（不怕困难和麻烦）"，使因地制宜所办的幼儿园发生了重大变化，改变了幼儿喝冷水、吃零食、吃冷饭、不讲礼貌和不讲卫生等影响幼儿身心健康发展的不良习惯，故出现了不少无传染病幼儿园，这不能不说是一大奇迹。

20世纪50年代，保教人员的设置与要求，根据1952年3月教育部颁发试行的《幼儿园暂行规程》规定，幼儿园每班设2名教养员，其中1名为主任教养员（2名教养员轮流担任），1名保育员。保教人员必须热爱儿童，精通业务，掌握熟练的技能技巧，做到"人在幼儿园，心在幼儿园，红在幼儿园，专在幼儿园"，做一个名副其实的共产主义接班人的培育者。

保教人员有明确分工，教养员对幼儿的教育工作全面负责，上课（作业）要组织游戏，外出参观，组织作业以外的全天活动二次，每学期、每月、每周都应写出教养计划，非熟练教养员还必须写出详细的作业教案，由园主任或教学组长审阅签字，作业后要写出工作效果记录，学期结束应有全面的教育工作总结。教养员要对全班幼儿全面负责，"幼儿的每一个活动都应在教养员视觉范围之内"。同时，强调家长工作，有计划地定期进行家庭访问，在教育孩子的问题上取得家长的有力配合。着重个别工作，发掘智力，突出幼儿的才能，但更重要的是帮助那些胆怯的、不爱活动或不爱讲话的幼儿参加集体活动，调动他们学习和交际的积极性。保育员负责幼儿的一日生活活动，必要时协助教养员做好作业前的准备工作。

进入新时期以来，尽管按《幼儿园教育指导纲要（试行）》的规定，保教并重是幼儿教育的一项基本原则，但以保育工作为主的幼儿园保育员却一直没有教师的身份。1994年以前，保育员属普通工人系列，社会地位和待遇都很低。1994年，在教育部和劳动人事部的授意下，北京市在全国率先确定了保育员技术等级考核制度，保育员才被划为技术工人系列，才有了职称评定和业务培训的可能，待遇也有所提高，但保育员的工作在园内和园外通常仍然得不到理解和重视。有的幼儿教师和家长看不起保育员，随意发号施令；在机构改革中，保育员队伍成了"废品收购站"；有的幼儿园压缩办园成本，首先裁减保育员，让保育员一人管两个班，实行临时工制，一月只付 200~300 元的工资，没有任何其他福利和保险。

河南省幼儿园保育员队伍长期存在结构上的一些问题：性别结构单一，年龄结构青年化，专科学历占相当比例，从事保育工作的时间大多在 5 年以内，超过一半的保育员没有评定职称。

在保育员的生存状况方面，具体表现为：71.5%的保育员都出现或轻或重的亚健康状况；工资待遇偏低；大部分保育员没有编制；近半保育员与幼儿园没有合同关系，过半保育员没有保险；保育员工作压力偏大。

在保育员的专业素养方面，具体表现为：保育员配教知识较为缺乏；保育观念一般，部分保育员还存在传统的健康观；心理素质较好，但坚持性不够；职业道德较好，但对园所的建设和发展关心不够；日常工作表现较好，但对本班教师的教学计划了解不够。

在保育员的培训方面，具体表现为：34.9%的保育员没有参加岗前培训；在职培训机会一般；培训内容缺乏针对性，仍对保育员帮助很大；保育员是比较乐意接受培训的。

在保育员的工作满意度方面，具体表现为：63.9%的保育员对工作表示满意，对工作环境和同事关系最为满意，对收入和晋升认可最不满意。

在保育员的离职意向方面，具体表现为：49.5%的保育员有离职意向，离职的主要原因是收入低和工作压力大；50.5%的保育员愿意继续从事保育工作，表示幼儿园的环境较好并且喜欢保育工作。造成保育员离职的主要原因是收入低和压力大。从保育员的年龄和工作年限来看，34 岁以下的保育员占 65.9%，但有 70.2%的保育员工作年限在 5 年以内，保育员队伍的流动性比较大。

保育员入职有比较大的随意性，主要表现在三个方面：一是在入园方式上，有 34.4%的保育员是通过非正规渠道（既不是分配，又没有应聘）进入幼儿园的；二是在岗前培训上，34.9%的保育员没有参加过岗前培训就直接上岗；三是在职称上，多达 51.7% 的保育员没有评定职称。

　　保育员的专业素养方面也存在一些问题。具体表现在：配教知识和技能亟待学习，存在传统的健康观，对本园的建设发展关心不够等。从调查的结果来看，只有 30.5% 的保育员系统地学习过教育活动配合技能。随着《幼儿园教育指导纲要（试行）》的颁布，保育员的角色和工作内容发生了很大变化，由侧重"卫生消毒"变为侧重"配班参教"，对幼儿由表面安抚到关注内在需求，由侧重保到注重育。《幼儿园保育员的职责与工作细则》中也明确规定，在教师指导下，管理幼儿生活，并配合本班教师组织教育活动。保育员配教知识和技能的缺乏，必然会导致在现实配班参教过程中不能很好地协助老师做好幼儿的教育工作。分析其原因，可以看出，跟岗前培训以及在职培训的内容有关，也和保育员自身定位不准，对配教的需求不高有关。

第三节　"一日生活皆课程"
成为主流理念

　　保教工作是幼儿园全部工作的中心，这是幼儿园的性质、任务所决定的，同时也反映了幼儿园管理的特点和规律。随着幼儿教育功能和价值的提升，幼儿园保教质量管理体现了不同时期对幼儿园任务要求的认识和管理模式的变化。这一变化可以分为以下两个阶段。

　　一是单纯以完成"双重任务"为重点的服务质量管理阶段。新中国成立以后，政府提出幼儿园教育要面向工农，办园任务注重为家长服务，把方便家长、满足其需要的项目多少作为重要工作和评价工作优劣的标准。幼儿园保教管理重在制定为家长服务的项目和措施，减轻家长工作之余照料幼儿的负担。

　　新中国幼儿教育在作息时间上、教学模式上学习苏联的主要是城市幼儿园，而占全国人口 80% 的农村幼儿园主要受解放区幼儿教育经验的影响。这可以从办园形式及目标上体现出来，20 世纪 50 年代的幼儿教育师资水准及幼儿园形式不拘一格，幼儿教育目标也是多样化的，基本目标是让幼儿受到有益于身心的教育，这与苏联对幼儿师资的高标准、正规化要求以及培养卓越人物的目标是有区别的。

二是重视保教活动有效性的教研管理阶段。1979 年后，幼儿教育进入大发展时期，各类公开观摩活动的开展和幼儿园教材的编写，带动了公立幼儿园教师的研究与学习。此时，保教管理的重心也逐渐地从"单纯服务任务"转向"提高幼儿园保教活动质量的管理"，教师集中性地学习与教研被纳入保教管理之中。对保教结合的教研定位于"教中有保""保中有教"。"教中有保"，即研究教育中有保育内容；"保中有教"，即研究保育中包含教育性因素，更好地结合幼儿生活经验，注重家园配合的协同教育。

幼儿园越来越重视教师队伍的专业发展，并将此列入幼儿园内部管理改革的重要内容，体现在对教师保教计划制定、一日活动实施效果提出要求并予以评估，以及将教师承担教研任务、公开课等作为班级保教质量的考核依据，并与教师的待遇挂钩等方面。这些措施使保教工作的规范性和科学性有了制度保障。

幼儿园保教质量的关注点发生了转变，社会、家长逐渐从看重幼儿园硬件（设施）条件转向关注与幼儿身心发展直接相关的幼儿园保教质量和教师素养；幼儿园园长、教师的关注点从关注幼儿园课程建设转向关注课程实施的有效性，关注每一名幼儿是否获得充分发展的条件与机会。幼儿园提升保教质量管理不再仅仅针对某一项活动的单独研究，而是针对课程实施的整体性，从建立质量观到对保教实施过程进行管理与质量的监测评价。

1989 年，国家教育委员会颁布《幼儿园工作规程（试行）》，经全国试行实践检验后，于 1996 年正式颁布为《幼儿园工作规程》。该规程注重幼儿的整体发展，提出体、智、德、美诸方面有机结合、相互渗透，注重个体差异和年龄特征，注重综合组织教育内容并渗透一日生活的各项活动，强调游戏，注重兴趣，关注幼小衔接，着眼于幼儿长远的发展，强调适宜环境的创设等，体现了新的儿童观、教育观、课程观，表明我国幼儿教育的发展趋势已融入了世界幼儿教育的发展潮流。

该规程颁布后，幼儿园管理逐渐步入科学性与规范性的轨道，幼儿园建立了岗位责任制，以各岗位要求管理保教人员，为一日活动制定严格的程序与规范，对幼儿园教师、保健员、保育员、营养员的工作都提出了规范性要求，并实施专业培训。围绕工作规范实施检查考核与量化管理，奖罚制度伴随着检查考核成为幼儿园管理的主要手段。

随着教育现代化的推进，创造高质量的幼儿园教育，促进幼儿健康成长，成为幼儿园发展的共同目标。教育理想与目标需要通过教师的工作去实现，对高质量幼儿园教育的要求也需转化为对教师专业素质的要求。在课改实践中，园长们将教师的个人成长和专业发展置于团队发展的背景之中，注重激发保教人员的工作动力，挖掘工作潜力，实现教师团队的合力，力求改变经验型管理存在的教师发展不平等性、非全园性和被动性等方面的弊端。幼儿园积极开展学习型组织建设，同行间进行专业经验分享与互动，激励教师提升专业意识、团队精神和自信心，并从其他教师的实践历程和专业经验叙述中学习有价值的经验。

第七章　师资培养 多管齐下

幼儿教育是基础教育的奠基阶段，幼教事业的发展与幼儿师资的质量有着极为密切的关系。中华人民共和国成立后，政府加强了对教育的控制和投入，首重师资的培养和培训。对于师范教育"工作母机"的性质，有了更为清醒的认识。特别是改革开放以来，国家的安定和经济的发展，也使优先发展师范教育具备了条件。河南省的幼教事业发展的 70 年，从小到大，逐步发展，离不开幼教师资培训工作，幼教事业的发展也为幼教师资培训注入了新的社会需求和发展动力。尤其在当前，随着改革开放的不断深入、社会经济的迅速发展以及幼教事业的发展和改革，幼教师资无论在数量上还是在质量上都有了很大的提高，取得了长足的进步。

第一节　幼儿教师培养体系的建立与发展

光绪二十九年（1903），清政府颁布的《奏定蒙养院章程及家庭教育法章程》中规定，蒙养院附设在各省府厅州县所办的育婴堂及敬节堂（恤嫠堂）内，以堂内奶媪和嫠妇为保姆。

光绪三十三年（1907）清政府颁布《奏定女子小学堂章程》和《奏定女子师范学堂章程》，这是我国注重女子教育之始。《女子师范学堂章程》规定，"教授女师范生，须副女子小学堂教科蒙养院保育科之旨趣，使适合将来充当教习保姆之用"，女子师范学堂毕业生，自领毕业证之日起，三年以内，有充当女子小学堂教习或蒙养院保姆的义务。至此，中国才有了培训幼儿教育师资的场所。

1912 年 9 月，民国政府教育部公布《师范教育令》明确规定："专教女子之师范学校称女子师范学校，以造就小学校教员及蒙养园保姆为目的。""师范学校得附设小学校教员讲习科，女子师范学校，除依前项规定外，并得附设保姆讲习科。"至此，幼儿教师有了来源。

1922 年，教育部公布的"新学制系统"（壬戌学制）正式将幼稚园列入学制，同时规定幼稚师范科招收初中毕业生，修业年限 2 年或 3 年。1923 年，江苏省立第一女子师范学校设立幼稚师范科，这是我国第一个公立女子师范学校幼稚师范科。1930 年，教育部通令各省于师范学校及乡村师范学校内酌设幼稚师范科。1933 年，教育部公布《师范学校规程》，规定幼稚师范科招收初中毕业生，修业年限 2 年或 3 年，毕业后到幼稚园任教。1942 年，教育部通知各省教育厅筹设幼稚师范学校或幼稚师范班。从 20 世纪 20 年代开始，幼稚师范作为一个专业在中等师范确定，40 年代我国才正式有了培养幼儿教师的专门学校。

在 1949 年 12 月召开的第一次全国教育工作会议上，解决师资和教材两大问题被视为"巩固与提高的关键"，并提出了改进北京师范大学以及各地大学中的师范学院或教育学院的任务，提出了改进各地师范教育的任务，提出了加强教员轮训和在职学习的任务。据此，开始了对师范教育的改造和重建工作。

1950 年 1 月 7 日，教育部作出《关于改革北京师范大学的决定》，同年 5 月 19 日，教育部颁布了《北京师范大学暂行规程》，明确规定了高师的办学方向、组织机构和教学原则。1951 年 8 月，召开了第一次全国师范教育会议暨第一次初等教育会议。在师范教育方面，大会决定，每一行政大区至少应建立一所健全的师范学院；在院系调整中，应以师范学院独立设置为原则，改设 1~2 所幼儿师范专科学校；在初等教育方面，除讨论通过了《小学暂行规程》《幼儿园暂行规程》等法规外，还讨论通过了《幼儿园工作人员服务规程》。

《幼儿园工作人员服务规程》对幼儿园园长、教师、见习教师、医务人员的资格，均做出了具体规定。其中，对幼儿园教师资格的要求为：幼儿师范毕业者；师范学校或高级中学毕业，曾受短期幼儿教育专业训练者；具有相当于初级中学毕业的文化水平，曾受一年以上幼儿教育专业训练者；

曾任幼儿园见习教师两年以上，经考核及格者。

"见习教员"为保育员或教养员的别称，学历须小学毕业。综观前述资格，对幼儿教师的要求显然偏低。但这是符合当时幼教状况的，否则便会曲高和寡，适得其反。

为了尽快提高幼教师资水平，创办一批幼儿师范便成为当务之急。1952年7月，教育部颁发《师范学校暂行规程（草案）》。其中，对于幼儿师范的办理做出了明确规定："培养幼儿园师资的师范学校称为幼儿师范学校。师范学校得附设幼儿师范科。"（第三条）"初级师范学校修业年限为三年至四年，招收25岁以下的小学毕业生或具有同等学力者，在幼儿教育师资特别缺乏的地方，初级师范学校亦得附设幼儿师范科，招收年龄较长的高小毕业生或具有同等学力者。"（第五十三条）该规程还对幼儿师范的教学计划做出了明确的规定，同时重申"私人或私人团体不得设立师范学校或任何师资训练机关"，从而使私立幼教师资培训机构在中国大陆真正绝迹。该规程的颁布，对新中国成立之初幼儿师范教育的发展和幼儿师资队伍的建设起了很大的促进作用。在第一个五年计划内，幼儿师范教育得到国家的重视，幼教师资的培训工作以前所未有的速度得以发展，中级幼师和初级幼师的校数，在5年间增长了10倍左右。

1952年，河南省教育厅规定，师范学校招收初级中学毕业生或具有同等学力者。对工农子女、工农干部的入学资格，予以适当照顾。入学年龄为15~30周岁。学生一律享受人民助学金待遇。毕业生至少服务教育工作3年，在此期间不得升学或担任其他职务。从1953年开始，河南省将初级师范逐步改变为中等师范，并于1954年8月将郑州师范、洛阳师范、信阳师范、南阳师范4所师范学校的幼师班集中，成立郑州幼儿师范学校，当年招收幼儿教育专业6个班，招收新生240名。为便于领导和开展教学研究，省教育厅规定师范学校的规模为12班和18班，个别学校有条件者可定为24班的规模；师范学校试行教育部《师范学校规程》，执行全国统一的《师范学校教学计划》和《幼儿师范学校教学计划》，统一了全省的教学大纲和教材。省确定郑州师范学校和潢川师范学校为试行规程的重点学校，以便总结经验，全面推广。1955年建立洛阳幼师。为保证师范生质量，1956年河南省教育厅强调，中等师范学校必须招收政治思想进步、品德优良、学习成绩优秀、身体健康、志愿献身小学教育和幼儿教育事业的初中毕业生或具有同等学力的社会青年。适当增加招收女生名额。1960年建立郑州第二幼师，随后在1961年的调整中，洛阳幼师和郑州第二幼师也都先后并入郑州幼师。1956年6月，省教育厅规定幼儿师范毕业生，先供应大中城市、工矿区幼儿园和一般地区示范性幼儿园。各地还根据实际需要，举办短期幼儿师范班，招收初、高小毕业生，予以1~2年的业务训练，加速培养幼儿师资。经过50年代后期和60年代前期的努力，河南各幼师为幼儿园培养了大批合格的幼儿教师。

1956年6月，教育部发出《关于大力培养小学教师和幼儿园教养员的指示》。该指示要求，"各地应更多地举办初级幼儿师范学校，作为过渡办法"，"各地亦可根据实际需要……举办短期幼儿师范班，招收高小毕业生，予以1~2年的业务训练"。此后，幼师培训工作掀起过短暂的热潮。据1957年统计，通过短训班而补充幼教师资队伍者，占师资总数的12.2%；1958年，则迅速攀升至55.5%。幼儿园的教职工总数，由1956年的9.18万人，增至1957年的10.14万人，又骤增至1958年的155.30万人。1958年的教职员工总数，是1957年的15倍以上。其中，教养员数由1957年的4.98万人，猛增至1958年的133.96万人。1958年的教养员数，约为1957年的27倍。其中绝大多数幼教工作者并未接受专门的职前培训，更不用说接受专门的初级幼师或中等幼师的正规教育了。这种降格以求的做法，固然是满足现实需求的权宜之计，然而却是对此前有关幼教师资培训和任职要求的否定。其后终因囿于各方面的条件，事实上未能持久。

1961年"八字方针"贯彻后，调整了幼师的设置，初级幼师一律停办，使全国的中级幼师规模大体维持在20所左右。1961年10月，教育部召开全国师范教育会议，深化师范教育的调整工作。会议决定，中级幼师目前不宜多办，发展重点为招收高小毕业的初级幼师，旨在培养乡镇和农村的幼教师资。据此精神，1962年复办初级幼师，然而规模很小，且于1963年再次下马，并永远退出了中国的教育舞台。

自1976年10月粉碎"四人帮"后，教育领域里的拨乱反正工作迅即开展。随着"两个估计"被彻底推翻，幼教师资培训工作也开始出现转机。1978年10月12日，教育部发布《关于加强和发展师范教育的意见》，要求努力办好中等师范学校，积极办好幼儿师范学校，为幼儿教育培养骨干师资，在 1980 年前，要做到每一个地区有一所幼儿师范，或在有条件的中等师范学校举办幼师班。原有学前教育专业的师范院校，应积极办好这个专业，扩大招生名额，为各地幼儿师范培养师资。

1980 年 8 月 22 日，教育部又专门发布《关于办好中等师范的意见》，明确要求"幼儿教育是整个学校教育的基础"，要"积极办好幼儿师范教育"，"要做好幼儿师范学校的发展规划"。要求各省、自治区、直辖市在 1982 年前，至少要办好一所幼儿师范学校，并列为省级重点学校。有条件的地、市，也可以举办幼儿师范学校或幼师班。已开设学前教育专业的高等师范学校，应积极培养幼儿师范师资、幼教干部和幼教科研人员。1985 年前，在原来的大行政区范围内，应有一所高等师范院校开设学前教育专业。该意见还要求，各地须加强幼教师资的培训和幼儿师范专业教材的编写工作。各地教育行政部门认真贯彻教育部精神，于 1979 年便设立了幼师 22 所，超过了"文化大革命"开始前 19 所的总体规模。1982 年 9 月，郑州幼师恢复招生。与此同时，有条件的中等师范学校也建立了幼师班，各地充分利用师范、师训班、教师进修学校及部分基础较好的幼儿园，开办短训班、进修班，加快幼儿教师培训的步伐。1983 年，根据教育部规定，只招收应届初中毕业生。为提高小学民办教师的政治、文化、业务水平，河南省于 1980~1983 年共招收小学民办教师 3 万人到中等师范学校学习。

1983 年 6 月 6 日，第六届全国人民代表大会第一次会议通过的《政府工作报告》指出："幼儿教育十分重要，要有计划地发展，并且从办好幼儿师范抓起，逐步加以整顿和提高。"

1986 年 6 月，教育部在北京召开了全国师范教育工作会议。会议要求，必须重视师范教育"工作母机"的功能。应尽快健全师范教育的体系。8 月 22 日，教育部颁发修订后的《中等师范学校规程（试行草案）》，对幼儿师范的办学方针、任务、学制、办学条件、领导管理等问题，进行了重新规范；10 月 14 日，又配套颁发了《幼儿师范学校教学计划（试行）》，重新规范了幼师的课程设置，突出了专业知识和技能的核心地位。此后，通过正规渠道培训幼师的工作逐步走上正轨并得以不断完善。普通师范附设幼师班的形式也得以认可。

　　为了拓宽幼教师资的培训渠道，还采用了在职业高中（后简称职高）开办幼师班的形式，这是中等教育结构改革的成果之一。1980 年 10 月，国务院批转了教育部、国家劳动总局《关于中等教育结构改革的报告》，职业中学、农业中学便开始纷纷涌现。为适应幼儿教育事业发展对师资的急切需求，一批职业高中开办了幼儿师范专业。针对职业高中幼师专业开办初期存在的问题与困难，1988 年 10 月 25 日国家教委发布《关于进一步办好职业高中幼师专业的意见》，明确了职业高中幼师专业的任务和培养目标，提出了教学计划和课程设置要突出幼师专业的特点，改善办学条件，加强师资队伍建设，改善职业高中幼师专业的招生办法和妥善安置毕业生，加强对职业高中幼师专业的领导的思想。

　　尽管职高的新生质量、师资水平和专业设备等，明显不如单设幼师，但 20 世纪 80 年代，在职高教育得到较大发展的大背景下，因幼儿教育事业发展迅速，师资十分缺乏，尤其是农村幼儿园和民办幼儿园几乎无法分配到正规师范毕业生，职业高中幼师班招收初中毕业生，经过 2~3 年的职高专业学习，毕业后不包分配，自谋出路，在幼师一直没有满足迅速发展的幼儿教育对师资的需求的情况下，不失为幼师师资的补充和较低水平幼儿园的师资重要来源，并成为当时培养民办幼儿园师资的主渠道。据 1985 年统计，是年就读于职高幼师班的学生达 7 万人，而幼儿师范的在校生数却不足 2.5 万人。据 1988 年统计，是年就读于职高幼师班的学生达 10 万人，而幼儿师范的在校生数却仅为 3.6 万人。

　　1995 年 5 月，中共中央《关于教育体制改革的决定》中，提出要努力发展幼儿教育，要建立一支有足够数量的、合格而稳定的师资队伍，这也是实行义务教育、提高基础教育水平的根本大计。为此，要采取特定的措施提高中小学教师和幼儿教师的社会地位和生活待遇，鼓励他们终身从事教育事业。与此同时，必须对现有的教师进行认真的培训和考核，把发展师范教育和培训在职教师作为发展教育事业的战略措施。该决定还提出，从幼儿师范到高等师范的各级师范教育都必须大力发展和加强，实施师范生免费制度。师范院校要坚持为初等和中等教育服务的办学思想。

　　1997 年，河南省召开了全省师范教育工作会议，进一步明确了师范教育"优先发展"的指导思想，师范教育教学改革不断深化，教育质量明显提高。1998年省教委、省计委、省财政厅、省人事厅联合印发了《关于河南省师范教育改革和发展的若干意见》。师范教育投入进一步增加，省财政除保证省属师范院校的正常经费外，每年拨出1100万元专款，用于支持发展师范教育和师资培训工作。师范院校的办学条件明显改善，特别是中等师范学校基本实现了办学标准化。

1999年7月23日，省教委批复商丘市教委，同意将夏邑师范学校改办为"商丘幼儿师范学校"；批复南阳市教委，同意将南阳第四师范学校改办为"南阳幼儿师范学校"。

在新中国成立前，仅有上海幼专和燕京大学幼稚师范科两所幼儿高师。1952年"院系调整"后，依照五大行政区所组建的师范院校中，均开设了学前教育专业。它们是：①南京师范学院，负责华东、华中片。该院学前教育专业由前国立上海幼专和南京金陵大学、广东岭南大学、上海复旦大学的相关系科合组。②北京师范大学，负责华北片。该校学前教育专业，由前北京师范大学保育系和燕京大学、辅仁大学家政系合组。③东北师范学院，负责东北片。学前教育专业为新增。④西南师范学院，负责西南片。该院学前教育专业以前华西大学保育系为基础组建。⑤西北师范学院，负责西北片。学前教育专业为新增。高师学前教育专业的设立，为幼儿师范师资的培训提供了后盾。1961年全国师范教育会议召开后，北京师范大学、南京师范学院等校的学前教育专业停止了招生，使幼教高级人才的培养工作进入了冰河期。

1978年后，"文化大革命"前原来设有学前教育专业的北京师范大学、南京师范学院、西南师范学院、西北师范学院、东北师范学院等高等师范院校在1978~1979年先后恢复学前教育专业的招生。80年代初期，华东师范大学、陕西师范大学以及一些省（自治区、直辖市）师范学院也增设了学前教育专业。据1987年统计，当时高师的学前教育专业，全国已达22个。此期还在原上海幼师的基础上，升格恢复设置了上海幼儿师范专科学校，试行幼师（3年制）和幼专（2年制）的"一条龙"培养模式，在培养更高学历的幼儿园师资方面领先跨出了一步。20世纪80年代中期，北京师范大学和南京师范大学学前教育专业，率先获得幼儿教育硕士学位授予权。其后，又有多所学校承担起培养幼教硕士的任务。在90年代中期，南京师范大学率先获得幼儿教育博士学位授予权，使培养幼教专业人才进入一个更高阶段。

1997 年 10 月 29 日，国家教委颁发《关于组织实施〈高等师范教育面向 21 世纪教学内容和课程体系改革计划〉的通知》，指出世纪之交的高师改革计划"起点高、立意新、针对性强"，"具有鲜明的时代特征"，高师需"用现代文化、科技发展新成果充实和更新教育内容"，要"采取科研立项的办法，把研究过程和改革实践紧密结合起来"。高等师范院校加强学前教育的科研队伍，促使学前教育研究成果日益增加，对推进幼儿教育基层实践和高等师范院校学前教育专业水平的提高起了明显的作用。例如，我国高等师范院校学前教育专业增加了一处博士生培养点（南京师范大学学前教育学）；华东师范大学成立了幼教特教学院幼教系和幼儿教育研究所。高等师范院校主持的全国教育科研规划的科研项目在"九五"期间的 9 项研究中有 5 项，占 55.5%，较"七五"期间的 33.3%有明显增加。

改革开放以来，幼儿园在职教师的继续教育也得以不断强化。短训班、脱产进修班、自学考试助学班等形式得以广泛采用；另有夜校、函授学校、广播电视学校等设施，为幼儿教师提供自修的便利。河南省在 1980~1987 年，幼儿教师的培训时间一般是：短期培训班，时间 1~2 周或几个月；业余进修班，时间 1~2 年；在职进修班，时间半年至 1 年。此外，普遍采取教材教法研究、专题讲座、集体备课、经验交流、观摩教学等多种办法，提高在职教师的业务水平。

100 多年来，特别是新中国成立以来的 70 年，河南省的幼儿教师培养体系已经形成并得到不断完善。改革开放后，幼教师资培训工作不仅在量上有阶段性提高，而且在质上也有历史性突破。

第二节　中等幼儿师范的课程建设与管理

1951 年 10 月中央政府教育部颁布的"新学制"规定，实施幼儿教育的组织为幼儿园，收 3~7 岁的幼儿，使他们的身心在入小学前获得健全的发育。幼儿教育被列入学制体系之中，成为小学教育的基础。培养幼儿园师资的师范学校称为幼儿师范学校，并规定师范学校均要附设幼儿师范科，这是我国首次把独立的公立幼儿师范学校列入学制。

为了实现改造旧教育的目的，教育部于 1952 年 7 月制定了《师范学校暂行规程（草案）》。该规程规定幼儿师范学校教学计划规定课程有：语文及语言教学法、数学及计算教学法、物理、化学、达尔文理论基础、地理、历史、政治、幼儿心理、幼儿教育、幼儿卫生及生活管理、认识环境教学法、音乐及音乐教学法、体育及体育教学法、美工及美工教学法和参观实习。所有科目均为必修。为使学生实习方便，师范学校应附设幼儿园，或由教育行政部门指定附近幼儿园为实习基地。该规程还规定在幼儿教育师资特别缺乏的地方，初级师范学校应附设幼儿师范科。招收年龄较长的高小毕业生或具有同等学力者，学制 3~4 年。正规幼儿师范将承担培育新教师和在职保教人员的双重任务。这是新中国第一个独立的幼儿师范教学计划。该计划的最大特点是各科教学法由各科教员担任，分别结合本学科及幼儿教育实际需要进行教学。

1953 年，教育部根据幼儿园的工作实际对《师范学校暂行规程（草案）》进行了修订，减少了三角、时事政策、化学的课时，增加了物理、几何、人体解剖生理学、幼儿教育等课程及课时。加强了专业教育因素，注意减轻学生课业负担。

1956 年 5 月，为配合《师范学校规程》的正式颁行，教育部正式颁发了《幼儿师范学校教学计划》，对 1953 年修订的计划进行了再次修订，修订后的幼儿师范学校教学计划课程设置如下：语文、数学、物理、化学及矿物学、植物学、动物学、人体解剖生理学、达尔文主义基础、地理、中国历史、政治、幼儿心理学、幼儿教育学、幼儿卫生学、语言教学法、认识自然教学法、体育及体育教学法、音乐及音乐教学法、绘画手工及绘画手工教学法、教育实习。选修课为钢琴。同时，还发布了《关于执行〈师范学校教学计划〉和〈幼儿师范学校教学计划〉的指示》，对 1953 年的《幼儿师范学校教学计划（修订草案）》所存在的问题进行了总结。该指示指出原计划体现全面发展的教育方针不够，幼儿师范专业教育实施不够。由于缺乏教学大纲和教材，幼儿师范学校某些课程的实施，不得不依照师范学校的课程，而师范学校课程又与高中课程相近，专业性不够明确，加重了学生的负担，降低了教学效果。因此，新修订的教学计划按幼儿园教学需要，增设植物学、动物学，加强了观察与实验环节的比重。取消计算教学法，通过游戏和日常生活来进行 10 以内的数字教学，而在幼儿教育学中只作适当讲述等。

1956 年的《幼儿师范学校教学计划》突出了"三学"（幼儿教育学、幼儿心理学、幼儿卫生学）、"六法"（语言教学法、自然教学法、体育教学法、音乐教学法、美术教学法、数学教学法）在幼儿师范教育专业课中的主要作用，并对幼儿园教养员培养的学制、教学进程、课时分配等进行了明确规定，这有利于政府部门对幼儿师范教育的统一管理和指导，为培养本土化的幼儿教师做了有益的探索。

1956 年 6 月，教育部颁发了《关于大力培养小学教师和幼儿园教养员的指示》，要求大力发展幼儿师范教育，采取的措施主要有：发展幼儿师范学校和初级幼儿师范学校；除发展幼儿师范学校和初级幼儿师范学校外，各地亦可根据实际需要举办短期幼儿师范班，招收高小毕业生，予以1~2 年的业务训练，使其担任教养员的工作，但要注意保证人才培养的质量。

教育部于 1957 年 3 月颁发了《关于修改中等师范学校教学计划的意见》，对 1956 年 5 月颁发的《幼儿师范学校教学计划》进行了否定。同年 7月，教育部颁发《1957~1958 学年度师范、幼儿师范、三四年制初师、师范速成班教学计划》，用这个临时性的计划取代了原定计划。该计划的主旨是"减轻学生负担，提高教学质量"。幼师停开或合并的学科有矿物学、自然地理、外国地理、儿童文学、植物学、动物学等，减少课时的有音乐、图画，增加课时的有政治、语文和教育实习。从实践结果来看，学生负担有所减轻，然而教学质量却出现明显滑坡。在 1958 年的"教育革命"中，教育部允准各地幼师自行制订教学计划，进行各种课程改革的实验，从而造成各自为政的状况，使教学质量无从保证。

1959 年 6 月，教育部鉴于各类师范学校的课程设置散漫无章，通知各师范学校必须开设教育学、心理学，并组织力量重新修订师范学校教材。

1961 年，教育部又对《三年制中等幼儿师范学校教育计划》进行了调整，教育理论课中去掉了"教育史类课程"。政治、语文、数学、幼儿教育学被确定为主要学科，各年级都要安排教育见习与实习。

1980 年教育部重新制定了全国统一的《幼儿师范学校教学计划试行草案》，明确规定了幼儿师范学校的培养目标为培养合格的幼儿园教员，修业年限分三年和四年两种，招收初中毕业的女生。这是自 1968 年后教育部颁发的第一个幼儿师范学校教学计划。

该教学计划将课程分为文化基础课、教育专业课、艺体技能课与实践课四类。文化基础课确定为政治、语文、数学、物理、化学、生物、历史、地理。"计算教学法"被重新列为一门课程与体育、美工、音乐、语言及常识各科教学法构成"五法"。"三学"依然是幼儿教育学、幼儿心理学与幼儿卫生学。技能课把钢琴融入音乐课中，增加了舞蹈课。四年制还增加了外语选修课。以上课程除外语为选修课外，其余均为必修课。但上课总时数三年制 3131 节，四年制 3982 节，学生负担较重。学生自学和课外活动时间太少，不利于学生的智力、能力和个性的发展。

《幼儿师范学校教学计划试行草案》指出，教育实习是幼儿师范学校专业教育的重要组成部分，通过教育实习使幼儿师范学生理论联系实际，培养他们具有从事幼儿教育工作的实际能力。教育实习包括参观、见习、毕业实习三种类型，并且保证一定的时间。此外还要组织学生参加一定时间的生产劳动。

1985 年 5 月 6 日教育部在修订 1980 年 8 月《幼儿师范学校教学计划试行草案》的基础上，颁发了《幼儿师范学校教学计划》。自此，学前教育界常说的"三学六法"结构定型。教育部在颁发该计划的通知中说明，各地可根据本地区实际情况对上述教学计划做适当调整，同时允许有条件、有基础的学校自行拟定教学计划，进行改革试验。这是中华人民共和国成立以来教育部首次对中等幼儿师范学校的课程设置放权。

20 世纪 80 年代后期以来，各地幼儿师范教育的发展获得了较大的自主权，各地幼儿师范学校逐步形成了以儿童发展为本的课程体系。大多学前教育专业的课程设置新增了与儿童心理认知发展规律相关以及与教师专业发展需要相关的课程，并根据当前幼儿园"五大领域"课程模式将传统的"三学六法"课程体系进行重组。

1995 年 1 月，国家教委根据新的形势与教育改革的需求，制定颁布了《三年制中等幼儿师范学校教学方案（试行）》。该方案将幼儿师范培养目标改述为培养幼儿园教师，且规定全面而详细，涉及思想品德、知识、技能及基本能力、身心素质几大方面。课程设置比以前有了很大进步，规定课程由必修课、选修课、教育实践和课外活动组成，调整了各部分课程的比例，各部分课程的比重分别为 65%、15%、10%、10%；确定了选修课在课程中的地位，且种类丰富，完善了幼师课程的结构。对必修课进行了重要的调整与改革，使教育类课程由过去的"三学六法"调整为幼儿卫生保育教程、幼儿心理学、幼儿教育概论和幼儿园教育活动的设计与指导四门课程。其中"六法"综合为一课，变化最大，是为适应幼儿园教育由分科教学逐步过渡到综合教育的实际需要而做出改革的。音乐、体育、美术不再包含教法的训练，成为纯粹的技能、技巧课。此外，技能技巧课还增加了电教基础与教师口语两门课程。该方案在强化设课原则的前提下，允许各地因地制宜，适当变通。此外，又反复要求，须将四类课程有机结合，以构成一个难以分割的整体。

1988 年，《国家教委关于进一步办好职业高中幼师专业的意见》颁发，指出职业高中幼师专业教学计划和课程设置，应参照幼儿师范三年制教学计划编制。要把思想品德和政治教育、职业道德和职业纪律教育渗透整个培养过程中。文化课要从幼教专业特点和需要出发。专业课要加强，要着重职业技能训练。根据需要可以开设幼儿园行政管理知识选修课或讲座。政治、文化课与专业、实习课的比重原则上为 5∶5 或 4∶6。同时指出，职高幼师专业应拥有相应的设备和教学条件，要加强见习、实习基地的建设和师资队伍的建设，要改善招生办法和妥善安置毕业生，并加强对职高幼师专业的领导。

2003 年，省教育厅制订了《三年制幼儿师范学校课程方案（试行）》，要求各幼师学校从 2003 年入学的新生开始实施，以规范全省幼儿师范学校教学工作，确保培养质量。

2003 年，省教育厅组织全省各幼师学校共同参与编写出版了 6 本幼儿师范学校教材：《学前儿童卫生与保育》、《学前儿童语言教育》、《学前儿童健康教育》、《学前儿童艺术教育》、《学前儿童科学教育》和《学前儿童社会教育》。这是全省首次系统编写并正式出版幼师教材。

2004 年，省教育厅等部门《关于幼儿教育改革与发展的实施意见》要求，提高幼儿师范院校办学水平和教育质量。根据幼儿教育事业发展需要，合理确定招生规模，不断提高幼儿教师的培养层次与水平；结合幼儿教育改革的实际，及时调整专业、课程设置和教学内容，不断深化教育教学改革，积极参与幼儿园教育实践。制定幼儿教育师资培养、培训规划，加强幼儿教师培养、培训机构的建设。要按照教育部《中小学教师继续教育规定》的要求，将幼儿教师培训纳入当地中小学教师继续教育规划。根据幼儿教育改革的需要，不断更新培训内容，改革培训方式和方法，提高培训工作的实效。要依据《教师资格条例》的有关规定，实行幼儿园园长、教师资格准入制度，严格实行持证上岗。要实行教师聘任制，建立激励机制，全面提高教师队伍的素质和水平。认真执行《中华人民共和国教师法》，幼儿教师享受与中小学教师同等的地位和待遇。依法保障幼儿教师在进修培训、评选先进、专业技术职务评聘、工资、社会保险等方面的合法权益，稳定幼儿教师队伍。

2004 年 5 月 25~30 日，在郑州幼儿师范学校举办全省幼儿师范学校优质课比赛。在各学校精心选拔的基础上，来自全省 9 所幼儿师范的 63 名中青年教师参加了化学、英语、地理、音乐、舞蹈、美术、体育 7 个学科的比赛，其中有 29 人获一等奖，34 人获二等奖。郑州幼儿师范学校和洛阳幼儿师范学校获组织奖。

2014 年，河南省教育厅继续实施幼儿师范学校博雅教育引导计划，实施周期为三年。2014 年 3 月，省教育厅召开推进会，通过教师教育课程改革实验区，开展教师教育课题研究项目，组织博雅师资培训、博雅师资优质课竞赛和博雅毕业生技能竞赛等活动，通过政策支持和项目引导，推动该计划的实施，进一步深化幼儿教师教育课程与教学改革，促进幼儿师范学校和幼儿园的深度融合，切实提高幼儿师范学校人才培养的质量，为河南未来学前教育事业的发展培养出一大批具有高尚的师德修养、广博的专业知识和内在的专业品性的幼儿园师资。

第三节 新时期中等幼儿师范
学校的改革尝试

随着各级各类教育事业的发展，在进入 20 世纪 90 年代后，以中等幼师教育为主的幼儿师范教育的发展出现了诸多的不适应，主要表现在以下三个方面。其一，生源质量差，招收的大多是升学无望的初中毕业生。随着高等教育大众化及高中教育普及化，中等幼儿师范因其低学历而失去了专业吸引力，报考中等师范的优秀学生越来越少，中等幼师面临着严重的招生问题。其二，学历层次低，发展后劲不足。由于生源文化基础很差，毕业生缺乏学习意识和良好的学习习惯。其三，课程结构不合理，重视技能训练，理论知识的底蕴明显不足，缺乏对幼儿的专业指导能力，科研意识淡薄。这使他们在实际工作中的创新和改革意识受到限制，难以适应幼儿教育理论多样化、课程模式多元化以及教学手段与方法体系化的改革趋势。

在这种背景下，中等幼师的生存出路首先是寻求"升格"，提升办学层次。从 1983 年开始，我国中等师范学校进入了中专向专科升格的历程。1996 年，国家教委印发的《关于师范教育改革和发展的若干意见》提出，重视发展幼儿师范教育和特殊师范教育。要合理布局，优化资源配置，撤并一批规模过小的师范学校，提高规模效益；大力提倡各级各类师范院校实行多种形式的联合、合作办学或合并，做到资源共享、优势互补，提高综合效益。1997 年上海幼儿师范高等专科学校并入华东师范大学学前教育学院，此后国内其他独立中等幼师也出现向师范大学教育科学院或学前教育专业、系靠拢的倾向。提升办学层次的模式主要有如下几种。

其一，将中等幼儿师范学校直接并入高等师范专科学校，培养专科生，成为"大专幼师"。其方式也有两种。第一种，幼儿师范独立升格为师专，中等师范学校独立升格为师专学校培养模式，招收高中毕业生，学制两年或三年，培养具有专科学历的师资。第二种，幼儿师范并入师范学院、师范专科，招收高中毕业生，学制两年或三年，培养具有专科学历的师资。前者数量相对较少。1985 年上海市人民政府撤销了上海幼儿师范学校建制，改为上海幼儿师范专科学校，成为当时全国唯一的培养大专学历的幼儿师范学校，1992 年又更名为上海幼儿师范高等专科学校。后者数量相对较多，合并对象有师专，也有当地的教育学院。如浙江省杭州幼儿师范学校于 1993 年建立了"浙江省幼教师资培训中心"，并开始大专层次的教育；福州幼儿师范学校于 2004 年升格为福建教育学院学前教育分院；等等。幼儿师范学校与专科学校合并来培养专科层次的师资，属于高师与中等幼师的结合点，这是比较现实可行的改革模式。这种模式既能弥补中专和本科在幼教师资培养方面存在的不足，又能反映高等教育的水平，符合幼儿教育发展对幼儿教师的需求。

其二，中等幼儿师范挂靠高师举办五年制大专班，培养专科层次的人才。五年制大专是为了全面提高我国幼儿教师素质，实现三级师范向二级师范过渡，根据国情在我国原三年制中等师范教育的基础上，升格产生的一种初中起点五年制高等幼儿教师职前教育模式。这种模式最早始于 1984 年江苏省南通师范培养五年制大学专科小学教师的教育实验开始的。从此，我国中等师范学校进入了中专向专科升格的历程。作为中等师范教育的幼儿师范学校也不例外，1987 年上海幼儿师范专科学校率先升格为上海幼儿师范高等专科学校。当时招生主要有两种制度，一种是招收初中毕业生，学制五年；另一种是招收幼儿师范学校的应届毕业生，学制二年，实行三、二分段，主要培养幼儿园的骨干教师，毕业后达到大专水平。这样，我国的幼儿师范学校开始进入升格调整的阶段。五年制大专的培养目标是合格的幼儿教师，即具有良好道德、情操和热爱幼儿教育事业，具有幼儿教育工作和幼教科研工作所需要的高等文化科学知识和专业理论、技能及基本能力，德、智、体全面发展的，能适应当代幼儿教育工作需要的幼儿园教师及其他幼教工作者。它具有"起点低、跨度大、时间长"的特点。由条件较好的幼儿师范学校与当地师范专科学校联合招生，指标占当地高校专科指标，招收应届初中毕业生，在幼儿师范学校授课，学制五年，毕业时颁发师专毕业证书，培养目标为幼儿教师。五年制幼专与一般师范专科的人才培养模式相比，其方式有 3+2 模式与五年一贯制模式。3+2 模式的前三年在幼儿师范学校就读，后两年集中到少数条件较好的幼儿师范学校学习；五年一贯制则是始终在幼儿师范学校完成五年的课程教学任务，只是在颁发毕业证的时候借用高等师专的牌子。这种办学模式有利于发挥幼儿师范学校传统的重视学生基本功培养、与幼儿园联系紧密、专业思想比较稳定的优势，因此，我国原幼儿师范学校由过去培养幼儿教师的主体被五年制大专所取代，五年制大专成为幼儿园一线教师培养的主体。但显然，这种模式在某些学校就如"小马拉大车"，只是给毕业证书换了个印章，其实质没什么大的变化，呈现"换汤不换药"的状况，名义是大专教育，实际上采取的仍然是中专教育模式，存在许多与现代社会发展、教育发展不相适应的现象。从总的发展趋势来看，这种幼师改革模式注定要为别的模式所替代。

其三，将中等幼儿师范学校与本科院校的学前教育专业合并，培养本科生。尽管这种模式也存在一些问题，如来自普通高中的学生，艺体技能没有中专的初中生生源好，专业思想也没有中专生稳固，很多都不是第一志愿就读的，而是从其他专业的第三志愿调剂过来的。但从发展趋势来看，对幼教师资进行本科培养，一方面满足了毕业生高学历的需求，另一方面也适应了社会要求提高幼儿教师素质的需要，因此，这是将来的发展趋势，但这种模式当前必须进行较大的改革，如改革招生制度、培养目标、课程设置、教学方法等，才能真正培养出复合应用型本科幼教人才。

2001年，河南省政府将《关于我省师范院校布局结构调整的意见》正式印发各地市。截至2001年底，各市对师范院校的调整方案已陆续呈报省政府同意后批转各市组织实施。这标志着为全省义务教育作出了巨大贡献的中等师范教育完成了自己的历史使命，也标志着全省将实现三级师范教育向两级师范教育的过渡。全省的幼儿师范教育学制愈加多样，有高中起点的两年制专科、三年制专科、四年制本科，有的达到研究生层次；初中起点的五年制专科，还分为初中起点的五年一贯制、三二分段制、二三分段制三种形式；还有少数不发达地区仍保留的初中起点三年制中专。在当前社会经济发展不均衡的状况下，以上这些办学模式会在一定时期内出现并存的现象。从长远发展来看，中专模式将会逐渐取消，从幼儿教育师资培养的社会需求、教育发展角度来看，应逐渐走向专科、本科等高层次的教育模式。

在学制调整，学历层次提高的同时，许多中等幼儿师范学校为培养新时代所要求的人才，在课程设置方面做了大量的调整。课程方案的设计采取以当代社会对高素质幼儿教师需求为依据，将学生置于课程设计的中心，以提高学生整体综合素质和潜能开发、培养复合应用型人才为根本目标。为实现这一目标，课程设置时对以下几个关系进行了协调与平衡。

其一，关于综合素质与专业技能之间的关系。传统的幼儿教育课程中，中等幼儿师范学校的课程是重技能轻理论，而高师学前教育专业则是厚理论薄技能，前者造成学生发展后劲不足，后者致使学生不能适应幼儿园教学实践。为了克服这些弊端，一要重视通过通识课程开阔知识视野、熏陶职业情感、培育人文气质，提升综合素质。通识课程不能太泛太抽象深奥，要切实有利于幼师人文、科学精神的提升以及有利于加深对儿童发展、儿童教育意义的理解与认同。二要重视加强专业课程综合化和加强实践课程的尝试，以保证学生获得较强的教师职业技能。

其二，关于学术性与师范性的关系。中等幼儿师范学校升格，目的是提高学生的学术层次和专业能力，使其具备比较深厚的理论基础，以便在幼儿园的教育实践中，具备一定的学术研究能力，为成长为研究型教师提供支持。但又不能完全像过去的学前教育本科仅以研究型人才为培养目标，而是要为幼儿园培养一线教师，因此，更要注意幼师教育实践能力的培养。在课程设置方面，应在师范性与学术性兼顾的同时，更加注重师范性，即学生能将所学的内容综合地应用于幼儿园教育实践，能根据教育目标的要求和本班幼儿的情况设计和指导活动。

其三，关于专科课程与中等幼师课程的关系。升格后的幼儿师范学校，无论是五年一贯制培养的模式，还是3+2培养模式，需要特别注意课程设置中的"三二"分段和衔接问题。五年制大专的课程具有以下特色：①学历补偿性教育的特色，即开设相当于高中水平的文化基础课程，完成高中阶段的学历补偿教育任务；②高师专科通识课程的特色，即开设师专公共基础课程，完成师范专科通识课程教育的任务；③幼儿教育的专业特色，即开设学前教育专科的专业类课程，完成专业课程教育的任务。整个课程方案围绕培养目标和专业特色，将思想教育、理论知识教育、能力培养和技能训练等方面的要求整合为一个有机整体。

目前许多学校采取的具体方案是：前三年打基础，完成高中阶段的补偿性课程，为大专层次奠定良好的基础，而且要求在从教基本功方面基本过关。后两年则注重提高，不仅在专业技能方面要系统接受课程，而且更强调在教育理论、教学实践、教育研究能力方面适应幼儿教育的需求。要求学生真正懂得幼儿的身心发育规律和相应的教育规律，能对自己的教育过程进行反思和研究，及时改变教育内容和方法。因此，切实加强了专业类课程的设置，加强了学前教育理论和教育科研方法等相关课程的建设。从目前的一些五年制幼专的课程设置情况看，学历补偿课占总课时的28.6%，其中，主要包括高中阶段的文化基础课程（均为必修课）。高师幼专通识课程约占总课时的41.4%，必修课包括政经哲学课、文化常识课（含大学语文、自然科学基础、幼儿文学、美学基础等）和文化艺术技能课（含外语、计算机应用、教师口语、应用文写作、音乐、美术、舞蹈、体育等），占通识课程的90%；选修课程有文史哲类、多媒体课件制作、艺体类、讲演学、环境与人口等，占通识课程的10%。教育专业类课程约占总课时的20.4%，必修课程包括心理学概论、教育学概论、幼儿教育学、幼儿心理学、学前卫生保育教程、幼儿教育史、幼儿园管理、幼儿园教育活动设计与指导、幼儿园教育研究方法、学前教育评价等，占教育专业类课程的91%；选修课程有中外教育史、教材教法案例分析、比较教育等，占教育专业课程的9%。综合实践课程：军训1周，公益劳动、专题讲座、课外活动、微型课程、社团活动、社会调查（安排在假期）、日常见习与教育调查5周（分期安排），保育实习2周，教育实习与科研实践10周，共计18周，占总课时数的9.6%。

事实证明，这种课程设置的调整较好地顺应了时代发展的要求，为幼儿园培养了大批合格的幼儿教师。毕业生在当地的教师招聘考试中屡屡取得名列前茅的好成绩，就业状况很好，工作能力受到社会的广泛认可。调查发现，大部分幼儿师范学校的课程主要分为通识教育课程、学科专业课程、教育专业课程、技能教育课程和教育实践课程五个模块。通识教育课程的目的在于避免狭隘的专业化，拓宽学生的知识面，具备宽厚的文理基础知识和具有较广阔的文化底蕴。学科专业课程是以后所从事教学的内容。教育专业课程是为提供教育教学专业知识而设，是提高教师教育专业化和职业专门化的保证。技能教育课程主要是艺体、教师口语、三笔字等方面的技能。教育实践课程主要是教育见习、实习，是师范教育中理论与实践相联系的基本方式，是由学生转换为教师角色的关键。当前，普遍加大了教育专业与实践课程的比重，通过强化理论与实践的互动，切实提高学生的实际教育工作能力。许多学校甚至采取"全实践"课程模式，半日理论学习半日幼儿园实习。实践课程的比重占到总课程比重的 40%。

濮阳幼师学校是全市中职学校中唯一的一所女子幼师学校，它专门培养幼师，濮阳市所有有关幼儿教育的培训和教研活动经常聚集在此。学校成立于 2004 年，属于全日制中等专业学校，是全市最大的幼师培养、输送基地和最大的幼教服务中心，舞蹈、美术、声乐、教法专业是学校幼师专业的热门专业。濮阳幼师学校自培训部组建以来，借助这样一支强大的师资队伍，共吸纳会员和建设实验基地 532 家，研发幼儿教材 38 本，培训在职教师 2800 多人，培训园长 285 人，举行大型活动 33 场，帮助 200 多家幼儿园步入规范发展的快车道，开展多项资格认证达 2900 多人，辐射面达全市幼教机构的 90%。同时，大专部也成为濮阳市最大的成人高等教育培训机构。不仅如此，学生就业方面也取得了一定成绩。建校以来，在市教育局直接领导下，11605 名幼儿老师走出校门，服务社会；66 名老师走进千家幼儿园，培训在岗幼师 5680 人；帮助 364 家幼儿机构成长壮大；3653 人在此提升了学历，考上了大专和本科；8676 人获取了教育部、人力资源部等岗位资格认证，获得了幼儿教师、中小学教师、育婴师等证书。1538 所幼儿园成为实验实习基地，并建立了长期友好的合作关系，与省内外 21 所高校签订了联合办学协议；又在国内 4 省 16 市设立了分校和办事处；研发校本教材、新教法、新的管理模式达 68 项，先后被评为"全国社会力量办学先进单位"、"花园式"单位、"诚信办学"单位，逐步形成了"出口畅、进口旺、发展快、实力强、信誉好、多元化（集团化）"的发展格局。

中专生大多存在文化基础差、好动、厌学、习惯不好等问题，为此，濮阳幼师学校针对当前所招学生，从学习动机、学习意志、学习习惯等方面，专门对教材进行改革，并组织老师到兄弟学校学习参观，吸取经验，自行编制了一套 16 册版本教材，突出了基础和实践内容，使学生上课不打盹瞌睡，看得懂，听得明白。同时，一改往常的教学方法，将过去的填鸭式满堂灌教学法进行科学合理的调整，以"低起点，小台阶，循往复，教一会一，学一得一"的教学方法进行授课，使学生产生了浓厚兴趣，由教他学变为我要学。尤其是理论课，它相比于实践课要枯燥无味得多，因此，幼师在教学过程中，要多引进新鲜的教学方法吸引学生学习，要善于观察生活中与之相关的新鲜事物，通过生活中的实践进行举一反三对学生从旁引导，进一步丰富教学内容，拓宽知识面。另外，现在是网络信息时代，学生热衷于网络游戏，声乐教师可以尝试着去转变学生的思想，让学生远离游戏，将更多的精力投放到声乐学习中，借助网络的优势多关注些声乐方面的讲座和经典声乐鉴赏等，以此来丰富自己的艺术内涵，更好地提高自己的专业素养。

为提高学生实践操作能力，学校将过去在校学习两年毕业后才实习，调整为每学期都抽出一到两周时间到幼儿园见习，同时毕业前再进行一次异地专家的岗前特训，通过这样的方式为学生提供丰富的教学实践，形成了理论—实践—再理论—再实践的能力培训过程，老师让学生能够将所学知识及时运用到实践当中去，以此达到巩固提高效果，经常努力为学生创造实践机会和条件，以便更好地保证学生能力水平的提升，使学生到幼儿园就能上课，深受用人单位欢迎。在培养模式转变的基础上学校对学生就业方式也进行了改革，变过去的"中介"式为当前的"委派"模式，即学校不只是简单地提供招聘场所，而是在学生毕业后首先由学校培训部接纳，然后再根据用人单位需求进行派遣任教。通过这种方式为学生提供了较好的福利保障，为最终稳住人才起到了重要的作用。

第四节　高等幼儿师范教育的发展

1915 年，中华民国临时政府颁布《特别教育纲要》，规定授予的学位有学士、硕士、博士三种，并建立了学位的评定授予机关；国民政府于 1935 年公布《学位授予法》，也规定了学位分学士、硕士、博士三级，并在 1940 年又通过了《博士学位评定会组织法》和《博士学位考试细则》，但一直没有授予过博士学位。新中国成立后，虽招有研究生，但由于种种原因长期未能建立学位制度。改革开放后，经过 40 多年的不断深化改革与快速发展，我国高等教育已经形成了高等职业（专科）教育、本科教育和研究生教育"三足鼎立"的新格局。我国高等教育从 1978 年恢复研究生招生，1981 年实施《中华人民共和国学位条例》。目前，我国构成了完整的高等教育体系和学位与研究生教育体系。

一 高等幼儿师范教育的发展历程

高等师范教育是整个高等教育的重要组成部分，其基本任务是为中等教育培养合格的师资及相关的管理和科研人员。高等幼儿师范教育是高等师范教育的一部分，相对于中等幼儿师范教育主要包括专科、本科与研究生三个层次的教育。在较长时间里，高等师范学校与中等师范学校被统称为"师范教育"，随着中等师范教育的取消、升格和合并，目前师范教育已经成为高等师范学校的代名词。

新中国成立前，我国高等幼儿师范教育已初步发展但不太发达。光绪二十八年（1902）的京师大学堂师范馆是我国高等师范教育的开端。1912年，中华民国政府教育部公布《师范教育令》，规定设立高等师范学校和女子高等师范学校。1913年公布《高等师范学校规程》，规定高等师范学校分设预科、本科和研究科，还可以设专修科。预科修业年限为1年，本科3年，研究科1或2年，专修科2年或3年。1922年新学制规定，为了提高办学层次，高等师范学校改为师范大学或并入普通大学。

新中国成立后，高等师范学校全部独立设置。对于高等师范学校调整和设置的原则，在全国初等教育与师范教育会议上曾决定各省和大城市将有条件的学校改设1~2所幼儿师范专科学校。1952年教育部颁布了《关于高等师范学校的规定（草案）》，规定师范学院修业年限为4年，主要培养中等学校师资；师范专科修业年限为2年，主要培养初级中等学校师资。高等师范学校设置的教育系分设学前教育组，培养中等幼儿师范学校的专业课教师。根据这一精神，高师院校中的学前教育组、系、专业就成了培养中等幼儿师范教育师资的基地。此后，南京师范学院教育系、北京师范大学教育系、西南师范学院教育系、西北师范学院教育系、东北师范大学教育系共五所院校的学前教育专业承担了全国培养幼儿师范学校专业课教师和幼教干部的重任。这五所学校专业布局合理，人才齐备，它们采取本科、专科、进修等多种形式，为新中国培养了第一批幼教领导和业务骨干，为我国幼儿师范教育的稳步发展奠定了基础。但在教育发展的调整阶段，我国当时这仅有的五所师范院校中的学前教育专业于 1962 年后相继停止招生，处于下马之势，致使高层次幼教专门人才培养中断十多年，对幼教理论的提高与发展都是十分不利的。到了"文化大革命"时期，高等师范学校的学前教育专业也只有南京师范学院保留了全部人员，并于 70 年代初开始为工厂、农村培养幼儿师资。直到"文化大革命"结束，我国有 15 年时间没有培养学前教育专业的高层次人才，中国高等幼儿师范教育的发展停滞了。

1978 年 10 月，教育部下发的《关于加强和发展师范教育的意见》指出："原有学前教育专业的师范院校，应积极办好这个专业，扩大招生名额，为各地幼师培养师资。"在这一文件的指导下，20 世纪 50 年代原有的 5 所设有学前教育专业的高师才陆续恢复学前教育专业。1980 年，教育部又在《关于办好中等师范教育的意见》中指出："1985 年前，在原来的大行政区范围内，应有一所高等师范院校内开设学前教育专业。"随即，华东师范大学、华中师范大学、陕西师范大学及有些地方师范院校增设了学前教育专业。1987 年统计，共有 22 所师范院校设置了学前教育本科专业。20 世纪 90 年代后期，高等幼儿教师教育获得较快发展，一些综合性大学也设置学前教育专业，学前教育本科专业呈现多样化的培养目标和课程设置，或为中等幼儿师范学校培养师资，或为幼儿园培养骨干教师（史称"高师下移"）。特别是为顺应中师转型升格的需要，许多高师学前教育专业与中等幼儿师范学校合并（史称"高师下嫁"）。到 2004 年，我国开设学前教育本科专业的学校大致已有 30 余所，河南大学是其中之一。

1984 年和 1986 年，经国务院批准，北京师范大学和南京师范大学学前教育专业相继获得了幼儿教育学硕士授予权，培养高校学前教育专业教师及科学研究人员。进入 20 世纪 90 年代，高等幼儿师范教育继续朝着深化改革、提高质量和层次的方向不断发展。1994 年经国务院学位委员会批准，南京师范大学成为我国第一个幼儿教育学博士学位授予点，学科带头人屠美如教授成为我国第一位幼儿教育博士生导师。而且从 1998 年开始，南京师范大学有了第一位进博士后流动站研究学前教育的学者。而设置学前教育硕士点的学校已有 20 余所，河南大学教育学院也设置了学前教育硕士点。

由于高等院校学前教育专业的发展规模逐渐增大，幼儿园、高校学前教育专业教师的学历层次不断得到提高，高学历、高素质幼儿教师队伍不断壮大。1996 年，全国已有 5070 名高等师范毕业的幼儿园教师，占幼儿园教师总数的 5.3%。1998 年，师范院校本科毕业的幼儿园教师已达到 53669人，是 1996 年的十倍多，师范院校本科毕业的园长人数达到 13584 人。此后，学前教育本科毕业生、研究生人数有不断增长之势，为幼儿教育的发展提供了更多的高水平师资。

进入 21 世纪，随着教师专业化运动的普及，确立幼儿教师专业化地位的意识日益强烈，对幼儿教师专业发展的期望越来越高，特别是 2001 年 7月，《幼儿园教育指导纲要（试行）》的颁布，标志着我国幼儿教育发展进入了一个崭新的阶段，也为幼儿师范教育的新发展积极地酝酿着一场深刻的变革。可以预见，高师学前教育专业将随着国家对幼儿教师学历层次要求的提高而大有作为。

二 高等幼儿师范教育的目标转换与课程转型

长期以来，高师学前教育专业人才培养基本定位于服务 "中等学校教师"，即高师学前教育专业本科主要是培养 "幼儿教师的教师"、"幼教管理人员" 及 "科研人员"。新中国成立后，教育部于 1952 年和 1956 年两次对高师学前教育专业计划进行了规定。1952 年 11 月印发的高师《教育系学前教育组教学计划（草案）》规定，本专业旨在培养 "师范学校学龄前教育学及心理学教员"，且规定了必修课程科目。必修课程主要包括公共课与专业课。公共课程主要包括政治类课程、外语、体育、中国史与世界史、中国文学与世界文学、儿童文学等。专业课程主要包括人体解剖生理学、学前卫生学、普通心理学、幼儿心理学、教育心理学、普通教育学、学前教育学、教育史及学前教育史、学龄前教育之组织与领导、幼儿语文、幼儿园自然、幼儿园活动性游戏与体操、幼儿园美术、幼儿园音乐与唱歌、幼儿师范教育课目教学法、学龄前教育专题课堂讨论、学龄前卫生学专题课堂讨论、教育见习与实习，其中专业课程的比重较大，教育实习时间较长，实习地点多样。公共课程几乎全为文科课程，这是课程的不足之处。1956年，教育部又颁发了《教育系幼儿教育专业暂行教学计划》，对必修课与选修课做了较大的调整。各科教学法成为必修课并与学科教育课分别结合为一门课程，如美术与幼儿园美术教育教学法。心理学门类减少，但幼儿心理学成为必修课。至此，高师学前教育专业理论课程由四类课程组成：一是心理学类（普通心理学、幼儿心理学），二是教育学类（教育学与幼儿教育学），三是教育史类（教育史与幼儿教育史），四是幼儿卫生学。与幼师相比，高师多了教育史类课程。选修课增加了艺术技能技巧类课程。培养目标和教育实习与 1952 年计划相似。这两个计划规范了 20 世纪 50 年代我国高等幼儿师范教育的课程设置，促进了当时高等幼师的发展。

20 世纪 90 年代后期，随着中等幼师学校的萎缩，这些学校的教育学、心理学教师日益饱和，高师学前教育专业的培养目标已大大局限了毕业生的出路。再加上随着社会对幼儿园教师学历要求的提高，高师学前教育专业必须调整培养目标，不能再局限于为幼师培养教育学、心理学师资，而必须"下嫁"培养幼儿园教师。高等幼儿师范教育的培养目标开始转型"下嫁"。1997 年国家教委颁发了《关于组织实施高等师范教育面向 21 世纪教学内容和课程体系改革计划的通知》，高师院校学前教育专业的培养目标拓宽为幼儿园师资、幼儿师范学校师资、教育行政管理人才、研究生后备军及其他儿童教育工作者。这一改革极大地拓宽了毕业生的就业途径，有利于提高我国幼儿教育的整体水平。

由于培养目标的调整，高师学前教育专业的课程设置变化也较大，各校所开课程门类差异明显。南京师范大学于 1999 年开始执行的《学前专业教学计划》的课程包括大学通识课（哲学、计算机、外语等）、专业基础课（高数、普通心理学、教育史等）、专业课（儿童教育概论、学前教育卫生学、科研方法等）、专业入门课（艺术教育、数学教育、语言教育、科研训练等）、方向专修课（如幼儿园教师方向专修课有钢琴、儿童文学、美术等）。选修课的门类也更加多样化。这些都反映出高师学前教育专业课程设置的日益正规化和科学化，也体现了培养目标与课程之间的紧密联系。这对提高学前教育专业的人才质量和拓宽毕业生的出路产生了积极影响。

进入 21 世纪后，社会在快速变化发展，在未来会有很多人一生中至少要改变一到两次主要职业，他们需要不断调整自我，具备很强的适应性和扎实的基础、宽广的知识面、全面的素质、较强的运用知识的能力以及创新精神，这正是复合应用型人才的主要特征。培养这样的人才是今后普通高等院校的主要任务之一，国务院在《关于〈中国教育改革和发展纲要〉

的实施意见》中提出，高等教育"要努力培养复合型人才"。培养复合应用型幼儿园教师成为所有高师学前教育本科专业的核心目标。复合应用型教师的特点是高素质、懂理论、有技能、适应快。作为教师，必须具有全面的素质和较强的教育实践技能，复合强调的是素质的全面一专多能。应用型是与学术型、理论型人才相对应，指教师必须具备运用各种教育知识的能力及创新精神。

学前教育的特点决定了学前师资的培养要以复合型为导向，以应用型为根本。幼儿教师的学识素养必须是一个复合结构，同时，幼儿教师又必须具备很强的实践教学技能。这些学前教育的一线工作者应是研究型的教育工作者，他们既有扎实的理论功底和宽广的知识基础，又有出色的教学技能，能将教学实践和理论研究结合起来，通过个体的终身的研究性学习，聚沙成塔，给学前教育领域注入自下而上的自我更新的原动力。这种培养目标应该突出和强调以下几方面：一是专业理念，要有正确的儿童观和教育观；二是专业态度，要具有优良的道德素质，同时要培养热爱儿童、尊重儿童、热爱幼儿教育事业的职业道德素养；三是专业知识和技能，要具有扎实的教学与研究能力，具有适应学前教育改革和发展的专业素养，有健康的心理和良好的性格特征，如自信、宽容、积极主动、适应性强和自我调节能力强等。

课程体系是保证课程目标落到实处的关键。基于复合应用型幼儿园教师的培养目标，高师学前教育本科专业的课程设置也需要做出相应的调整。以往由于将培养目标定位在中师的师资，因此高师的课程体系偏于"知识型"或"理论型"，其课程体系的特点是文化素养的通识课比重大，学生的科学、人文素养相对厚实，教育理论扎实。随着学前教育培养目标的重新定位，课程体系的重构就十分必要了。重构的课程体系力求体现以下理念：夯实学科基础课程，注重学科通识教育；凸显专业的核心课程以学前教育专业的主干课程为框架，优化专业基础课结构；开设专业方向课程，注重实践教学，培养学生的实践能力；设选修课，满足学生个性发展需要。重构的学前教育专业课程体系可分为五个模块：公共课程、学科基础课程、专业核心课程、专业方向及特色课程、实践环节课程。

相对于传统的重理论轻实践、重观念轻技巧、重学历轻能力的课程模式，转型后的高师更加突出了实践教学。转型后加强实践教学成为高师学前教育专业至关重要的一个环节。加强实践教学，深化实践教学改革，对培养以创新精神和实践能力为重点的全面发展的高素质教师有重要作用，对实现高师教育要培养出"厚基础、宽口径、强能力、高素质"的精于从事基础教育的复合应用型师资的目标有重大意义。这种重视实践教学的课程改革具有如下特点。其一，突出理论课程中教育理论与教育实际的联系。无论是什么样的课程，都必须在联系教育实践的基础上"教"和"学"。其二，突出师范性。师范性是高师教育区别于其他形式的高等教育的特殊规定性。教师职业要求师范生自觉地为师从教，树立教师职业的自豪感，并以此规范自己的智能素质结构。因此，为适应21世纪知识经济时代对师资的要求和挑战，高师教育不仅要体现时代发展对高等教育的共同要求，更要把握和突出自身的师范性特征。这就要求高师学前教育专业应从建构21世纪幼儿教师合理的知识、能力和素质结构出发，科学设计课程结构，并精心组织实施，以便培养出更多高素质的幼儿教师，为提高幼儿教育质量服务。其三，突出实践教学的系统性，实施全程实践教学。全程实践教学应贯穿在4年本科学习生涯的始终，完善实践教学内容、途径，将实践教学的内容、途径从教育见习、教育实习扩展到包括课堂教学实践、课外活动教育实践、参与性教育实践、模拟性教育实践、观摩性教育实践、研究性教育实践、社会实践等。

实施全程实践教学应采取如下教学策略。其一，增加专业课程实践教学的课时，丰富实践教学课程的形式，增加实际能力的考核比例。所有的专业课程都安排有实践教学，包括课程见习活动和课程模拟教学活动。课程见习活动是指在"专业核心课程"中安排观察、调查、测查、咨询等活动，每门课程见习时间不少于9课时。课程的见习内容根据不同课程目标来确定。如学前卫生学课程，让学生到幼儿园见习晨检、早操等活动，了解幼儿食谱、营养计算、疾病预防、卫生保健等。课程模拟教学活动是指结合"专业方向课程"（如幼儿语言教育、幼儿科学教育、幼儿健康教育等课程），让学生设计教育活动方案，制作相关教具和学具，开展模拟教学，并对活动方案和实施过程进行反思。这种课程模拟教学活动改变了原来单一的观摩见习，增强了课程的实践性、体验性、研讨性，提高了学生设计和实施幼儿园教育活动的能力，逐渐掌握专业技能。这些科目的考核中增加了说课、设计教育活动、评价教育活动等内容，增加考核实践能力的比例，促进学生提高实践能力和创新能力。

其二，增加幼儿园实习的次数和时间，建立稳定优质的实习基地，增强指导教师力量。根据新的培养目标和实践教学的改革思路，专业实践课程应包括幼儿园的见习、实习，延长幼儿园见习和实习的时间。如学前教育专业的课程计划要根据学生学习的进程合理安排专业实践活动。只有通过高质量的实习才能确保学生的专业技能能够满足幼儿教师专业化的需要，提高学生就业的竞争力。

其三，增加研究性实践的时间。增加科研实践课程的比例，是提高未来幼儿教师科研能力的一个重要措施。科研实践主要包括调研和毕业论文等。调研穿插安排在不同年级进行，学生可以按照不同的调研课题分组开展深入的调研活动；毕业论文在四年级进行，学生可以在以往调研的基础上确立毕业论文题目，在教师的指导下完成毕业论文。实践证明，这些措施使学前教育的实践教学在时间安排上体现了连续性、渐进性、全程性，在内容上体现了全面性，在形式上体现了多样性，形成了一套合理而完善的实践教学体系。

其四，增加幼儿教师基本技能的训练。复合应用型人才要求保证学前教育专业学生基本技能训练的时间。主要可以采取以下几个措施：增加设施设备；新增专业琴房、美工室和舞蹈室；购买新的教学设备，如钢琴等；增加技能训练课时。

第五节　河南省幼儿师资概况

教师是幼儿教育的要素之一，是幼儿园课程实施的主要角色，是开发与利用课程资源的主体。建立一支适应河南幼教发展的教师队伍，是幼儿教育事业发展的重要基础之一。但是，发展的历史基础薄弱，发展的过程中又曾经遇到过一些波折，造成了河南省幼儿师资长期以来质量不高的状况。随着河南经济社会的不断发展和幼儿教育事业重要性的日益凸显，河南幼儿教育师资队伍的质量和数量正在得到极大的改善和提高。

一 河南省幼儿师资队伍的形成与变化

民国时期，幼儿园教职工多由小学教职工担任。幼儿教学班的教师也称教养员，其任职资格是受过师资训练，或接受过短期师范班、师范讲习所的专业教育。幼儿教师的工资待遇略低于小学教师工资的平均数。幼儿班的保姆也称保育员，其任职资格低于教师。在中国共产党领导下的河南各革命根据地儿童保育院的工作人员，是由部队、机关选派有一定文化的青年干部、革命军人或随军家属充任。

中华人民共和国成立初期，幼儿教师大部分是从小学教师和城乡知识青年中选任，多数未受过专业训练。农业集体化后，农村幼儿教育超常发展，但是农村幼儿教育很不巩固，成为"看娃娃班"或"农忙班"，其中教师绝大多数是识字不多的妇女，缺乏教养工作的能力。在三年经济困难时期，许多农村幼儿班不得不解散。

从 1953 年起至 1954 年，河南省对全省初级师范进行调整，并集中部分师范学校附设幼儿师范班，于 1954 年建立郑州幼儿师范学校。随后，各中师学校也都相继开办了幼师班。1958 年，全省县县开办初级师范、幼儿师范，原有基础较好的 11 所师范升格为师范专科学校。经过 1961~1963 年的调整，1964 年全省高等师范院校由 10 所合并为 2 所，到 1965 年，全省中等师范学校裁并到 22 所，1966 年，全省中等师范学校只剩下 11 所，而且从 1966 年到 1971 年，整整 6 年时间没有招收新生，中等师范教育到了难以为继的地步，致使整个初等教育师资队伍、幼儿教育师资队伍的质量严重下降，数量极端不足。仅有的数量不多的幼儿师范毕业生一般均分配在教育部门主办的幼儿园工作，尚不能满足其他类型幼儿园的需要。幼师毕业生在大城市的幼儿园中不过占 30%~40%，在中等城市的幼儿园中也不过占 10%，小城市和大型国企幼儿园只占 1%~2%，其他地方几乎没有幼师毕业的师资，此时幼教师资队伍的特点是，在职教师多系初中和小学文化程度，虽然也有部分高中生但没有受过专业训练，因此专业水平普遍较低。广大农村或街道幼儿园教师，因无合理的固定收入，流动性很大，师资队伍极不稳定。师资的不足部分，就由城乡待业女青年或是企业安排的家属工补充。

改革开放后，随着中师、中专和职业高中培养的幼师数量逐渐增多，城市幼儿园的师资得到了补充和改善。但是在农村地区，办有学前班的小学，一般是通过村干部将高、初中毕业在家未就业的毕业生挑选出来任教，没有正规的聘任程序。各村育红班的幼儿教师由各村大队具体负责挑人选。因为这些毕业生没有从事学前教育的经验，育红班的教师只有通过外出取经、乡里负责的职业培训后模仿别人的做法。但是参观的都是市里好的幼儿园，刚刚改革开放，农村的经济条件和思想意识还很落后，因此在教学活动、游戏活动等实践操作的过程中跟市里幼儿园的差距很大。简陋的条件中老师们带着纯朴的孩子们摸索前进，造成了在教学方面，农村的学前班、幼儿园存在"小学化"的倾向，这个特征一直持续 20 世纪 90 年代初。

二　河南省幼儿教育师资队伍存在的一些问题

进入 21 世纪后，随着河南幼儿教育事业的飞速发展，特别是民办幼儿教育的发展和乡镇中心幼儿园建设的大力推进，幼儿师资队伍建设也出现了新的问题。

其一，农村幼儿园的师资数量不足。根据《幼儿园教师配备标准（暂行）》（2013）的要求，我国全日制幼儿园教职工与幼儿比应达到 1∶5~1∶7，保教人员与幼儿比应达到 1∶7~1∶9，根据这一比例，我国全日制幼儿园实行"两教一保"或者是 3 名专任教师的教师配置制度，"即一个班各配置两名教师和一名保育员"。但广大农村地区的教师配置是不足的，一般是一个班配置一名幼师，少数幼儿园能做到一班一保，这种教师配备水平导致了低的师生比，一方面加重了教师的负担，"艰苦的工作环境、低的工资待遇以及低社会认可度"使农村教师的流动性大，农村幼儿园师资难以保证；另一方面是教师专业素质较低，专业的幼师不多，多是高中或初中回乡毕业生，她们没有或者很少接受过专业的职前培训和在岗培训，她们"受农村文化自然性、封闭性、边缘性和滞后性的内在影响，其言传身教的经验主义思想占主导地位，对保教改革中出现的新观念和新方法感到'水土不服'，保教观念滞后，保教方法陈旧"。

在河南镇平，农村小学附属幼儿园每个班级仅有一名教师，负责班级所有的工作。教师学历普遍不高，都是非正式的教师。幼儿教师的来源主要有两个方面：一是为了在家照顾小孩无法外出工作就近在幼儿园当代课教师，二是年龄稍微大一些的从小学转岗过来的教师。幼儿园教师大部分都是女教师，因为一些特殊的原因会突然辞职，幼儿教师流动性大。另外，幼儿教师的工资水平不高，愿意来幼儿园工作的教师比较少，导致幼儿园的师资更加紧缺。

其二，乡镇中心幼儿园的教师来源复杂，幼教理念和幼教方法不容易落实和实施。乡镇中心幼儿园的教师主要有转岗教师和自主招聘教师。转岗教师主要是从中小学转岗到幼儿园的教师，其原有中小学教师编制以及工资待遇不变，除此之外每月从幼儿园领取 100 元的补贴；自主招聘教师主要是初、高中毕业的留乡人员，工资由幼儿园自行负担。转岗教师的年龄较大（35 岁以上的居多），从事教育的年限也较长（少则 10 年，多则近 20 年），在漫长的教育职涯中，他们形成了自己的教学理念和教学方法，但许多不符合幼儿教育的理念；而自主招聘的教师相对于转岗教师而言，其年龄呈现年轻化状态，一般在 20~30 岁，教师年龄呈现明显的结构化。教师的文化程度以具有中等教育程度的教师为主，具有高等教育程度的极少，而所接受的中等教育类型也多样化，如中等普通教育（初中和高中）和中等专业教育（中专和中职）。

中等普通教育毕业的幼师，没有专业的幼儿教育背景，幼儿教育的专业知识和专业技能比较欠缺。农村幼儿园又无法给幼儿教师提供培训学习的机会，由于工作和家庭的原因，没有机会去跟同行业的幼儿教师进行交流学习，幼儿教师的专业素养无法得到提升。

自主招聘的教师，由于没有编制，更关注如何提高工资和保险问题，因此，很多农村幼儿教师不明白为什么要进行课程改革，她们认为，现阶段农村幼儿园设备不齐、玩具不足，家长素质又偏低，课程改革无法展开。观念的落后，学习计划又少，直接影响农村幼儿教师对一日活动的制定、组织与实施。

面对这种教师结构，许多幼儿园都采取以老带新，也就是一名有丰富教学经验的老教师来带新入职的老师，或者幼带小，也就是幼儿教师带小学转岗教师，帮助老师走过职业适应的过渡期。尽管通过帮带和小组学习的方式对教师的专业发展有很好的促进作用，但教师太少，知识水平也不高，搞不起研究，不能形成幼儿园学习共同体。

其三，园长、教师的任职资格、学历等不达标。多数乡镇中心幼儿园、农村小学附属幼儿园园长无专业任职资格。随着农村地区生源减少，中小学出现很多富余校舍，当地政府就将乡镇中心幼儿园或村小学附属幼儿园设立在空余出来的中小学校舍内，幼儿园园长大多就直接从中小学教师中选拔。这些教师在任园长之前根本没有幼教工作经历与经验，也几乎没有参加过园长任职资格培训。有任职年限长达十年的幼儿园园长也没有考取幼儿园园长资格证书，在任职之前也未参加相应的资质培训，任职后也较少参加，这就给园长专业发展带来许多困境。甚至有些教师主要工作是在小学任教，园长对于她们只是一个兼职角色。2011 年全国幼儿教师资格证考试改革以后，幼儿教师学历水平要求从中专提升为大专，其中学历达标（合格）教师比例，城区为 30.69%，乡镇为 20.38%；公办园为 46.15%，民办园为 17.01%。河南的学历达标情况当年要低于这个水平。

2016 年的一项统计表明，在城市民办幼儿园中，城市幼儿教师人数 2699 名，占教师总人数的 64.7%。其中中专学历教师占 48.4%，大专学历教师占 37.8%，本科学历教师占 11.9%，本科以上学历教师占 1.9%。在农村民办幼儿园中，教师人数 1471 名，占教师总人数的 32.3%，其中中专学历教师占 58%，大专学历教师占 32.6%，本科学历教师占 8.2%，本科以上学历教师占 1.2%。从以上数据可知，尽管中专学历教师是民办幼儿教师队伍的主体，但是农村民办幼儿园中专学历教师所占的比重大于城市民办幼儿园。

在职称方面，80.2% 的城市民办幼儿园教师和 88.1% 的农村民办幼儿园教师都没有职称，没有职称的在农村所占的比例更大；具有初级职称的，城市民办幼儿园教师占比为 11.1%，农村民办幼儿园教师占比为 8.5%；具有中级职称的，城市民办幼儿园教师占比为 6.8%，农村民办幼儿园教师占比为 2%；具有高级职称的，城市民办幼儿园教师占比为 1.9%，农村民办幼儿园教师占比为 1.4%。河南省民办幼儿园教师的这种职称状况说明，在民办幼儿园中严重缺乏初、中、高级的教师，农村这一状况更为严重。这也反映了河南省民办幼儿园教师的专业地位较低，教师职称评定难以落实。

城市中 24.5% 的民办幼儿园其教师资格证持有率在 50% 以下，55.1% 的民办幼儿园其教师资格证持有率在 80% 以上。而在农村中有 41% 的民办幼儿园其教师资格证持有率在 50% 以下，只有 26.2% 的民办幼儿园其教师资格证持有率在 80% 以上。

其四，农村幼儿园教师普遍工作量大。河南省农村中心幼儿园目前是两个老师包一个班，部分中心幼儿园配有保育员和医护人员。私立园一般是两个老师包一个班，部分私立园还存在一个老师包一个班的现象，但是村庄幼儿园大部分仍是一个老师包一个班，负责幼儿一日活动的指导与组织及教室的清洁卫生工作。这样，教师备课需要占用休息时间，学习、教研得用双休日时间。幼儿教师每天的工作量基本上都超过正常的上班时间 8 个小时，因此，许少教师反映工作量大，每天累得都不想说话，根本无法抽身思考问题，反思教学。

其五，教师专业和性别比构成不合理。教师基本信息显示，河南省公办幼儿园教师中，男性占 2.5%，仅为发达国家的 1/10。河南省幼师学校的男生毕业后，有考上公务员的，有到私立幼教机构工作的，大部分并没有到幼儿园工作。男幼师在科技、体育方面都很有特长，在教学中会更多地放手让孩子去做，这对培养孩子的独立思维很有好处。但由于男幼师没有得到真正的社会认同，自身缺乏长远职业规划，看不到职业前景，导致男女幼师比例失衡。幼儿时期正是孩子思维发展和性格形成的关键时期，男幼师的奇缺对科学教育的开展不利，对幼儿的身心发展也有负面影响。

在担任某些特定课程的教师专业结构上，存在较为明显的缺陷。以幼儿英语和幼儿体操的教师为例，许多担任幼儿英语课程的老师，尽管是英语专业毕业，但是没有接受过幼儿教育的专业训练，导致幼儿英语的课程效果较差。与英语老师相反的是，河南省多数担任体育课的教师本身不是体育专业，而多是从幼儿师范类院校毕业，较为缺乏系统的体育知识，并且可以担任体操教学的教师存在数量不足、体操专业化能力不高的问题。教师的体操教学能力不足，主要表现是多数教师在实际教学中不熟悉体操的教材教法，不知道该从哪里入手，不能准确把握教学内容的重点、难点，保护与帮助的方法、时机的把握等都不到位，不能对所教的动作进行教材化改造，或是不能依据身体素质条件或场地、环境等不同而对教学内容进行适当调整或变化，教师自身的体操知识结构不足以胜任体操教学。而且由于多数学校没有规定教学内容，出现幼儿教师将个人特征带入体操课的教学中去，教师擅长什么就教什么，大部分的教师根据个人经验进行授课。教学内容的陈旧，再加上没有经过系统的学习，教师本身动作也比较粗糙，甚至有的教师几年都不变换授课内容，跟不上时代发展的步伐。

面对这些问题，各地应根据国家要求，结合本地实际，合理确定生师比，核定幼儿园教职工编制，逐步配齐幼儿园教职工。要按照 2010 年国家颁布的幼儿教师专业标准，健全幼儿教师资格准入制度，严把入口关。要公开招聘具备条件的毕业生充实幼儿教师队伍。加强对中小学富余教师的培训和再教育，使其符合条件后再转入学前教育。幼儿园要加强对幼儿教师进行职业生涯规划的教育，让幼儿教师尤其是年轻的幼儿教师看到自己的成长空间和发展路径。

第六节　幼儿教育保教人员的在职培训

教师是教育的关键，决定着教育的品质，决定着孩子的命运。教师素质是影响教育品质最重要的因素。没有教师队伍素质的全面提高，就没有教育的全面提高。因此，除了职前的师范教育外，从国家到地方都非常重视对幼儿保教人员的在职培训工作。近年来，在"国培计划"的引领和推动下，幼儿教育保教人员的在职培训自觉地走上了专家引领、行动反思、共同体互助的道路，使幼儿教师真正地享受到教育的幸福。

一　幼师在职培训日益受到重视

1950 年 10 月 4 日，为提高工农出身的在职妇女干部的文化、理论水平和培养新的妇女工作干部，全国妇联创办了一所妇女干部学校，设有文化、政策、保育、商科四班，其中除商科为投考的初中程度的学生外，其余均为各地妇联县级以上的干部。她们大部分是工农出身。该校于 10 月 4 日举行开学典礼。

1954 年 6 月，中央人民政府教育部就举办小学教师轮训班发布指示，并规定了一年制和两年制两种小学教师轮训班教学计划（草案）。指示认为要办好小学教育，必须提高现有教师的质量，特别是提高不到初级师范毕业水平的教师质量。在提高教师质量的办法中，举办小学教师轮训班是主要方式之一。指示中明确规定，小学教师轮训班的主要任务是将实际文化程度在高小毕业以上，但又不足初级师范毕业程度的小学教师（包括幼儿教养员），给以一定期限的训练，使其在主要学科方面能够达到初级师范毕业水平。轮训小学教师（包括幼儿教养员）是一项相当长期的任务，应有计划地逐步推行。

1954 年 6 月，中央教育部发出《关于师范学校今后设置发展与调整工作的指示》，指出初等教育是整个教育建设的基础，师范学校是办好初等教育的关键。根据国家过渡时期总任务的要求，今后如何做到有计划地培养合格的并有足够数量的小学教师、成人初等学校高级班师资和幼儿园的教养员，且能在若干年内，使文化程度低的在职小学教师得到应有的提高，是师范学校的重要任务。该指示要求今后应根据小学教育的发展计划与可能条件，有计划地发展师范学校，根据各地具体情况，将现有初级师范学校逐渐转变为师范学校或改办为轮训小学教师的场所，以逐步达到提高小学教育质量的目的。该指示指出，为逐步提高现任小学教师及幼儿园教养员，可举办教师轮训班。

1979 年 10 月，中共中央、国务院转发《全国托幼工作会议纪要》，提出"必须高度重视建设一支又红又专的保教队伍"的要求，并进一步说明"要采用多种形式加强对各类园所在职保教人员的培训，使教养员、保育员逐步达到相当幼儿师范和中等卫校毕业的水平"。这是"文化大革命"后幼儿教育事业恢复阶段，国家对幼儿园教师队伍建设与发展的最初政策规范。教育部于 1979 年发布了《城市幼儿园工作条例（试行草案）》，其中明确提出要通过职前或职后培训促使园长、保教人员专业标准达到所规定水平。

1983 年 1 月，教育部下发《关于加强小学在职教师进修工作的意见》提出，"必须建立一支又红又专的合格的保教队伍，各地要制定培训幼教师资的规划"，"当前，培训的重点是没有经过专业训练的园主任和年轻的教师，培训的方式以短期为主，有条件的也可以举办一年以上的培训班"，"对各地妇联和厂矿企事业举办的幼儿园师资培训班，教育部门在业务上应给予支持"。规定县级教师进修学校具有中等师范学校性质，担负着开展教学研究和对在职小学和幼儿园教师进行终身教育的责任，是我国师范教育体系中的重要组成部分。

1986 年 10 月 14 日，国家教委颁布的《关于幼儿园教师考核的补充意见》指出，不具备国家规定合格学历的幼儿园教师，参加教材教法考试合格证书和专业合格证书的考试，原则上按照《中小学教师考核合格证书试行办法》的规定执行。要求"各省、自治区、直辖市教育行政部门在重视幼儿园教师考核合格证书的同时，应切实抓紧、抓好在职幼儿教师的进修培训工作，尽快落实培训基地、经费、教材和师资。并应妥善安排好教师的进修与工作"。这些规定为幼儿园教师评定职称打下了基础，极大地调动了幼儿园教师专业发展的积极性。这项措施对尽快提高幼教师资的专业知识水平是一个有力的促进，为优化幼教师资队伍提供了一个可供操作的标准。1993 年 10 月 31 日，第八届全国人民代表大会常务委员会第九次会议通过的《中华人民共和国教师法》规定"取得幼儿园教师资格应该具备幼儿师范学校毕业及其以上学历"。

1988 年 8 月 15 日，国务院办公厅转发的国家教委、国家计委、财政部、人事部、劳动部、建设部、卫生部、物价局《关于加强幼儿教育工作的意见》指出，"必须积极发展幼儿师范教育，同时抓紧在职教师的培训工作"，要求"各级教育行政部门要会同有关部门研究制订幼儿师范教育发展规划……合理设置幼儿师范学校、中等师范学校幼师班、职业高中幼教专业和幼儿师资培训中心等"。

针对幼儿园园长队伍整体素质还不能适应新时期幼儿教育事业的发展和改革需要的情况，1996 年 1 月 25 日，国家教委发布《关于开展幼儿园园长岗位培训工作的意见》，明确了培训工作的基本要求、内容与形式、主要措施，为幼儿园园长培训工作的规范化提供了政策支持。次日，根据我国幼儿园教育对幼儿园园长素质提出的要求、兼顾园长队伍现状制定了《全国幼儿园园长任职资格、职责和岗位要求（试行）》，要求"采取多种形式开展培训工作，争取用五年左右的时间将全国幼儿园园长轮训一遍"。该要求对园长的任职资格、主要职责和岗位要求做了规定，是选拔、任用、考核和培训幼儿园园长的基本依据。园长岗位培训形成了以在职或短期离岗的非学历培训为主的培训体系，包括入职培训（职前培训）和在职培训，入职培训是园长岗位任职资格培训，以掌握履行岗位职责必备的知识和技能为主要内容，在职培训主要分为提高培训和骨干校长高级研修两种形式。

　　1997 年，国家教委发布了《全国幼儿教育事业"九五"发展目标实施意见》。其中规定，到 2000 年，全部在职园长（副园长）都应该接受一次岗位培训，都必须达到国家规定的任职要求，做到持证上岗。同时要求，对尚不具备幼儿园教师资格的教师，应采取措施，限期取得教师资格；对已经具备教师资格的，应不断提高他们的专业水平，并有计划地、逐步地使大专及大专以上学历的教师占有一定的比例。该意见进一步明确了世纪之交幼教事业在职培训的目标和任务。

　　1999 年，教育部开始实施"中小学教师继续教育工程"，颁布了《中小学教师继续教育工程方案》，明确提出要对新教师进行入职培训。同年 9 月，教育部颁布实施了《中小学教师继续教育规定》。该规定提出："中小学教师继续教育分为非学历教育和学历教育，非学历教育包括初任教师培训，初任教师培训是为初任教师在试用期内适应教育教学工作需要而设置的培训，培训时间应不少于 120 学时。" 2003 年 3 月，国务院转发教育部等十部门联合签署的《关于幼儿教育改革与发展的指导意见》，该意见提出要制订幼儿教育师资培养、培训规划，加强幼儿教师培养、培训机构的建设。要按照教育部《中小学教师继续教育规定》的要求，将幼儿教师的培训纳入当地中小学教师继续教育规划。

　　2010 年，《关于当前发展学前教育的若干意见》（"国十条"）把"多种途径加强幼儿师资队伍建设"作为提高幼儿园保教质量的重要举措，提出要完善师资培养培训体系，一方面要办好师范院校学前教育专业，另一方面要完善继续教育体系。为满足幼儿园园长和教师多样化的学习需求，国家实施幼儿园园长和骨干教师国家级培训计划，各地五年内进行一轮全员专业培训。为了切实落实"国十条"提出的"多种途径加强幼儿师资队伍建设"的要求，2011 年，教育部、财政部开始启动"幼儿园教师国家级培训计划"（简称"幼师国培计划"），以示范引领和促进改革为宗旨，通过置换脱产研修、短期集中培训、转岗教师培训等不同类型的项目，推动各地大规模开展幼儿园教师培训。

　　2015 年 1 月 10 日，教育部颁布《幼儿园园长专业标准》，为园长专业发展和课程培训标准的设立提供了重要依据。该标准的"实施意见"部分提出："幼儿园园长培训机构要将本标准作为园长培训的主要依据。重视园长的职业特点，加强相关学科和专业建设。根据园长专业发展阶段的不同需求，完善培训方案，科学设置培训课程，改革培训模式和方法。"

二　河南省幼儿保教人员的在职培训活动

1949 年 10 月，濮阳县文教科、镇教育股在花园屯村联合召开小学教师会议，到会 900 人，历时 7 天。会议动员工农子女入学，克服战时游击习气，使教育走向正规化，学习复式教学法。

1951 年，河南省根据第一次全国初等教育与师范教育会议精神，要求中等师范学校要根据新民主主义教育方针，以理论联系实际的方法，培养具有马列主义和毛泽东思想初步基础的，具有中等文化水平教育专业知识、技能的，全心全意为人民教育事业服务的初等教育和幼儿教育的师资。不久，省教育厅又提出，在师资培训上，坚持在职轮训、短师班和师范学校三种形式。1951 年，全省举办在职轮训班，轮训中等师范学校在职教师（包括行政干部）550 名，高完小在职教师（包括行政领导干部）及区文教助理员 200 名。1951 年，各专（市）县继续分别举办高级、初级短师班，各专（市）县还设立了高级、初级师范学校。为有计划有步骤地培养轮训、提高中等学校师资，1951 年，省文教厅还举办了中等教育师资专修班。

1955 年 9 月 28 日，新乡县妇联召开农忙托儿所所长代表会，讨论和交流办好托儿所的经验。1957 年鹤壁建市以后，市妇联在城市街道组织职工家属成立临时娃娃组，于农忙季节深入农村山区开展工作。是年，在西顶乡建立托幼班试点，召开现场会加以推广，以促进农村幼儿园的发展。

1979 年，河南省实验幼儿园从知青中招收了一批具有高中以上文化程度的保育员和炊事员，这些人后来经过培训都成了幼儿园的骨干力量。

1987 年 7 月，省教委在洛阳市举办幼儿教育师资培训班，邀请有关专家讲学。全省 700 多名幼儿教师接受培训，促进了幼教师资水平的提高。省教委还会同省妇联在焦作市隆重表彰了 101 所先进家长学校、20 所先进幼儿园、100 名优秀保教工作者。这次表彰会对于调动全社会关心和支持幼儿教育事业，具有重要意义。

1989 年 1 月，省教委、省计经委、省财政厅等部门《关于改革和加强幼儿教育工作的意见》提出，搞好现有教师的在职培训是加强幼教师资队伍建设的重要内容。幼儿师范学校、普通师范学校以及教师进修学校都应创造条件，担负起培训幼儿师资的任务。同时，要充分利用函授、夜校、广播、电视、自学考试、短期培训等多种形式组织幼儿教师在职进修。由原小学教师（公办和民办）调整担任学前教育工作的幼教老师，应接受专业知识培训，其原享受的待遇不变。

根据学前班教育的需要，省教委组织编写了一套"河南省学前班用书"。其中"学前班教师用书"上、下两册，"学前班幼儿用书"四科（语言、常识、数学、美工）八册（每科上、下两册）。这套用书从 1993 年秋季开始使用。为指导学前班教师用好这套书，省教委和市、地教育行政部门分层次举办了多期"学前班用书培训班"。

1996 年，国家教委提出全国幼儿园园长任职资格、职责和岗位要求后，各地均采取多种形式开展培训工作。扶沟县各单位先后采取请进来、送出去、自己培训的方法，使幼儿教师的培训率达 100%，提高率达 95%，先后送省、地培训班学习的达 187 人次。县、乡两级共办培训班 240 期，受训人员达 6061 人次。一般幼儿教师都能唱 40 多首儿歌，会跳多种舞蹈，会做多套儿童操，同时还掌握了绘画、剪纸、折纸等方面的技能。

1997 年，河南省起草了全省幼儿园园长的培训规划，初步选定河南大学教育系为园长培训基地，并选派 4 人参加了国家教委在江苏丹阳市举办的幼儿园园长培训教材培训班。组织郑州等部分市地教师参加了由全国学前教育研究会举办的全国幼儿家庭教育研究骨干培训班及全国幼儿园双语教育研讨会。

1998 年初，河南省教育厅制订培训规划，确定河南大学和河南教育学院为全省幼儿园园长培训基地。组织编写了培训教材，落实了培训经费，并按计划开展了培训活动。全年共举办园长培训班 7 期，400 余名园长接受了系统的岗位培训。7 月中旬，省幼教办、省幼教研究会联合举办了全省幼儿园保健人员培训班，对 300 多名保健人员进行了培训。12 月下旬，省幼教办、省幼教研究会在郑州举办全省青年幼儿教师基本功大奖赛，全省共有 65 名选手参加比赛，最后评出农村组全能一等奖 2 名，二等奖 5 名，三等奖 4 名，单项特等奖 5 名；城市全能一等奖 4 名，二等奖 8 名，三等奖 8

名，单项特等奖 4 名；团体一等奖 1 名，二等奖 8 名，三等奖 3 名。

从 2002 年开始，以郑州幼儿师范学校为基地成立了河南省幼儿教师培训中心，开展省、市幼儿园骨干教师及农村骨干教师培训。当年 8 月 12~15 日，省教育厅举办全省《幼儿园教育指导纲要（试行）》培训班，聘请北京大学陈向明教授等专家授课。各市、县（市、区）负责幼儿教育工作的行政干部、教研人员、省示范幼儿园园长、幼师学校的教师等 400 余人参加了培训。省里培训后，各市也相继进行了二级培训。

2003 年 3 月 25 日，省教育厅印发《河南省实施〈教师资格条例〉细则（试行）》（豫教人字〔2003〕27 号）。该细则明确了实施教师资格制度的指导思想、原则，公布了教师资格认定的权限、条件、程序等有关方面的内容，促使全省教师资格认定工作的制度化和规范化。2003 年 6 月 30 日，省教育厅印发首次面向社会开展教师资格认定的公告，明确了申请教师资格的人员范围，本年度内申请认定的程序和时间安排。7 月 4 日，省教育厅在郑州召开面向社会人员开展教师资格认定工作启动大会，对在职人员认定教师资格工作进行了简要总结，安排部署了全年的教师资格认定工作，并组织新闻单位进行了广泛宣传，使广大申请人员明确了范围、条件、程序和时间要求等方面的政策，为认定工作奠定了良好的基础。时任省教育厅副厅长马振海主持会议，时任教育厅厅长蒋笃运到会讲话。此后，全省广泛开展教师职业素质和技能培训活动。

2003 年 9 月 21~22 日，省教育厅在开封举办第二期《幼儿园教育指导纲要（试行）》培训班。各省辖市实验幼儿园、县（市、区）直幼儿园园长、部分骨干教师 300 多人参加了培训。东北师范大学学前教育系主任姚伟等专家讲了课。

2004 年 3 月 20 日，南阳市 13 个县市区和局直幼儿园的 30 余名骨干教师，在市第一实验幼儿园参加了全市幼儿教育示范课观摩活动。本次观摩活动针对以往幼儿教师优质课大赛中存在的教育目标确定不够准确、《幼儿园教育指导纲要（试行）》精神落实不到位等问题，增加了每个活动开始前的有关活动内容介绍、活动后逐一点评和示范者与观摩者互相切磋、共同探讨三个环节，一改过去讲者只管讲、听者只管听的局面，使大家通过听、看、想、议，达到了共同研究、互相学习、整体提高的目的，充分发挥了示范园的示范引路作用。

河南省特别重视对幼儿园骨干教师的培养和培训，不断提高幼儿教学质量。2007年，河南省教育厅下发了《关于组织农村小学和幼儿园骨干教师免试进修专科学历的通知》，重点培养了一批幼儿骨干教师。2008年，针对城乡幼儿园发展的现状，实施了城乡幼儿骨干教师专项培训计划，计划用5年时间培育省、市、县各级骨干教师1万名，重点是县以下幼儿骨干教师。目的在于建设一支热爱幼教事业、数量适当、品德高尚、素质优良，能起到示范、引领作用的幼儿园骨干教师队伍，从而使河南省整个幼儿教师队伍的师德修养和专业素质有显著提高。

2008年，濮阳市启动实施幼儿园骨干教师培训计划，计划从2008年到2012年，在全市幼儿教师中选拔培养一批骨干教师。本年，评选出34名省级、109名市级骨干教师。漯河市充分发挥公办幼儿园特别是各级各类示范幼儿园的示范带动作用，通过实行强园带动战略，广泛开展"手拉手"、"一帮一"和"师带徒"等活动，有效提高了乡（镇）中心幼儿园办园水平和质量，并辐射和带动了村办幼儿园的发展。

2011年，河南省教育厅、河南省财政厅发出《关于下达"国培计划（2011）"——河南省农村幼儿教师培训项目的通知》指出，通过采取公开招标、邀标方式，并报请教育部、财政部同意，决定委托浙江师范大学、河南大学等14所院校、全国中小学教师继续教育网等2所培训平台承担培训任务。希望通过研修，全面提高河南农村幼儿教师教育教学水平和专业能力，着力培养一批在深入推进幼儿教育教学改革，实施素质教育中发挥示范带头作用的领军人才。同时，进一步推进师范院深化课程体系和人才培养模式的改革，为促进学前教育改革发展提供师资保障。培训具有较强的针对性。

2012年，河南省新乡市"新纲要理念下幼儿教师专业化成长交流会"在长垣县河南宏力学校幼儿园举行。时任新乡市教育局教研室副主任张卫东，时任长垣县教体局副局长王华、长垣县教体局教研室主任于双强及新乡市各县区幼儿园园长参加了会议。河南宏力学校幼儿园园长杨雪华结合本园教师专业成长，从"坚持正确的教育思想，在正确的道路上踏出一片光明"和"让教师在希望中成长、在信任中工作、在关爱中生活"两个方面，阐释了坚持科学办学思想的重要性和促进教师专业成长的具体做法。张卫东分析了该市幼儿园的发展现状，希望与会人员从"宏力经验"中认真反思，受到启发，拓展思路，重新梳理办园理念和教学思路，办出成绩，办出特色。最后，时任新乡市幼教教研员蒋琦主持召开了该市教研员2012年下半年教研计划研讨会，布置了下半年教研工作任务。会议分享交流了幼儿教师成长的方法、成果和策略，对促进新乡市幼儿教师专业化成长，推动该市学前教育工作全面、均衡、健康发展具有重要意义。

2014年，省教育厅在潢川县、光山县、新蔡县开展学前教育巡回支教试点工作，共设立210个支教点，招募460名志愿者。学前教育巡回支教工作的开展，创新了学前教育师资建设模式，对于缓解农村学前教育师资发展瓶颈，提高农村学前教育普及程度，具有积极的探索意义。同时，逐步建立起省级统筹、教育和财政部门协作、分县试点实施的工作机制，培育一支巡回支教志愿者队伍，推动形成覆盖农村偏远地区的学前教育服务网络。

2014年，长垣县组织全县260余名幼儿园园长、优秀教师参加《3~6岁儿童学习与发展指南》培训学习，结合"全国学前教育宣传活动月"活动，进一步纠正学前教育"小学化"倾向。

2014年，沁阳市教育局积极组织"送教下乡"活动，即组织优秀的幼儿教师或幼儿教育专家到农村幼儿园开展家园合作讲学或提供具体实践活动指导，帮助农村幼儿园提高活动的组织能力和提升相关经验；尝试"本硕回乡"活动，即主动邀请愿意参加家园共育项目的高校学前教育专业本科生或研究生返回家乡，作为农村地区开展家园合作项目的志愿者，帮助他们开展家长咨询服务或一些小范围的家长培训工作、各类互动活动的指导；拓展"教师观摩"活动，即积极组织农村幼儿教师到市示范园、省示范园进行家园合作活动的观摩和学习，还可以组织他们在网上灵活学习，避免时间带来的问题。

为全面贯彻《中共中央、国务院关于全面深化新时代教师队伍建设改革的意见》精神，更直接、有效地学习名师的优秀成果，加强河南省内各地区幼儿园之间有效教学研讨与交流，河南省幼儿教师培训中心、河南省学前教育集团、郑州幼专光线教育集团于2019年3月23~24日举办了"河南省幼儿园优质教学活动观摩研讨会"。

通过幼儿保教人员的在职培训，既保障了幼儿教师权益，打造了高素质的幼儿教师队伍，又提高了幼儿教育质量和水平。通过在职培训，规范了幼儿教师队伍管理，严格执行资格准入制度，对不具备条件的园长和教师不允许上岗，提高了幼儿园园长和教师的资质水平。通过健全幼儿教育教师职前培养和职后培训体系，有计划、有层次地实施幼儿教师培养和培训，提高幼儿园教师队伍专业素质。

第七节　幼儿师范人才培养理念的转型

中华人民共和国成立后，在幼教理论战线上，首先引进了苏联的幼教理论，接着批判、弃置了美欧的幼教理念，大体依照"先立后破"的原则办事。自 1960 年正式开展对"修正主义"的批判后，苏联的幼教理论也随即弃之如敝屣。在此后近 20 年的时间里，中国在"自力更生"方针的指引下，力图建立一套独具特色的幼教理论体系。然而在极左思潮的影响下，这种追求使幼教理论异化为政治的附庸或政策的解释。在改革开放以来的20 余年中，幼教事业方重获理论生命，才开始"面向世界"来重新构建。

改革初期的幼师培养观念甚至回到了最为传统的幼师人才培养理念上，1979 年《城市幼儿园工作条例（试行草案）》中对幼儿教育的主要目标表述为"供给幼儿必需的营养，培养他们良好的生活习惯和卫生习惯，发展他们体育运动方面的基本动作，锻炼身体，以增强他们的抵抗力，保证身心健康。教给幼儿初浅的自然常识和社会常识，发展幼儿的智力（注意力、观察力、记忆力、想象力、思维能力特别是口头语言的表达能力），培养他们对学习的兴趣和良好的学习习惯"，即是将幼儿教师视作知识的拥有者和传递者，以及幼儿行为品德养成的塑造者。

1981 年颁发的《幼儿园教育纲要（试行草案）》规定，幼儿园的教育任务应是向幼儿进行体、智、德、美全面发展的教育，使其身心健康活泼地成长，为入小学打好基础，为造就一代新人打好基础。对幼儿教师提出了明确要求：要为幼儿体、智、德、美全面发展打下基础，即根据幼儿的年龄特点向幼儿进行全面发展的教育；要面向所有的幼儿；要认真学习和掌握幼儿的年龄特点，克服在幼儿教育中的小学化、成人化的倾向；要采取符合幼儿年龄特点的各种教育手段。注意争取与社会和家长的配合。要特别重视培养幼儿的学习兴趣，发展幼儿的智力；作为一名幼儿教师在幼儿教育工作中要不断修炼自己，不断提高自己各方面的素质，以适应幼教工作的需要。这里依然是把幼师教师当作知识的传授者，只是开始注意到了幼儿和小学生的不同，具有独特的年龄特点。

20 世纪 80 年代后，幼儿教师的角色开始转向儿童学习与发展的支持者和促进者。1989 年的《幼儿园工作规程（试行）》中指出幼儿园教育工作的原则是"遵循幼儿身心发展的规律，符合幼儿的年龄特点，注重个体差异，因人施教，引导幼儿个性健康发展"，"创设与教育相适应的良好环境，为幼儿提供活动和表现能力的机会与条件"。这时的教师角色观认为幼师不仅是知识的传递者，更是儿童学习与发展特别是人格、社会性、情感发展的支持者和促进者。儿童在学校不仅是学知识，还要学做人、学习过幸福的生活。此时，教师的作用在于构建儿童有意义的生活，使他们发生"心灵的转向""心灵的震颤""心弦的波动"。

1990 年 9 月 30 日，联合国世界儿童问题首脑会议在纽约召开，这是有史以来规模最大的一次国家和政府首脑的盛会。会议通过了《儿童生存、保护和发展世界宣言》和《执行九十年代儿童生存、保护和发展世界宣言行动计划》，提出了一切为儿童的新道德观，要求遵循"儿童至上"的原则，保证社会资源首先用于儿童，使儿童成为人类所有成就的第一个受益者以及人类所有失败的最后遭殃者；确认在儿童问题上的进步是一个国家发展的重要标志。1991 年，时任国务院总理李鹏代表中国政府签署了上述两个文件，全国人大常委会通过了《中华人民共和国未成年人保护法》。"儿童至上""幼儿优先"的观念开始在社会上渐渐有了影响。

2001 年 9 月，教育部颁布《幼儿园教育指导纲要（试行）》（以下简称《纲要》），明确了幼儿园的教育质量标准，对教师的素质提出了更高的要求。要求幼儿教师不断提高专业素养，具体包括对儿童的成长负责的态度，全面、正确了解儿童发展的能力，有效地选择、组织教育内容的能力，创设支持性环境的能力，管理与组织能力，终身学习的能力。这标志着我国幼师培养理念迈入了一个新阶段，要求幼师实现角色转换，由知识传授者向幼儿成长的"支持者、合作者、引导者"转换，要有与幼儿互动、交往的意愿与能力，必须"创造性地开展工作"。这就要求幼师具有相应的角色承担能力，需要相应的专业素养，为此，幼师还必须成为学习者、研究者，在研究中学习，在学习中成长。《纲要》对幼儿教师提出了前所未有的高要求，这种要求进而转化为对幼儿师范教育的迫切期待，无疑会促使幼儿师范教育实施新的改革。因为只有高质量的幼儿师范教育才能培养出高质量的幼儿教师。《纲要》明确指出，设有学前教育专业的高等师范院校和幼儿师范学校要认真、深入地学习《纲要》的精神，改革现行学前教育课程和师资培养方式，并主动配合教育行政部门做好贯彻实施《纲要》的宣传和培训工作。

世纪之交，互联网的快速发展，便携式、交互式电子产品的普及，也使幼师不再是儿童获取知识的唯一源泉，"知识拥有者""知识传递者"这样的角色已然失去意义，取而代之的是能够引导儿童认识世界、为儿童获得信息提供支持的引导型教师和方法型教师，以及富有创造性且能够提供有利于激发儿童创造力的环境的创造型教师。

信息时代背景下催生了以互联网为载体的网络研修、网络教学平台、学习共同体等促进教师专业成长的教育模式。2003 年，教育部发布了《关于实施全国教师教育网络联盟计划的指导意见》，提出结合社会信息化、网络化发展的趋势，整合网络教育资源，构筑开放式的教师教育网络联盟及其公共服务平台。

2012 年，教育部颁发的《幼儿园教师专业标准（试行）》中倡导"幼儿为本"的思想。该标准指出："尊重幼儿权益，以幼儿为主体，充分调动和发挥幼儿的主动性；遵循幼儿身心发展特点和保教活动规律，提供合适的教育，保障幼儿快乐健康成长。"从政策文本角度确认了幼儿在幼儿园教育中的主体地位。至此，我国幼儿园教师的教学观已从传统的"以教为中心"转向"以学为中心"。教师素养观从"专业技能"到"文化养成"的转变也是教师专业发展范式的转变，文化养成式的幼儿教师专业发展，相较于其他专业发展形式有着可持续性的特点。

《幼儿园教师专业标准（试行）》要求幼儿教师具有开展五大领域教育活动的能力。科学领域具有很强的专业性，只有经过深入的专业学习才能胜任此项工作。因此，幼师应该进行课程改革，针对五大领域开始相应的领域课程，例如针对幼儿园科学领域开设"科学领域活动与指导"专业课程。《教师教育课程标准》要求师范教育要具有实践性，幼师学校要面向幼儿园，培养出与幼儿园无缝对接、即出即用的学生，就要加强教育实践环节。现在幼师学校的教育实习课时安排过少，更没有针对各个领域的专业实习。幼师学校可以在校内开展科学领域微格教学训练和说课训练。其中，微格教学是一种缩小了的教学环境，将日常课堂教学进行分解和简化，只训练学生的一种技能或只进行教学中的一个片段。说课是面对同行或教研人员，讲述自己的教学设计，达到互相交流、共同提高的目的的一种教学实践活动。通过微格教学和说课，将科学领域的教学实践和教学理论有机结合，是培养实践性幼儿教师的有效途径。

幼师身份内涵的转变必然催生培养幼师的课程体系的改变。原有中师的"技能型"课程体系和高师的"理论型"课程体系都不能适应新时期反思型幼师培养的要求。因此，如何培养反思型幼儿教师也成为职前和职后学前教师教育必须要面对的问题，反思型幼儿教师培养向职前渗透乃至前移也显然是大势所趋。然而，反思型幼师培养理念还没有受到足够的重视，这显然不利于幼儿教师的专业成长。教师的反思能力养成不是一朝一夕之事，而是需要相当长时期对教学实践活动给予充分关注和理性思考。反思意识培养应该贯穿整个教师教育生涯之始终。美国学者斯蒂芬·D.布鲁克菲尔德指出："如果在职前教师教育阶段即注重培养师范生对自己的教学实践的反思与质疑能力，对于培养其自主意识，促进其反思性品质的形成，尽快成长为反思型教师，毫无疑问具有很大的促进作用。"毋庸置疑，培养反思型幼儿教师应该是师范教育的重要职责，也是新世纪高等师范院校积极回应幼儿教育改革的重要方式。

培养实践反思型幼儿教师依托于一个完善的、科学的课程结构，尤其是实践课程的优化设置对培养反思型幼儿教师意义重大。实践课程是相对于理论课程而言的。实践课程以实践性知识为核心，主要以在实践中习得、体验、反思和分析等形式进行，是一种教师"在行动中反思"，理论与实践相结合，并以获得"如何教"的专门的实践知识和实践智慧为任务的课程。这种课程具有体验性、反思性、综合性等特点，内在要求学生采取情境理解、过程体验、反思感悟、合作交流、实践探究的学习方式。实践课程是促使师范生向实质性幼儿教师转变的重要手段，是反思型幼儿教师培养和训练的理想课程平台。这主要是由反思型教师成长的"行—思统一"规律决定的。反思型教师教育模式强调教师的亲身体验，突出以实践为向导，注重问题的发现和解决，侧重"形成性"的过程，必须在了解教育教学的基础上，能够批判性地思考自己的工作，在实践中培养自己观察、分析、解释、决策的反思能力。反思的素养是难以凭借课堂上的讲述和讨论来形成的，它需要在一定环境和氛围中，通过实践进行反思体验，并在这种特定的实践中悟出反思的真谛。舍恩指出，反思型教师成长的重要途径是教育实践，提出"在行动中反思"的教师成长模式。反思型教师的成长过程是一个"实践—反思—再实践—再反思"不断循环、反思与提高的过程。因此，实践经验是反思型幼儿教师成长的重要条件。反思型幼儿教师职前要实现顺利成长，就必须学会在实践中判断、批判性反思以及后期系统地自我分析。在实践中反思应该是幼师专业成长的一个捷径。

完善学前师范教育的实践课程体系无疑是培养反思型幼儿教师的一项重要举措。反思型幼儿教师所体现出来的是一种与传统的技术型幼儿教师或纯理论型的幼儿教师观完全不同的、崭新的幼儿教师发展观。培养反思型幼儿教师是幼儿教师专业成长的需要。在我国师范教育体系中，学前师范教育有高师教育与中师教育两个办学层次。高师教育主要是为中师培养师资，而中师教育则是培养一线幼儿教师。随着我国师范教育体系由三级向二级的过渡，中师教育已完成了自己的使命，幼儿教师的培养便成了高师教育的使命，高师学前教育专业不再为中师培养师资，而是为幼儿园培养一线教师。这种转变使高师学前教育专业原有的课程体系面临着巨大的挑战。以往那种以艺术类（唱歌、跳舞、绘画、弹琴）为主的中师教育课程已远远不能适应时代发展的需要。现代化的幼儿园教育要求幼儿师范所培养出来的新型幼儿教师，不应满足于弹、跳、唱、画等技能，而要真正懂得幼儿的身心发展规律和相应的教育规律，能对自己的教育过程进行反思和研究，及时改变教育内容和方法，具有可持续发展的能力。这就要求既要发扬能歌善舞、能说会画的传统幼师的优势，又要跳出只重技能技巧的"技工型"培养模式，切实加强反思型幼儿教师的培养。

我国当前幼儿师范教育的实践课程还存在许多问题，严重影响人才培养的质量，其不足主要表现如下。

其一，实践课程的地位不高。中师课程体系属于"技能型"，高师课程体系属于"知识型"或称"理论型"。两种课程体系均不重视实践知识对教师成长的意义，实践课程比例严重偏低，且实施得不到保障，学生不能积累足够的实践经验，从而导致传统的幼儿师范教育理论传授与实践互相背离的现象非常严重。

其二，实践课程观念狭隘。受工具理性主义教师教育范式的影响，传统的实践课程仅把教师的专业实践看作一种纯技术性的操作过程，将教师隐喻为技术工人，将教育隐喻为生产技术，自然地也就将教师的培养视为技术工人的培养，采取简单的知识灌输与技术训练。无论是中师"技能型"范式的实践课程还是高师"理论型"范式的实践课程，都被狭隘地理解为以训练动作技能为任务的课程，认为实践课程的作用仅限于应用和检验在课堂中学到的理论与知识，忽视实践课程作为实践智慧来源及师范生实践能力、反思能力形成的功能作用，更没有树立明确的培养反思型幼儿教师的实践课程观，忽视实践知识的重要性及专业知识学习的情境性与实践性。这导致师范生长期在封闭僵化的学科本位的知识学习中，更容易习惯照本宣科和循规蹈矩，不会思考有关教学信息与假定、学生思维以及教学后果等问题，无法为反思型教师的成长奠定坚实的实践基础。

其三，实践课程与理论课程的相互疏离。相对而言，中师课程体系较为重视未来幼儿教师的实践技能训练，但过于重视程序化的技能操作，忽视培养学生实践中的反思意识与能力，学生的科学、人文素养薄弱，教育理论知识也浮浅。学生在工作岗位上容易陷入"工匠式"的就事论事甚至照猫画虎，接纳新事物、新理念的后发能力不足。高师课程体系的特点是，重理论传授，缺乏实践操作训练，即使是一些教学方法的教授，也仅限于基本步骤与程序的讲解，学生缺乏亲身经历实践操作的过程。再加之学习评价主要以纸笔测验为主，这在很大程度上导致学生只会以机械记背方式进行学习，最终导致高师学生最大的特点是理论知识较为扎实，但实践能力严重不足，相当多的高师毕业生到幼儿园就自卑，到幼儿园应聘就失败。

其四，实践课程缺乏全程性与层次性，内容与形式单一。目前师范教育在实践形式上仍以教育实习为主，时间普遍过短而且过于集中，时间仅为6~8周，一般安排在最后一个学期，实习内容主要是上课，形式单一，缺乏全程性、层次性的教育实践活动，这种课程设置无论在时间上还是在内容与形式上，都难以保证师范生在真实的环境中去体验教育、教学的真谛，积累教育实践知识，形成反思意识。

基于传统实践课程的不足，也因为反思型教师的成长是一个"实践—反思—再实践—再反思"的螺旋式渐进过程，具有"行中思、思中行"的特性，幼儿教师应该变被动为主动，做反思型、研究型教师。通过观摩卓越教师的科学课、反思自己的科学课、进行网络学习、参加科学领域的赛课等，拓宽科学教育专业化发展途径，建构属于自己的个性化的科学领域学科知识体系，提升科学教育专业化能力。

第八章　科教结合 以研兴教

教研是现代教学研究工作的简称，是以党的教育方针为依据，以现代教育思想为指导，以国家（或地方）统编教材为蓝图，以"教师怎样教，学生如何学"为中心内容而开展的业务性研究活动，也是课程改革从思想到内容得以落实的基本手段。

新中国成立初期，由当时幼儿教育的教育理论和课程模式所决定，幼儿园的教研工作主要是在理论和实践的层面上，进行各学科课程与教学方法的研究。到了20世纪60年代以后，由于政治上批判苏联修正主义，教育上也开始尝试编制本土化的教材，当时教研工作则以幼儿园教学实践为主，围绕各学科教学中的教材分析、知识传授等问题开展研究，但尚未形成从市、县（区）到幼儿园的教研网络。随着时代不断地发展，河南幼儿教育的教研工作从内容到形式也发生了一系列变化。

第一节　改革开放后日渐浓郁的
幼儿教育科研氛围

邓小平同志在1977年8月8日召开的科学和教育工作座谈会上指出，科学、教育"需要有一个机构，统一规划，统一调度，统一安排，统一指导协作"。改革开放的新局面是"科学的春天"东风化雨的结果。自1978年3月全国科学大会召开后，教育科学的理论研究便日渐繁荣，各种研究社团纷纷恢复或创立，教育期刊也得以复刊或创刊，各级教育研究所也得以重新组建，幼教科研工作也由此步入了一个良好发展阶段。1978年7月4日，国务院批准《教育部关于重建中央教育科学研究所的请示报告》。当年

10 月，国家重建了在"文化大革命"时期被解散的中央教育科学研究所，幼儿教育研究室于恢复建所初期设立。该室为幼教科研的领头雁，是我国第一个中央级的幼儿教育科学研究机构。其后，教育部所属各高师，也先后恢复或创设了教育研究所，部分研究所中也专设了幼教研究室。1979 年底，全国群众性学术团体——中国教育学会幼儿教育研究会成立，研究会以组织幼教科研队伍、研究幼教理论和实际问题、促进保育教育质量提高为宗旨。1992 年，经民政部批准，更名为中国学前教育研究会，并加入联合国教科文组织资助的世界学前教育组织（OMEP），在更大范围内推动了群众性学前教育科学研究。

在 20 世纪 80 年代中后期，各省、自治区、直辖市也先后创设教育研究所，所下设有幼教研究室的，有黑龙江、辽宁、吉林、北京、天津、山东、陕西、上海、广州、武汉、重庆等省、市，由此形成了一批专职的幼教理论科研队伍。1979 年 3 月 23 日至 4 月 13 日，教育部和中国社会科学院联合召开全国教育科学规划会议，讨论了《1979~1985 教育科学发展规划纲要（草案）》，成立了中国教育学会。会上，左淑东等 9 名幼儿教育界代表联名向中国教育学会递交了成立全国幼儿教育研究会的申请书。经中国教育学会批准，全国幼儿教育研究会于 1979 年 11 月 3 日在南京成立，左淑东为首任理事长，陈鹤琴为名誉理事长，幼教界从此形成了一支专门研究机构和群众学术团体相结合的研究队伍。28 个省、自治区、直辖市也先后成立了省级幼儿教育研究会。幼儿教育研究机构和学术团体的建立，使幼儿教育科学研究工作得以在全国范围内逐步展开。研究课题的选定，坚持基础理论研究与应用研究相结合的原则，以研究当前存在的重大理论问题和实际问题为中心，解决当前幼教改革中的实际问题。

1983 年 9 月 29 日，时任全国教育规划小组组长何东昌在《有中国特色的社会主义教育需要有中国特色的教育科学》的讲话中指出，"需要从当前和今后一段时期我们能够预见到的，教育事业发展中间的重大问题出发进行科学研究……提出理论上的依据，然后再根据这个理论来制订方针政策"，"幼儿园阶段更多的是心理的"问题。幼教界在分析受"四人帮"破坏的幼教状况后开展了一系列的研究工作。例如，启动于 1979 年末的"3~6 岁幼儿言语发展特点的调查研究"（中央教科所幼教室主持的第一个项目），中央教科所幼教室与 16 个省（自治区、直辖市）幼教工作者协作进行的"我国幼儿形态、机能、基本体育活动能力的调查研究"，中央教科所幼教室于 1979 年开始进行的"建国 32 年来幼儿教育的历史经验和教训"的课题研究，中央教科所幼教室从 1980 年开始在北京、广州、南京、重庆等地幼儿园进行的幼儿营养调查和实验，中央教科所和陕西师范大学共同主持的有关幼儿观察力的调查，广州市教科所主持的对广州、深圳地区幼儿个性品质现状的调查，河北张家口市教委主持的幼儿创造性思维发展的研究等。

中央教育科学研究所幼教研究室恢复设立后，先后主持开展了"幼儿园幼儿膳食营养调查与实验研究""中国农村幼儿教育的调查和实验研究""幼儿科学教育的实验研究""幼儿园综合教育实验研究"，南京师大学前教育专业先后主持开展了"幼儿园数数教育实验研究""农村学前一年综合教育课程实验研究""幼儿园活动教育课程实验研究"，北京师大学前教育专业主持开展了"发展幼儿观察力与创造力的实验研究"，东北师大教育系主持开展了"幼儿园整体教育课程实验研究"，北京市教科所主持开展了"通过智力游戏，开发幼儿智力，促进身心发展的实验研究"，上海市长宁区教育学院主持开展了"幼儿园综合性主题教育实验研究"，北京幼儿师范学校主持开展了"关于幼儿创造力教育的实验研究"。以上介绍，只是对此期实验课题挂一漏万的罗列。可以肯定地说，在 21 世纪到来前的 20 年来所开展的幼教科学实验，占近百年来这类实验的大半。

1979 年 4 月，中国教育学会恢复成立后，全国幼儿教育研究会作为其下属分会之一于是年 11 月在南京正式发起成立；与此同时，举行了第一届学术年会。劫后重聚的幼教理论工作者，更是焕发出巨大的科研热情。全国幼教研究会其后除召开了多届年会外，还举办了幼儿园课程改革、品德教育等多项小型专题研讨会。其后，各省、自治区、直辖市也纷纷发起成立了地方性幼教科研社团，开展了更为广泛的群众性幼教科研工作。

1983 年 11 月 3 日，中国儿童发展中心挂牌成立。该中心是专门从事儿童发展应用研究的科研事业单位，它由国家科委认可，隶属于全国妇联，是中国政府和联合国儿童基金会合作的优先项目之一。该中心下设儿童营养、儿童心理教育、儿童生长发育监测三个研究室，在北京设立了母婴保健、儿童保健、儿童营养、儿童心理四个联系分中心，在上海、广东、新疆、黑龙江、云南、内蒙古分设了六个科学育儿基地，在河北、山东建立了两个宣传培训分中心，首次将幼教研究、成果推广和实践应用连成一气，开创了一种崭新形式。

1983 年南京、北京、上海等地先后自发地开始课程改革的实验研究。1983 年，南京师范大学和南京市实验幼儿园合作，率先开展了"幼儿园综合教育结构"的试验；1984 年，中央教科所与北京市第五幼儿园及崇文区第二幼儿园共同开展了以常识教育为核心的综合教育课程研究；1985 年，上海市长宁区教科所和愚园路第一幼儿园合作进行了"幼儿园综合性主题教育"的试验。这三项试验开创了幼儿园课程整体改革之先河。

1985 年 5 月，北京师范大学成立了中国第一个儿童心理研究所（后于1987 年更名为发展心理研究所），并创办了我国第一份公开发行的儿童心理和教育学术杂志《心理发展与教育》。

1985 年的《中共中央关于教育体制改革的决定》和 1987 年 7 月召开的全国第三次教育科学规划会议对"七五"期间教育科研工作提出了要求，"要更明确为有中国特色的社会主义建设服务"，要"以对实际工作指导作用的大小、正确与否作为衡量的标志"，"要有目的地作好若干第一手资料的积累"，促使幼儿教育科学研究在立题、制订方案、研究手段和方法运用方面，注意适应当前形势需要和保证研究成果质量的要求。

中央教科所幼教室经批准设立了题为"适应我国国情，提高幼儿素质的调查研究"的"七五"规划国家教委重点项目。此后，这一奠定幼儿素质教育基础的项目由诊断性的调查研究进入治疗性的实验研究，成为"八五"中华哲学社会科学基金项目——"适应我国国情提高幼儿素质实验研究"。

立足于为幼儿奠定良好素质基础的根本目的，为改善广大农村幼儿的生存和学习条件，确立的研究项目有：由南京师范大学幼儿教育系主持的"农村幼儿教育研究"是列入全国教育科研"七五"规划的第一个农村幼教研究课题；中央教科所幼教室在 20 世纪 80 年代初申请并设立了"八五"全国教育科研规划课题"河北农村学前教育项目"，后又将实验点从河北扩展至贵州；南京师范大学建立"学前儿童多种保教形式的研究"课题组，充分挖掘正规幼儿园的潜力，探索以幼儿园为核心的多种学前儿童保教形式，在学前一年或两年教育已基本解决的地区，通过非正规形式使散居幼儿受到一定程度的学前教育；中国福利会确立了扶贫项目，采取培训、资助、探索规律等手段，在广西、内蒙古、新疆等农村地区，进行了长期研究。

在幼儿园教育教学改革方面影响较大的课题有：国家教委在全国 10 个省、市实施《幼儿园工作规程》的试验，北京市教科所与北京市幼儿师范学校合作进行的"幼儿玩具系列化促进幼儿智力发展的实验研究"，北京师范大学教育系学前教育专业进行的"幼儿园教育大纲实验研究"（为此后国家教委办公厅颁发的《关于在幼儿园加强爱家乡、爱祖国教育的意见》做了贯彻落实的思想认识和教育行动的准备），南京师范大学幼儿教育系主持的"幼儿园科学教育活动设计的研究"，等等。

为了保障残疾人受教育的权利，发展残疾人教育事业，提高包括残疾人在内的全民素质，1989 年国家教委等部门颁布《关于发展特殊教育的若干意见》，1990 年七届全国人大常委会通过《中华人民共和国残疾人保障法》，1994 年国务院发布《残疾人教育条例》，1996 年 5 月 9 日国家教委、中国残联发布《关于残疾儿童少年义务教育"九五"实施方案》，方案强调要积极发展残疾儿童的学前教育，并就如何开展残疾儿童的学前教育进行了详细的说明。1993 年 6 月，国家教委、卫生部、民政部、中国残联、全国残疾人康复工作办公室还共同制定了《学龄前智力残疾儿童康复训练大纲》。这些文件精神，也对农村特殊幼儿教育的发展具有直接的指导作用，如果能够按照这些文件的规定对特殊幼儿加以各种培养和康复训练，就能最大限度地挖掘他们的智力潜能，提高他们的行为能力，为未来接受特殊教育和适应社会生活创造良好的条件。

联合国儿童基金会在 20 世纪 80 年代还与南京师院、北京师大、华中师院等 8 所高师的学前教育专业，以及 17 所幼儿师范学校，开展了学前教育项目的研究合作，提供了较为雄厚的资金和精良的设备，为幼教理论研究和实验的深入开展给予了很大的支持。

在参与国际幼教理论交流方面，中国幼教界于 1989 年 7 月组团赴我国香港参加了"21 世纪婴幼儿教育国际会议"，代表团阵容强大，共有 59 人之多，向大会提交了论文 50 余篇。同年 10 月，在南京师范大学首次召开了"幼儿教育国际研讨会"。美国、英国、日本、苏联、澳大利亚等国到会的幼教专家共 19 人，港台地区到会者 36 人，大陆与会者 85 人。会上，集中研讨了幼儿园课程问题，对于方兴未艾的"儿童发展型课程"进行了重点介绍；同时对各国不同的幼儿园课程模式进行了比较分析，还对课程评价的理论、经验、方法和方案进行了交流和研讨。通过国际交流，拓宽了中国幼教理论工作者的视野，为中国幼教事业的现代化做出了必要的铺垫。

1990 年，世界全民教育大会通过《世界全民教育宣言》和《满足基本学习需要的行动纲领》。1993 年 3 月 1 日，中国全民教育国家级大会召开，通过了《中国全民教育行动纲领》，将"大中城市基本满足幼儿接受教育要求，农村学前一年教育的幼儿入园率达 60%"列为 2000 年的"全民教育目标"。1994 年 6 月，时任国家主席江泽民在全国教育工作会议上号召"要加快教育改革和发展"，"全面实现党中央、国务院颁布的《中国教育改革和发展纲要》"；时任国务院总理李鹏在《动员起来，为实施〈中国教育改革和发展纲要〉而努力》的报告中提出要"重视发展幼儿教育"。所有这些，使幼教工作者的科研行为更加自觉和自主。

经全国教育科学研究规划组批准的幼教科研课题，其项目数量由"七五"时期的 2 项发展到"八五"时期的 7 项和"九五"时期的 9 项；研究领域从幼教机构扩展至家庭，从城市扩展至农村，从幼儿发展扩展至幼儿园师资水平提高；研究内容从单一走向综合；研究方法从侧重调查研究到以实验研究为主；研究结论的获取从重视定量分析发展至定量和定性分析兼顾；研究主持者从专职研究人员发展至各层面的幼教工作者，从以中、老年为主扩展为以中、青年占多数。

各地根据地区特点确立研究项目。例如，北京市教育科学"九五"规划重点研究课题"北京市幼儿园课程方案实验研究"，为指导北京市幼教界贯彻《幼儿园工作规程》的基本精神，提供了具有本地区特色的指导教育实践活动的依据；上海市教委于 1999 年颁发的《上海市学前教育纲要》，是由市教委、市教科所、华东师大、长宁区实验幼儿园等单位共同组成的上海市中小学课程教材审查委员会学前教育分会的科研产物；江苏省教委 1996 年经研究后颁发《江苏省基本实现现代化幼儿园评估细则（试行）》，对重视教育质量、提高幼儿发展水平的教育思想的确立，起到了导向作用。

全国幼教研究会的研究工作主要从以下六个方面不断强化和深化。第一，紧密配合政府有关规章制度的出台，发挥研究会在建设有中国特色社会主义幼教体系过程中的作用。第二，紧密配合幼教科研单位的研究课题，在提供人力资源的过程中锻炼幼教队伍。第三，通过全国幼教研究会的学术组织进行专题研究，如"幼儿园教育整体改革""幼儿园课程模式""幼儿园语言教学"等，在研究会专门课题小组领导下，进行了较长时间的有计划的研究。尤其是1992年研究会被批准成为国家教委下属的一级学会并更名为中国学前教育研究会后，通过五个专业组织，使学术研究进行得更加有计划、有目的、有层次和有实际指导意义。第四，通过国际交流提高广大幼教工作者进行研究的主动性。第五，挖掘历史财富，推动现代幼教事业。如陈鹤琴教育思想研究会、徐特立教育思想研究会的研究活动，均对当时幼教改革产生了良好的影响。第六，通过传播媒介，推广研究成果，调动群众进行研究的积极性。从1997年开始，借助中国福利会学前教育信息中心的力量，建立了中国学前教育研究会信息中心。

1987年5月21日，全国第一届幼儿图书评奖在北京揭晓。有61种幼儿图书获奖，其中优秀读物奖4种，优秀编著奖18种，优秀绘画奖32种，编辑工作奖7种。1990年6月14日，第五届中国福利会妇幼事业樟树奖获奖名单在北京公布：美术电影编导万籁鸣、儿童剧作家任德耀、幼儿教育专家孙岩、儿童文学家严文井、妇产科专家张颖杰、儿科专家诸福棠、特级教师斯霞和青少年体育专家焦玉莲获此殊荣。

1995年9月，为积极探索21世纪具有中国特色的基础教育改革和发展模式，研究基础教育改革与发展中的重大理论和实际问题，国家教委决定，在东北师范大学建立国家基础教育实验中心，这是我国建立的第一个专门从事基础教育实验研究的国家实验室。1997年6月15日，我国首部育儿艺术大典《中国幼儿园园长育儿艺术大典》由北京科学技术出版社出版。该大典包括德、智、体、美、环境、管理6大部分，荟萃了全国1000多位幼儿园园长的育儿经验，语言精练、形象生动、内涵丰厚，是一部不可多得的幼儿教育典籍。

第二节　河南幼儿教育科研的发展情况

20 世纪 80 年代初期，幼儿园教研机构主要挂靠在幼儿师范学校，依托教学法专科教师，组建了体育、语言、认识环境、图画与手工、计算、音乐 6 科以及游戏教研中心组，定期开展活动。各学科中心组承担的任务主要为三方面：一是研究各学科的知识要点、教学目标以及教学进度安排，每年暑假将研究要点以及各学科教学进度表发给区、县教育学院，由各区、县组织幼儿园进行集中培训，以规范和指导幼儿园的教学；二是研究"作业"教法，即研究如何通过有效的方法将系统知识传授给儿童，并借助市级展示活动，将研究积累的经验辐射到幼儿园；三是进行教师"应知应会"等方面的培训，并通过全市教师专业技能的评比活动等，来提升教师的教学基本功。这一阶段，幼儿园教研工作进入了有序的发展阶段。

1982 年，信阳市成立少年儿童工作协调委员会和幼托工作领导小组，还成立幼儿教育中心教研组，开展教学研究，提高了保教水平。

1989 年 1 月，河南省教委、省计经委、省财政厅等 11 部门《关于改革和加强幼儿教育工作的意见》提出，要重视和加强幼儿教育科研工作；教育科学研究和教学研究部门要同幼儿园保教工作者密切联系，在研究幼儿教育一般理论的同时，注意研究幼儿教育中的实际问题，为河南幼教改革提供理论指导。

1992 年，周口市儿童智力开发研究所所长康宝灵创办周口首家超常教育学前班，使 37 名 5 岁左右的儿童在 9 个月内学会了 2500 个汉字，达到了普通小学 5 年级的总识字量。同时借助史丰收的快速计算法，使他们学完了小学一、二册数学，创造出幼教史上的一大奇迹。

1996 年 9 月 24 日，焦作市解放区教委下发《解放区启动教育现代化"326"工程的实施意见》（解教字〔1996〕16 号文件），其总体目标是，根据焦作市委市政府提出的到 20 世纪末赶上发达地区"八五"末的平均水平，到 2010 年接近发达地区同期水平的总目标，结合解放区经济发展的总特点，初步确定在 1996~2000 首先启动"教育现代化'326'工程"（城区抓好 3 所试点小学，2 所试点中学；两乡各抓好三个试点校园：1 所中学，1

所小学，1所幼儿园），以点带面，为逐步实现全区教育的现代化探索路子，提供样板，创造经验。在此期间，采取滚动推进战略，相继启动一批学校，到2010年全区基本实现教育的初步现代化。

1997年，省教育厅承办了中国学前教育研究会第四届理事会第二次常务理事扩大会，组织郑州等部分市地教师参加了由全国学前教育研究会举办的全国幼儿家庭教育研究骨干培训班及全国幼儿园双语教育研讨会。

自1997年开始，南阳油田教育处在各幼儿园进行"幼儿智能训练"和"幼儿心理素质教育"两大实验课题研究，同时在炼油厂、双河和局中心等6所幼儿园进行"开发幼儿智能，培养幼儿良好的心理品质"的试点。教育处编写了《幼儿智能训练学习参考资料》，制定了《河南油田幼儿智能训练实施方案》等，对各幼儿园的智能训练和其他改革进行指导。

1998年，教育处正式成立了教育科学研究所，具体负责教育科研工作的规划、组织、协调、指导工作。同年，开始进行"创设企业学校素质教育运行机制实验与研究""中小学生智力开发实验与研究""特色教育的探索与研究"三大课题的研究与实验。1999年12月，南阳油田4所中小学被中央教科所命名为"中央教科所教育科研实验基地"。2000年12月，上述三大课题研究与实验结果，形成近100篇课题（包括子课题）研究报告。2001年12月，南阳油田教育中心向全国教育科学"十五"规划办申报了"'会学⇌学会'教学思想的理论探索与实践研究"的课题，并于2002年4月被批准为全国教育科学"十五"规划部委重点课题。该课题于2005年7月通过专家鉴定并结题。

2002年，河南省教科所艺体美幼教研室的成立，从宏观上加强了对全省幼儿教育教研活动的指导和管理工作。该教研室成立后，注重区县教研员队伍建设、共同研究、共同成长，不断提高每个教研员指导新课程的专业能力。一是在视导调研中发现问题、解决问题。该教研室每学期都会深入某个区或县，进行集中一周的全方位调研，了解在新课程实践中一线园长、教师的经验、困惑和问题，与各个区县的学前教育工作者进行深入的交流与对话，在对话中转变课程观、教育观，在现场中解决问题，满足发展需求。同时，帮助区县教研员树立专业服务意识，结合地区特点，创新教研模式，提升本区县的教研工作质量。二是在研修活动中转变教研理念，提升教研水平。该教研室除了抓好区县教研员寒暑假集中培训外，还从新课程的实践问题和教研员的实际需求出发，开展了一系列有目标、有计划、有重点的研修活动。每年有教研重点，每月有现场教研、专家报告、实践观摩、互动对话等活动，努力使全市教研员真正确立现代教育意识和新课程教育理念，开拓学术视野，强化专业能力，提升实践智慧，完善人格素养，积极发挥教研员的专业引领作用。促使幼儿园明确了"特色"不是以学科为标志，而是应该依据本园基础来确定发展定位和保教任务，通过科研促进园本保教实践形成特色和优势。

郑州市小哈佛幼儿园 2002 年承担全国教育科学"十五"规划子课题"学前双语教育对幼儿智力发展及影响的研究"的实验研究，连续两年获郑州市教师基本功大赛一等奖。

光山县幼教中心幼儿园提出"没有最好，只有更好"的工作理念，要求全体教职工大胆创新，并成为河南省社会科学规划项目"幼儿园创新教育体系研究"科研课题实验基地。进一步加速了教师从观念到行为的转变，不断树立科学的教育观、儿童观、知识观。在追求"不断创新，超越自我"的过程中，幼儿园制定了"从小到大，由个体到群体，由局部到全面"分步走的科研步骤。鼓励教师首先从实际工作出发，大胆提出问题，在园内开展自我探索式的研究活动。并走出校园，力争省市幼教专家的指导，先后承担了"幼儿学习打击乐特点及指导策略的研究""农村幼儿行为问题形成原因及校正""幼儿园创新教育体系研究"等多项市级、省级科研课题。在科研活动中，幼儿园教师由疑惑、思考到学习、探究，步步深入，逐渐理清了思路，发现问题、解决问题的能力大大提高，部分青年教师迅速成长为骨干教师，保教质量不断走上新台阶。

2004 年 2 月 26 日，根据《国务院办公厅转发教育部等部门关于幼儿教育改革与发展指导意见的通知》（国办发〔2003〕13 号）精神，河南省教育厅启动了 2004~2005 年全省以社区为基础的早期教育服务网络暨早期教育的研究与实验试点工作，每个省辖市确定一所幼儿园为省级试点园。

郑州市二七区兴华幼儿园提倡"自主、合作、探究"的学习方式，重视学习过程，重视孩子的兴趣和体验，注重观察幼儿。由教师写出观察笔记和跟踪笔记分析研究幼儿，以个案的形式记录下孩子的成长过程，用发展的眼光看待孩子。通过启发性语言、环境的设置和材料帮助幼儿，为幼儿提供探索学习的机会，促进幼儿主动学习。

2005年，巩义市成立幼儿教育中心教研组，把全市达到办园条件的64所幼儿园按区域分成东、西、南、北、中5个教研组。每月1次园长例会，每月1次主题活动教学研究把课堂教学、教材分析、教师素质等作为主要内容。中心教研组的成立，进一步加强了幼儿园之间的沟通和交流，发挥公办园、示范园在教育教学中的带动、辐射作用。

2006年，周口市进行幼儿教育研究会换届选举工作。3月底，召开会员代表大会，选举产生了第四届周口市幼儿教育研究会理事会，首批发展会员近800人。6月中旬，组织了全市幼儿园园长优质课评选工作。8月10~20日，以幼儿教育研究会为中心，组织评选了幼儿教育优秀论文253篇，表彰了活动组织工作先进集体。

2011年10月29日，商丘市幼儿教育学会成立暨教学观摩活动在市实验中学举行，市教育局、市民政局、市科协的领导及商丘市各幼儿园的园长、教师代表参加了本次活动。各位理事、常务理事通过了学会章程。时任市实验幼儿园园长、商丘市幼教学会理事长张秀勤致辞，时任市教育局局长张瑞祥、市科协主席吕心阳共同为"商丘市幼儿教育学会"揭牌。

2017年12月16日，由郑州幼儿师范高等专科学校牵头组建成立的河南省学前教育集团、郑州市学前教育集团、郑州市学前教育研究院成立会议暨2017年学术论坛在郑州嵩山饭店举行。省教育厅副厅长毛杰、郑州市政府副秘书长柴丹，以及省内600余位幼儿园园长等出席会议。两个幼教集团和一个研究院的成立，将进一步加强河南省幼儿教育资源整合、优势互补，促进学前教育特色化、品牌化发展。

第三节 幼儿教育教研注重研究与实践相结合

1990~1994年，国家教委与联合国儿基会合作开展"幼儿园与小学衔接的研究"；1989~1999年，中央教科所幼教室开展"适应我国国情，提高幼儿素质"的研究；1991~1995年，中央教科所幼教室开展"六省市幼教机构教育评价研究"；1988~1996年，教育部基础教育司开展试点园贯彻

《幼儿园工作规程》的研究与推广工作。幼儿园工作人员根据本园工作需要、个人专长特点和时代要求，独自立题研究的现象，近年来也已屡见不鲜。

改革开放后我国学前教育研究队伍的不断壮大，使学前教育专业的独立成为可能。而大量学者在本领域所从事的各方面的研究，也不断彰显学前教育有别于学校教育的特殊性，尤其是在学习内容和学习方式上。这些研究成果集中体现在《幼儿园工作规程》、《幼儿园教育指导纲要（试行）》和《3~6岁儿童学习与发展指南》这三份在不同阶段对教育实践发挥着切实引领作用的政府指导文件中。

1996年实施的《幼儿园工作规程》明确提出"以游戏为基本活动"，并且花费相当的篇幅阐述幼儿园游戏活动的具体开展，而其他的活动则没有具体明确地提名，只是笼统表述为"各项活动"。在很大程度上受该规程实施的推动，全国各高校与大量的幼儿园一线教育工作者掀起了一股研究幼儿游戏的高潮，也涌现一批游戏特色的幼儿园和班级，甚至有的幼儿园构建了"游戏课程"的园本课程体系。

"以游戏为基本活动"的理念不仅在正规学前教育机构深入人心，而且也日益得到全社会的认同和践行。

2001年颁布实施的《幼儿园教育指导纲要（试行）》重申了"以游戏为基本活动"这一标志性的理念，随后便将重点转向在《幼儿园工作规程》中相对薄弱的教育内容上来。该纲要确立了幼儿园课程的基本框架为五大领域，并明确指出划分的依据是幼儿学习活动的范畴。从此，幼儿园便有了自己正式的在课程编制、设计与实施等方面有别于中小学学科课程的活动课程或关键经验课程。遗憾的是，在幼儿园课程评价方面，自该纲要实施至今，仍然十分欠缺。

《幼儿园教育指导纲要（试行）》旗帜鲜明地高调突出了一个在当时整个教育领域都具有时代性的概念：主动学习，并成为21世纪学前教育界主流意识形态之一。与此同时，20世纪末风靡一时的在《幼儿园工作规程》中被使用的另一个概念"智力"则退出了历史舞台。

幼儿创新意识表现为幼儿愿意创新、喜欢创新、以创新为荣等几个方面。幼儿期创新人格特征主要包括四个方面：好奇、好幻想、好冒险和好入迷。好奇"是人对新奇、未知的事物所持有的朝向、接近、探究和关心等倾向，是一种天生的动因"，幼儿对未知的事情充满了好奇，表现为好观察、好问、好探究；幻想"是与人的生活愿望相结合并指向于未来的想象。它体现人的向往和追求，是创造想象的一种特殊形式"，幼儿思维没有过多束缚，敢于并乐于幻想，常常异想天开，奇思妙想，是一个天生的幻想家；好冒险则是幼儿不畏惧权威，敢于质疑，喜欢独立思考、独立探索的反映，表现为淘气、胆大、富有挑战性，有较强的个性和独立性等；入迷是注意力高度集中的表现，体现人们对活动的强烈兴趣和自我坚持性，可以提高活动效率，有利于人们动用自身资源产生新的想法、新的产品。在入迷的状态下，人们思维清晰、灵活，容易产生顿悟，愿意克服困难。

商丘市实验幼儿园老师们的教育实践中把广阔的天地、自然、社会和民情当作孩子们思维发动的引擎，想象展开的翅膀，好奇、兴趣的来源，幸福、快乐的源泉，探索、追求的启蒙，自我完善的导师。孩子们在第一次自然教育活动中还很放不开，也不敢提问，老师只有按常规提出问题让大家思考，有时不免扫了孩子们的兴趣，增加了孩子的压力。第二次、第三次、第四次，没等老师提问，孩子们就有问不完的问题。他们积极思维，认真探索，主动学习，自我教育的能力慢慢苏醒。

一般来说，创设一个和谐、平等的良好环境对发掘幼儿的创新能力有决定作用。多数具有创新能力的幼儿比较独立、自由，喜欢自己解决问题，这就要求教师和家长抱着民主的教养态度，尊重幼儿，创设民主的气氛，把每个幼儿都作为有思想、有独立性的人来看待。语言中多一些鼓励，少一些批评；动作中多一些温柔，少一些强硬；眼神中多一些关切，少一些淡漠，避免幼儿恐惧，因为恐惧会禁锢幼儿的智力活动，阻碍幼儿的新思想。同时给幼儿多动手、动脑的机会，让幼儿有利用和体验其能力和环境的自由，让其大胆地去看、去说、去做。

刚刚跨进 21 世纪的门槛，各级各类学校包括幼儿园在内就掀起了一股创新教育的改革热潮。面对教育改革大力倡导创新教育这一新的发展态势，南阳市育红幼儿园齐颖提出幼儿园园长应该利用科学活动促进幼儿全面发展。《幼儿园工作规程》明确指出："幼儿园组织活动要为幼儿提供充分活动的机会，注重活动的过程，促进每个幼儿在不同水平上得到发展。"现代儿童发展观认为，发展是逐步发生的，教师应让幼儿加入各种活动之中。育红幼儿园开展科学教育活动研究，正是遵循了这些特点，教师在着眼于培养幼儿科学兴趣的同时，非常注重活动的过程，创设条件，引导幼儿主动探索，从根本上改变了"满堂灌""填鸭式"的做法，变被动接受为主动吸收。在探索活动中，教师发挥着指导者、观察者、鼓励者、建议者的作用，而幼儿才是真正的学习者、思考者、探索者、发现者。他们大胆探索、跃跃欲试，兴趣和需要得到尊重，个性和能力得到主动发展。由此可见，在科学教育活动中，从激发幼儿兴趣入手，培养幼儿主动探索的精神，必将促进幼儿的发展，这是素质教育所企求的目标，也是未来社会对人才的要求。

新乡市育才幼儿园周君娥把环境作为激发幼儿创新意识的"兴奋剂"，认为敢于质疑是创新人才的人格特征，培养创新素质就要在建立新型师生关系的基础上，培养幼儿不盲从、不迷信、不随波逐流，怎样想就怎样说、怎样做，敢于发表看法。对老师、大人的某些观点也敢于提出质疑，而不是不动脑筋，随声附和，唯唯诺诺。创新教育是实施素质教育的有效突破口，是素质教育的具体和深化，创新意识、创新精神、创新能力是现代人综合素质的核心。时代的发展迫使我们要与幼儿建立平等、民主、开放、合作的师生关系，鼓励幼儿大胆质疑，创设一个能使幼儿感受到鼓励、宽容、真诚、关爱的良好环境，做幼儿创新意识、创新精神的激发者、支持者、欣赏者。

安阳市实验幼儿园创新教育研究课题组的"环境，幼儿创新的摇篮"研究认为，科学的幼儿教育必须遵循社会的发展规律和幼儿的身心发展规律。理想的幼儿教育既不是只关心社会需要（社会本位的），也不是只强调符合幼儿的身心发展规律（个人本位的），而是既符合幼儿身心发展规律，又能够满足社会需要的教育。幼儿创新教育就是这样的教育。从社会发展而论，人类社会正在步入知识经济时代，它是继农业经济和工业经济的一个新时代。什么是这个时代的发展动力？这个时代需要什么人才？近年来，经过广泛深入地讨论，人们一致认为，创新性知识是时代发展的动力，创新性人才是知识经济时代需要的人才。为了推进知识经济，在未来的国家竞争中取得优势地位，教育必须为知识经济培养创新型人才。从幼儿身心发展规律来讲，创新是他们的天性，幼儿对新事物的好奇、敏感，思维的自由开放，初生牛犊不怕虎的精神等都是宝贵的创新素质，是亟待保护、培养和开发的创新资源。在以传承为主和强调标准化的传统教育中，这些蕴藏的资源一直没有得到应有的重视和开发，大部分被白白地浪费掉了。与此同时，幼儿的灵性、悟性，发现的欣喜，自主的信心也渐渐消失了。幼儿创新教育让我们再次发现幼儿，发现他们的秘密，发现他们所拥有的宝藏。我们惊异于他们的发现，他们的成长，他们创新美丽花朵的绽放，感受到了一个个充满灵性、悟性，充满童真、童趣的幸福幼儿。这种充满人性光辉的教育正符合了幼儿的身心发展规律。

第四节　重点科研项目及成果

1998 年，河南省公办幼儿园开始承担全国教育科学"九五"课题子课题"幼儿科技活动实践研究及师资培训"的研究任务，同时在公办幼儿园设立了 40 余所实验基地。十几年来，河南省公办幼儿园的科学教育在课题的引领下得到了长足的发展，积累了大量的科学教育案例和科学教育实践经验。

课题研究对教师的专业化成长有着深刻影响。"幼儿科技活动实践研究及师资培训""基于实践的幼儿园科技教育课程建设""河南省幼儿园科学教育现状调查及对策研究"等课题的相继开展，涉及河南全省各地公办幼儿园，组织了大量的科学公开课，积累了丰富的科学活动案例，提高了教师的科学素养和执教能力；教师的专业化水平得以提高，从被动型教师成长为研究型、反思型教师的人数逐渐增加。

课题组在国内首次编制了《幼儿创新素质量表》，信度和效度较为理想。课题组提出了幼儿教师中男性比例过小，对幼儿的身心发展和科学教育的开展都有不同程度的影响。政府部门应当给予男幼师政策上的倾斜，招生时免交学费、就业时优先；幼儿园应该对男幼师进行职业指导，给男幼师配备带教师傅，在各种科学课比赛中，发挥男幼师优势，给予其锻炼机会，使其成长为幼儿园科学教育的领袖型教师。

河南省教科所王身佩以"幼儿园多元智能创意课程实验研究"为题，

申报河南省教育科学"十五"规划 2004 年度重点课题，2004 年 11 月被批准立项。课题组研究认为，近年来，我国幼儿教育无论是理论层面还是实践层面都发生着重要的变化。顺应当前世界幼教改革关注幼儿全面发展的重要趋势，我国幼儿教育在注重对幼儿进行有效的认知教育的同时，日益重视促进幼儿的全面、和谐发展。2001 年 6 月，教育部颁布的《幼儿园教育指导纲要（试行）》明确提出要满足幼儿"多方面发展的需要"，培养一个和谐发展的完整儿童。在探索本国教育实践改革的同时，也在不断借鉴国外新的先进教育理论和主张，并使之互相渗透、相互作用，以发展促进儿童全面发展的更有效方案。在课程领域，近年来介绍和引进了国外一些有代表性、有影响力的新课程模式，如以海伊斯柯普、凯米课程为代表的皮亚杰认知课程模式，以培养幼儿多方面发展为目的的多元智能课程方案，以幼儿的兴趣、生活不断生成项目活动为特色的瑞吉欧幼儿教育方案等。应该说，每一种课程模式都各有自己的特点与局限，不存在一种适合于所有文化的最优秀的课程模式，目前缺乏的是一种整合的思维，即不仅借鉴各种课程模式，而且要立足于本土研究，在整合世界优秀科研成果和课程模式的基础上，创造出一种最适合于本国、本地区及本园幼儿发展的教育方案，实现有效地促进幼儿身心各方面全面、和谐发展的目的。传统教育体制把儿童的成功建立在数学和语言智能的基础上是不公平的，很有可能有些儿童因此被认为是学习无能儿童或学习的失败者。多元智能理论启发人们意识到人类才能的广泛性并在教学时呼应儿童的这种广泛性，体现了平等的教育理念。

郑州市汝河新区第一幼儿园创建于 1985 年，2000 年被省教委命名为河南省示范幼儿园，是郑州市的一所"精品园""窗口园"。该园占地面积 3500 平方米，建筑总面积 3800 平方米，拥有教职工 65 人，其中硕士 2 人、本科 15 人、专科 25 人，高级教师 15 人，省、市骨干教师 5 人，省、市学科带头人 2 人，郑州市名师 2 人。现有 13 个教学班，近 500 名幼儿。该园率先在郑州市推出多媒体教学，并吸收、综合先进的教育思想，深入开展幼儿素质教育，让幼儿在一个高度自由、和谐的环境中，心智与体能都得到充分发展。

在贯彻、落实、深化《幼儿园教育指导纲要（试行）》的过程中，该园充分挖掘环境教育因素，环境创设凸显立体化、层次化、多样化、精致化的特点，真正做到让"每一面墙壁都说话，每一寸土地都育人"。

在教科研方面，该园以课题引领实践，树立新的课程观，教师以共同教研构筑研究性学习的平台，大胆进行课程改革，深入开展幼儿素质教育，先后参加了"多元智能创意课程""培养幼儿'四会'能力的和谐发展""幼儿社会化""幼儿计算机教育"等国家级科研课题的研究，并分别成为优秀实验基地。教科研工作的开展，使教师由工作型向研究型过渡，36名教师撰写了200多篇论文。该园在郑州市较早开展了幼儿电脑教学，1999年又投资6万余元购置了制作多媒体电脑课件的先进设施，2002年又投资10万元更换了电脑设备。由于该园先进的多媒体设施及良好的制作水平，被定为河南省计算机教育实验基地。

课题实验以来，该园开辟了形式多样的家园互动渠道，"共游动物园""亲子活动乐""幼儿档案评价"等诸多活动的尝试，架起了家园之间、家长之间互动的桥梁，不仅增进了教师与家长、家长与家长之间的友谊，更拉近了家长与课程之间的距离，从而很好地奠定了课程实验的基础。

郑州市中原区绿东幼儿园在使用多元课程的环节中，发现教材中艺术、体育方面的教参缺乏，组织教师利用暑假时间分年龄班编制了小、中、大各年龄班的音乐、体育教程，并在使用中不断修改，目前已初步形成一套特色的"园本教材"。

二七区巧巧幼儿园总建筑面积2600平方米，可容纳近400名幼儿，是一所管理专业化、规范化的幼儿园。该园拥有一支专业思想稳固、业务技能娴熟、乐于奉献的教师队伍。全园现有教师28名，全部毕业于省、市级幼儿师范学校，近40%的教师已达到大专以上学历。

该园在学习贯彻《幼儿园教育指导纲要（试行）》的基础上，遵循幼教发展规律，牢固树立"终身教育、以人为本"的理念，吸纳和借鉴一系列国内外教育思想和课程模式，博采众长，兼收并蓄，主要以加德纳的多元智能理论为指导，整合教育理念，培养幼儿学会认知、学会做事、学会生活、学会共处四大基本能力，以促进幼儿全面、和谐、主动发展为目标，以优化的现代化教育环境为依托，以个别化、小组游戏化的教育形式为载体，以幼儿主动学习为原则，融双语教育、蒙台梭利教育于开放的区域活动之中，构建园本活动课程体系，促进每一个幼儿在健康、社会、语言、科学、艺术领域中得到和谐发展。

开封空分集团公司幼儿园也是课题实验园之一。该园是开封市示范性幼儿园，创建于1958年。幼儿园坐落在开封古城繁华的公园路地段。园内环境优美，现代化设施齐全。幼儿园以"素质教育为本"，确立了新的教育观、儿童观，注重幼儿的综合素质培养，注重幼儿个性发展，积极创设以游戏为主的教学活动，让孩子学会思考、学会生活、学会学习、学会交往，探索适合幼儿轻松愉快地获得自我发展的空间。目前，幼儿园已成为北京外研社幼儿园英语实验园。通过游戏、歌曲、童谣等幼儿喜爱的形式，培养幼儿学习英语的兴趣和英语交际能力。在2005年"外研杯"首届少儿英语大赛中，荣获河南小组赛区二等奖，荣获全国"外研杯"少儿组英语创意奖。2003年被批准为北京未来婴幼儿教育研究中心"科学教育汉字宝宝"实验基地。为了让幼儿从小对艺术产生喜爱，幼儿园承担了开封市著名幼儿舞蹈专家曹尔瑞少儿蓓蕾训练实验班。2003年幼儿节目《大公鸡》荣获市"翰园碑林"杯一等奖；2004年节目《我来做妈妈》获市"八一"文艺演出一等奖，同年《小乖乖》获市"菊城杯"大赛少儿舞蹈组十佳奖。2004年参加河南省教育厅"十五"教育科学规划"幼儿园多元智能创意课程与幼儿发展"实验研究，充分挖掘幼儿的潜能，促进幼儿整体素质的提高，促进了教师专业成长。

开封市回族幼儿园建于1934年，扩建于1985年。1985年，该园创办了第一个美术班，并根据孩子的特点和心理发育情况选择中国传统绘画——水墨画为幼儿绘画学习的突破口。幼儿园已开设了6个美术班，形成了自己的校本课程。20余年来，孩子的作品经常参加国家、省、市级大赛，硕果累累。

课题实验园博爱县秀珠幼儿园创办于2002年，位于县城中心地段，交通便利。在探索多元智能的同时，该园还开设了"中华字经"和"小星星英语"两门特色课程，以促进幼儿全面发展。通过几年的实践研究，逐步形成了集系统性、科学性、发展性于一体的具有创造教育特色的园本课程。在此基础上，该园逐步形成了集观念、原则、目标、策略于一体的课程框架，并在实践中不断完善，使其更为科学，更符合幼儿发展的需要，更具有实践意义。

2012 年教育部公布的政府指导文件《3~6 岁儿童学习与发展指南》继续沿用五大领域的课程框架，并根据幼儿的年龄阶段提出了相对明确的学习标准。与时代精神相呼应，该指南首次在学前教育领域明确提出"学习品质"的概念，成为学前教育界新的流行语。该指南重点针对幼儿园和社会学前教育的一个"痼疾"——"幼儿园小学化"进行了批判并提出了应对的措施。这一过程，在客观上形成了一个由行政、教研、高校研究人员、幼儿园管理层和教师共同构成的教研网络，使教研不局限于一个幼儿园内部，在研究具体问题的过程中，各方也都不断地澄清观点，形成新的认识。

河南省文化厅艺术幼儿园直属河南省文化厅，1956 年建园，几十年来为社会培养了大批人才，有许多省内外中青年艺术家的启蒙教育都是从这里开始的。1996 年该园通过郑州市一级幼儿园达标。2000 年由上级拨款新建面积 4500 平方米的教学楼，外形美观、功能齐全、教学设备先进、师资力量雄厚、管理科学规范，设置了舞蹈、芭蕾、美术、钢琴、古筝、电子琴等艺术活动室。从最早的十几个职工、几十名幼儿的托儿所，发展到至今的 16 个班、80 名教职工、12 个艺术专业、48 个艺术教学班、近 700 名幼儿的艺术幼儿园。近几年，幼儿园本着"办一流名园，育一流人才"的目标，取得了辉煌的教育教学成绩，成功举办了三届少儿文化艺术节，赢得了社会各界的广泛赞誉，获得全国"三八"红旗集体单位、省首届"中原特色名园"等荣誉。实现了跨越式发展，稳步进入了河南省幼儿艺术教育的前列，展现出蓬勃向上的喜人局面，成为一所现代化的艺术幼儿园。

该园十分注重教师队伍建设和教科研能力的提高，为每一位教师搭建展示自我、共同研究、共同提高的平台：通过每学年的"基本功大赛""创新教学研讨""专题培训学习"等活动，促进教师不断反思、勇于创新、完善自我。

第九章 督导评价 质量保障

　　幼儿教育的质量关乎每一个家庭，甚至关乎幼儿整个一生的习惯养成。我国历来重视对幼儿教育的质量监管和督导工作。幼教督导评价也经历了几个重要的变化，从注重外在的卫生、生活，到注重幼儿在园的课程与活动；从注重幼儿园外在的场地、房舍、玩具等的配备，到注重幼儿园内在的师资建设和园所特色；从注重对幼儿园的审批、注册、登记、评级等管理手段，到注重对幼儿园内在建设的引导、示范和指导，在这些变化发展过程中，河南省的幼教督导工作体制机制逐渐完善，特别是随着国家《幼儿园管理条例》（1989 年）、《幼儿园工作规程》（1996 年）和《幼儿园教育指导纲要（试行）》（2001 年）等法规政策的出台，河南省在这些法规政策的指导下，并结合河南省实际，完善幼儿教育法规建设和加强幼儿教育的管理监督力量，在各级教育行政部门中设置专职的幼儿教育管理机构，严格幼儿园准入制度，加强对幼教发展性督导评价，引导幼儿园做好自我监测，促进了河南省幼儿教育社会化发展。

第一节 幼儿教育督导评价的发展

　　新中国成立之初，根据教育部指示，河南省教育厅对全省幼儿园（班）实行统一领导、分级管理的办法。有关幼儿教育的方针、政策的制定，教育计划、教育内容、教育方法、儿童保健等业务，统一由教育行政部门负责。各单位办的幼儿班，由教育行政部门负责业务指导，主办单位向当地卫生、教育行政部门报告工作。全省小学的领导管理主要依靠区、乡政府，县教育行政部门在办学指导思想和方针政策上给予指导和监督。1952 年后，按照教育部规定，结合河南省实际，除教职工编制标准和小学经费开支标准由省教育厅负责制定外，公办小学和民办小学统一由县、市教育局领导，区、乡、镇、街、村人民群众办的小学，统一由县、市教育局核定其设立、变更、停办。小学各科教学大纲、教材、小学的建设和设备标准，统一按教育部规定执行。

1956年11月，教育部颁发了《关于组织幼儿教育义务视导员进行视导工作的办法》，要求各地组织有经验的幼儿园园长和教师担任义务视导员，以便对幼儿园的工作进行全面监督和检查，并及时向教育行政部门汇报。该办法的试行，对保证幼教质量的提高有所助益。同年同月，教育部还颁发了《关于幼儿园幼儿的作息制度和各项活动的规定》，对幼儿园内部的管理也有所规范。同年，教育部还印发了《幼儿园教育工作指南》一书，为幼儿园各项工作的开展提供了具体的参照。

1980年颁发的《托儿所、幼儿园卫生保健制度（草案）》，1985年印发的《托儿所、幼儿园卫生保健制度》，1991年发出的《关于加强幼儿园安全工作的通知》，1994年颁发的《托儿所、幼儿园卫生保健管理办法》等，这些法规都是针对幼儿教育的某一方面而制定的，细化了幼儿教育的要求，同时也符合幼儿教育发展的特点，

辉县县委县政府坚持把提高基础教育质量摆在重要位置，在巩固普及初等教育的基础上，每年由县委、县政府、县人大、县政协四大班子开展一次教育大检查，解决教育事业发展中的难题。如1984年组织实现"一无两有"大检查，1985年组织幼儿教育大检查，不断加强薄弱环节，提高普及质量。

为贯彻全国幼儿教育工作会议精神，进一步发展全省幼教事业，省教委于1987年12月向全省下发幼儿教育情况调查提纲，并组织力量对安阳、新乡、开封、郑州、洛阳5市和周口地区的幼儿教育现状进行了调查研究。

1989年1月，省教委、省计经委、省财政厅等11部门联合印发《关于改革和加强幼儿教育工作的意见》。该意见要求，省、市地两级教育行政部门要加强幼儿教育管理工作，配备和充实管理人员；县教育行政部门要有专人分工负责幼教工作；各级教学研究和教育科学研究部门要积极开展幼儿教育和教学的科学研究工作，发挥指导作用；各级计划、财政、劳动、

人事、城乡建设、卫生、物价、轻工、纺织、商业等部门，都要确定领导同志分管幼教工作。幼儿园由主办单位负责行政领导。小学要统一管理附设的学前班，并按照幼儿教育的规律和特点指导他们的工作。该意见同时提出，要加强督导，促进幼儿园端正办园的指导思想，全面提高保育、教育质量。幼儿园教育应贯彻保育和教育相结合的原则，改革不适应社会主义现代化建设的陈旧教育观念，使幼儿的身体素质、心理素质、品德和行为习惯得到全面健康发展。要注意克服教育中的"小学化"和"成人化"倾向。要针对幼儿的特点，以游戏为基本活动形式，寓教育于各种活动之中，合理地组织各方面的教育内容。要热爱幼儿、尊重幼儿，坚持正面教育，积极诱导、坚决纠正重视智育，轻视体育、德育和美育的错误做法。要把幼儿身心健康发展和从小培养良好的行为习惯作为幼儿教育的首要任务。要面向全体幼儿，使所有入园幼儿都能受到全面良好的教育。同时，注重引导幼儿个性发展，培养有益的兴趣，但不宜对幼儿过早进行定向专长培养。

1991 年 4 月 26 日，国家教委发布《教育督导暂行规定》，幼儿教育也被纳入了教育督导之列，为幼儿教育政策、法规的贯彻执行及教育目标的实现起到了重要的保证作用。1991 年，结合本县实际，扶沟县采取"分级办园、分工管理"的办法，进一步明确幼儿园的管理职责。在实行县、乡、村分级办园、分工管理的同时，教育局对全县幼儿园实行统一管理，即统一教材、统一培训教师、统一检查评比。扶沟县教育局配备了幼教专干，各乡镇教育组也配有专职或兼职的幼教专干，做到责任到人，目标明确，层层有人抓。

1992 年 10 月上旬，省教委派出检查组，对南阳地区执行《幼儿园管理条例》《幼儿园工作规程》的工作情况进行检查。检查组抽查了南阳地区育红幼儿园、行署幼儿园、南阳市实验幼儿园，内乡县城关小学学前班、东王营学前班等 8 所幼儿园和学前班。根据省教委制定的《幼儿园量化检查标准》和《学前班量化检查标准》，全区被检查的幼儿园和学前班均符合标准，受到省检查组的好评。

1993 年 1 月，省教委印发《河南省中、小学、幼儿园开展电化教育标准》，对电教人员配备、教学计划、电教机构的职责、电化教育设备配备标准、教学要求、经费保障等做了具体要求。

为了加强对托幼机构保健工作的管理与监督，提高托儿所、幼儿园卫生保健工作质量，确保儿童的身心健康，1994 年 12 月 1 日，卫生部、国家教委发布了《托儿所、幼儿园卫生保健管理办法》。

1995 年 5 月，长葛市教委实行幼儿园、学前班登记注册制度。1996 年 6 月，《幼儿园工作规程》正式施行，长葛幼儿教育工作更加规范化。

为进一步加强对学前班的科学管理，端正办班指导思想，全面提高学前班的教育质量，为九年义务教育奠定基础，1996 年 1 月 9 日，国家教委发布了《学前班工作评估指导要点（试行）》。该要点是国家对城乡招收学龄前一年儿童的学前班工作进行评估的指导性文件，就办班的指导思想、条件、组织、领导与管理、保育和教育 5 项内容做了规定，明确指出"附设在小学的学前班由一名小学校长负责分管，乡、村举办的独立的学前班由乡、村文教办设专人分管"。为使该要点更具有针对性，各地在调查研究的基础上，根据该要点提出了评估项目，因地制宜地制定了符合当地情况的实施细则。

1998 年，河南省实验幼儿园、郑州市实验幼儿园、洛阳解放军外国语学院幼儿园、中原油田中心幼儿园、中原油田基地第一幼儿园、河南油田北区幼儿园、中原油田钻井第三幼儿园、漯河市实验幼儿园、开封市实验幼儿园、河南油田钻井公司幼儿园、漯河市直幼儿园、河南油田炼油厂幼儿园 12 所幼儿园通过首批省级示范幼儿园验收。

2000 年，南阳市教委下发《关于公布南阳市首批达标乡（镇）中心幼儿园的通知》，全市有 31 所乡（镇）幼儿园被首批认定为市级达标乡（镇）中心幼儿园，农村幼儿教育开始规范发展并得到加强。2003 年 4 月，省教育厅发文通知，南阳市第一实验幼儿园（原育红幼儿园）、卧龙区实验幼儿园被评为省级示范性幼儿园，成为南阳市首批省级示范性幼儿园。

2003 年 7 月，省教育厅举办全省首届幼儿园（班）自制玩教具大赛，经过各省辖市认真评选推荐，共有近 200 件作品参加了省里的评选。9 月 1 日，省教育厅下发《关于公布河南省首届幼儿园（班）自制玩教具大赛评选结果的通知》（教基〔2003〕441 号），115 件参赛作品获奖。其中，幼儿园类一等奖 10 件，二等奖 15 件，三等奖 25 件，优秀奖 50 件；学前班类一等奖 2 件，二等奖 2 件，三等奖 2 件，优秀奖 9 件。

2004 年 4 月，省教育厅、省编办、省发展改革委等 10 部门颁发了《关于幼儿教育改革与发展的实施意见》。该意见提出，到 2007 年，全省幼儿教育事业发展的总目标是，学前三年儿童受教育率达到 55%，学前一年儿童受教育率达到 80%；省辖市市区基本满足社会接受学前三年教育的需求，农村多数乡镇建有中心幼儿园；全面提高 0~6 岁儿童家长及看护人员的科学育儿能力。省辖市市区和经济发达地区，学前三年儿童受教育率应达到 90% 左右；其他地方学前三年儿童受教育率达到 50% 左右，学前一年儿童受教育率达到 80% 左右，80% 的 0~6 岁儿童家长及看护人员受到科学育儿的指导。教育部门是幼儿教育的主管部门，建立幼儿教育督导和评估制度；卫生部门要认真执行国家有关幼儿园卫生保健方面的法规和规章制度，监督和指导幼儿园卫生保健等业务工作，负责对 0~6 岁儿童家长进行儿童卫生保健、营养、生长发育等方面的指导。积极鼓励和提倡社会各方面力量采取多种形式举办幼儿园。社会力量举办的幼儿园，在审批注册、分类定级、教师培训、职称评定、表彰奖励等方面与公办幼儿园具有同等地位。各级教育部门要加强对社会力量举办幼儿园保育、教育工作的指导和监督，规范办园行为，保证办园的正确方向；各类幼儿园要认真贯彻国家教委《幼儿园工作规程》和教育部《幼儿园教育指导纲要（试行）》，更新教育观念，积极推进幼儿教育改革。要摆脱"保姆式"的教育模式，防止"应试教育"的消极因素向幼儿教育渗透，树立以儿童发展为本的教育理念。全面实施素质教育。要尊重儿童的人格尊严和基本权利，不得以任何形式体罚或变相体罚儿童，为儿童提供安全、健康、丰富的生活环境；要促进儿童的生理和心理健康和谐发展，注重为幼儿创造科学、美观、多样、互动的教育活动环境，满足儿童多方面发展的需要；要尊重儿童身心发展的特点和规律，关注个体差异，因材施教。促进体智德美等全面发展。示范性幼儿园由省、省辖市教育部门组织评审认定。省教育部门要根据国家有关规定制定并逐步完善示范性幼儿园标准，定期对示范性幼儿园进行指导、评估和审验，每三年进行一次复验，对不达标的示范性幼儿园要限期整改，经整改仍不达标的，要取消其资格，确保其发挥示范作用，带动本地幼儿教育事业整体发展和教育质量的提高。评审活动要简便和节俭，不要干扰当地政府和幼儿园的正常工作。

2004年9月，在北京、河南、武汉、苏州等地一个月内连续发生多起凶杀、车祸、房屋倒塌等严重危害儿童生命的恶性事件之后，中国学前教育研究会的60位专家学者立即自发地组织起来，联名给时任国务院总理温家宝写信。信中分析了自2001年江西火灾之后幼儿园恶性事件不断的深层原因，请政府采取有力措施保护幼儿，支持幼教事业从根本上解决问题。信中呼吁国家应该为幼儿教育独立立法，保证幼儿教育能够按照它自身的规律和特点健康地发展。温家宝10月2日的批示直接促成了国家教育督导团对六省市幼儿教育工作的专项督导。

2004年10月，国家督导团一行26人，分六组对北京、河南、山东、江苏、吉林、湖南6省市的学前教育工作进行了督导检查。本次督导除了检查贯彻落实《关于幼儿教育改革与发展的指导意见》（国办发〔2003〕13号）及《教育部关于进一步加强幼儿园安全工作的紧急通知》（教基〔2004〕15号）的情况，同时还深入调研了各地幼教改革与发展中出现的热点、难点问题，为制定幼儿教育政策提供依据。

2004年8月、10月、11月、12月，安阳市教育局多次组织人员对学前教育机构进行安全督导检查。针对园舍设施、食品卫生、安全教育、安全制度建设与落实、人员配备等内容，抽查了130余所幼儿园（班），下达整改通知书40余份，对各县市区和幼儿园（班）进一步做好安全工作起到了积极作用。

根据安阳市《关于幼儿教育改革与发展的实施意见》（安改办〔2004〕101号）文件精神，11月2日，安阳市教育局下发《关于建立健全示范幼儿园示范工作机制的通知》，对省、市、县（市）、乡四级示范园做出了规定：各级示范园要坚持定期不定期开展开放日、开放周活动，鼓励高一级示范园对下一级示范园开展交流互动活动，构建"大园带小园、城市带农村、公办带民办"的示范格局，以促进全市幼儿教育的整体发展。

2004年，周口市组织各县市区幼儿专干赴外地学习，开始对全市学前教育机构分级验收、分级挂牌工作，并把工作重点放在发展乡镇中心幼儿园和民办幼儿园教育上面，全市新建乡镇幼儿园42所，比省教育厅下达的目标任务超额完成8所。扶沟、郸城2县所有乡镇均建有中心幼儿园。2006

年，周口市开展幼教机构分级验收和示范性幼儿园创建活动。5 月中旬，组织人员对全市申报等级验收及市级示范幼儿园复验的 13 所幼儿教育机构进行综合评估，评出市一级幼儿园 2 所，二级幼儿园 7 所，市级示范幼儿园 3 所。

2008 年 3 月 15 日，省教育厅下发通知，首次公布了《河南省示范幼儿园评估标准》。按该标准要求，河南省示范幼儿园要处于安全区域内，周围无污染、危险和噪音影响；环境优美，具有儿童化、教育化特点；绿化用地生均不少于 2 平方米。每班要有单独使用的活动室、寝室、卫生间、衣帽贮藏室。室外活动场地宽敞，包括分班活动场地和共用活动场地两部分。

全日制幼儿园教职工与幼儿的比例为 1：6~1：7，寄宿制幼儿园为 1：4~1：5。专任教师每班为 2~2.5 人。医务保健人员 6 班以上的 2 人，寄宿制幼儿园可酌情增加。

园长（含副园长）应具有幼师学校（包括职业学校幼儿教育专业）毕业程度，教师应具有幼师学校（包括职业学校幼儿教育专业）毕业程度或取得幼儿园教师专业合格证书。保育员应具有初中毕业以上文化程度，有劳动部门颁发的资格证书。省示范幼儿园还要办有家长学校，定期向家长宣传科学保育和教育幼儿的知识。成立家长委员会并参与幼儿园有关管理。

符合条件的各级幼儿园可向当地教育部门申报，每年 4 月前，由省辖市教育部门汇总报至省教育厅基础教育处。省教育厅组织专家评审，达到标准的授予"省示范幼儿园"称号。省教育厅将对省示范幼儿园实行动态管理，随时进行复查，凡发现管理松懈、办园条件和保教质量下降、幼儿家长及社会反映较差者，撤销其省示范幼儿园称号。

按照《河南省幼儿园办园基本条件（征求意见稿）》（2011 年），组织教育、公安、民政、工商、卫生等部门对社会力量办园的幼儿教育机构进行全面清理检查，对于合格的幼儿教育机构重新审批、登记、注册，颁发办园许可证，对于不合格的幼儿教育机构限期整改。建立幼儿园保教质量评估监测体系，实行动态管理，满足社会各层次对幼儿园的要求，对不同层次的幼儿园采用不同的制度加以约束。

2011 年，邓州市狠抓幼儿园的升级晋档工作。对 585 所小学、教学点的校舍、生源情况以及幼儿数量进行认真细致的分析，认定 138 所农村小学或教学点具备增设附属幼儿园的条件，45 所闲置校舍具备改扩建幼儿园的条件。

2014 年，新乡市对 3 所复验的省级示范幼儿园和 2 所新申报的省级示范幼儿园通过省评估组验收。召开新乡市学前教育行业协会成立大会，成立"名师工作室"。组织 35 个会员单位配合和参加市育才幼儿园 70 周年教育成果展示活动。组织协会 70 余名教师开展了新乡市幼儿园区域活动展示。开展示范园和薄弱园"手拉手"帮扶活动。全市幼儿园共结对 86 对，帮扶园给被帮扶园送课 622 节，捐赠图书 4569 本，捐赠玩教具、电器等 360 件，结对园之间共开展联合教研 305 次，组织参观学习 59 次。

第二节　幼儿教育督导评价的体制机制建设

改革开放之前的幼儿教育管理和督导工作较为分散，卫生、妇联和工会组织甚至街道办公室都负有对幼儿园的监管和评价责任，一些厂办幼儿园还会归后勤管理。改革开放后的一段时间，这种状况也没有得到改变。

1979 年的《全国托幼工作会议纪要》指出，"园所数量少，保教质量低"是当时的突出问题，提出"为了大力发展托幼事业，提高保教质量，必须高度重视建设一支又红又专的保教队伍"，努力提高保教质量，必须十分重视从各方面创造条件，"在保教人员中要开展提高保教质量和服务质量的社会主义劳动竞赛"等，可见当时的质量观近乎"条件质量"或"质量保障"，至于"保教质量"的核心内涵还不够清晰。

1996 年的《幼儿园工作规程》，其制定目的是"加强幼儿园的科学管理，提高保育和教育质量"。该规程从入园和编班、卫生保健、教育、园舍设备、工作人员、经费、管理等方面全方位进行了规定，这里涉及的"质量"实际上是一种典型的"泛质量"观，使质量带有很多"检查"的色彩。

2001 年的《幼儿园教育指导纲要（试行）》中指出，"教育评价是幼儿园教育工作的重要组成部分，是了解教育的适宜性、有效性，调整和改进工作，促进每一个幼儿发展，提高教育质量的必要手段"，文件认识到教育评价只是教育质量的手段。

2010 年的《国务院关于当前发展学前教育的若干意见》要求"保障适龄儿童接受基本的、有质量的学前教育","建立幼儿园保教质量评估监管体系"。很显然,这里的质量有了体系的意识,但质量内涵还未达到"质量管理"的层面。

尽管国家一直十分重视幼儿保育教育质量,陆续出台了《幼儿园工作规程(试行)》《幼儿园教育指导纲要(试行)》等文件来规范、引导幼儿园的保教工作,各地也制定了地方性的指导性文件和幼儿园分级分类标准,可是与中小学教育相比,幼儿教育内容的不确定性,教育手段的灵活性、开放性,使幼儿园督导评价长期停留在一些外在条件上。比如开封、周口等地市教育局制定的幼儿园评估标准,按照市区幼儿园、乡镇中心幼儿园、村级幼儿园分别对各类保教用书的总量、每年新增图书的数量以及幼儿人均图书的数量进行了最低值规定。甚至有部分县(市)为便于统一管理当地的幼儿园,也都自行制定当地的幼儿园评估标准。这些虽方便了对幼儿园外在条件的检查,但对幼儿园的内涵质量与特色建设帮助不大。比如在幼儿园一日活动的安排上,尽管多数县教育行政部门基本上都有一日活动内容参考范围,但具体如何制定和执行,由各幼儿园自行解决。农村幼儿园更由于分散与偏远,有关教育行政部门也缺乏对农村幼儿园一日活动各环节的指导和监督。

农村乡镇中心幼儿园领导有时对幼儿教师教学活动进行听课、评价,私立园和村庄园偶尔也会有上级部门的检查,但检查内容也只是停留在园舍建设、园舍规模的大小、硬件设施的检查、验收上,对于一日活动如何开展、开展得怎么样,这类活动的检查缺失。可见,农村幼儿园关于一日活动评价没有形成从管理者到幼儿教师的系统化评价体系。一日活动评价仅停留在幼儿教师对幼儿行为表现和活动本身的评价上,这样,外界环境评价的缺失,导致幼儿教师缺乏评价意识和评价动机。

受距离市区较远、人手不足等客观条件的限制,长期以来农村幼儿园一日活动评价很少有人顾及。人们关心是不是有人给孩子上课,而不是关心课上得怎么样,因此,省、市、县、乡镇、校等都没有对农村幼儿园一日活动评价形成体系化。园长等每学期仅有几次对教师的工作进行检查,但多是停留在是否按时制定一周计划、是否上课等,很少对一日活动实施的过程进行指导和评价。

　　地方部门对民办幼儿园的质量评估方式主要采用"观察环境创设"和"查阅文本资料"的方式。2015年的一个调查显示，有20.4%的民办幼儿园表示地方部门采用汇报预答辩的方式对民办幼儿园的教育质量进行评估，15.3的选择座谈会的方式。尽管所有的评估方式都有一定的优点和缺点，但是从总体来看，多数地方部门主要通过幼儿园的环境布置和文本资料对民办幼儿园进行质量评估。地方部门对民办幼儿园的教育质量评估随意性较大，不能全面地反映民办幼儿园的教育质量。从城乡来看，城乡地方部门对民办幼儿园进行质量评估时采用的方式基本一致。

　　随着"三年行动计划"的推进，各级政府学前教育的经费预算已经单列出来，并且民办幼儿园的经费投入被纳入学前教育的经费预算中。民办幼儿园享受到的经费补助主要为奖补资金、普惠性民办幼儿园的生均公用经费补贴和教师培训补贴，民办幼儿园举办者对幼儿园经费投入的操作方式主要是通过贷款、融资等方式直接向幼儿园注入资金，家长对民办幼儿园的经费投入方式主要是通过缴纳保教费以及其他服务性费用。但是调查显示，92%的民办幼儿园园长认为幼儿园会接受财务审计与监督工作。在接受财务审计与监督的民办园中，教育部门与物价局或发改委共同参与的比例只占8.4%。地方部门与幼儿园共同参与财务审计与监督的比例为18.2%。在对民办幼儿园的财务审计与监督工作方面，地方政府部门参与的比例较小。这就导致河南省民办幼儿园的教育质量保障中治理结构呈现"一强一弱一边缘"的态势。所谓"一强"，是指在民办幼儿园的教育质量保障中市场（幼儿园）的力量发挥着主导作用；所谓"一弱"，是指政府在民办幼儿园的教育质量保障中力量较弱；所谓"一边缘"，是指民办幼儿园的角色在教育质量保障中的作用呈现边缘化。这种"一强一弱一边缘"的结构态势，反映出各参与主体在民办幼儿园教育质量保障中发挥的作用与扮演的角色。

　　市场的作用被放大，导致民办幼儿园过度依附于市场。在发展学前教育上，河南省实行的是"政府主导、社会参与、公办民办并举"的办园体制，然而受限于学前教育的资源和政府当前的能力，民办幼儿园仍是幼教市场的主力。在幼教市场中，家长受幼教市场的宣传而对教育做出选择，而民办幼儿园奉行的是"独立自主，自负盈亏"的市场化运作原则，家长是教育的消费者，生源是民办幼儿园生存的命脉。因此，在市场竞争机制的牵制下，民办幼儿园为谋求生存与发展，开发各种特色课程，竭尽全力迎合家长的需求，家长对幼儿教育的需求无形中成为影响民办幼儿园运行的主要驱动力。为此，民办幼儿园的经营者都表示幼儿园的生存压力越来越大。

部分城市民办幼儿园在生存压力和利润导向之下，要么压缩必要的经费开支（包括教师的工资和幼儿图书、玩具等），不惜降低质量（包括幼儿的伙食）来赚取利润；要么进行虚假宣传，一味投家长所好，个别园甚至制造一些违反幼儿身心发展规律的"噱头"（如神童方案等）吸引家长，导致幼儿园教育质量参差不齐，不符合幼儿年龄特征和教育规律的现象屡禁不止。

不少民办幼儿园为了"节能增效"，生源旺盛时在师资数量不变的情况下扩班，出现"超大班"和"特大班"现象。在生源不足时，在班额不变的情况下削减师资。部分硬件设施好的幼儿园，打着"贵族化"的旗号，以"外教"和国外教育理论、实验班等作为"噱头"吸引家长乱收费，收费每月高达几千元，甚至涌现了大量的无证幼儿园。以郑州市为例，据不完全统计，2010年郑州市有注册托幼机构853所，无证园884所，无证园数量超出了注册托幼机构数量。这些无证园多是家庭作坊式的"放羊式"或"看管式"的幼儿园，大多处于城中村和城乡接合部，办园规模较小，一般是租用都市村庄房屋或居民成套住房，教学设施简陋，安全隐患较多。由于缺乏管理与监督，这些不规范办园行为扰乱了幼儿教育社会化的发展秩序。

各地方政府部门对其在民办幼儿园的教育质量保障中的权责不清晰，给市场的运作与政府的监管带来一定的困难。例如，在负责民办幼儿园收费审批的部门中，同一地区的民办幼儿园审批工作却由不同的部门来负责，有些民办幼儿园的收费审批工作由地方教育体育局或幼教办负责，而有些则由发改委或物价局负责，还有一些由财政局负责。这种多头治理、多头负责的现象，致使政府部门比较重视民办幼儿园的审批工作，轻视民办幼儿园的监管或政府只负责审批不负责监管，由此会使民办幼儿园将工作重心放在幼儿园的审批上，而无暇顾及幼儿园的质量。民办幼儿园准入标准的不清晰、批准主体的不一致，给幼教市场良性运作带来了一定的负面影响。

河南省通过实施幼儿园准入制度，确保所有幼儿园的教育质量达到规定的标准，并对幼儿园的规模与设计、建设标准、保育与教育、设施设备配备、教职工配备、经费保障等方面进行了规定。然而这些政策文件却适用于"河南省各类幼儿园"，各个方面的具体标准不清晰、缺乏系统性。例如，在教职工配备方面，《河南省幼儿园办园基本标准（试行）》中提出"幼儿园必须依据有关规定配备专任教师和保育员"，然而这种"相关规定"具体指什么、配备的数量和比例如何参考、不达标的民办幼儿园以哪种标准进行整改等，都未给予详细的说明。这种思路简单、"一刀切"的治理目标与思路，未考虑到河南省地区之间、城乡之间、公办园与民办园之间、合格园与无证园之间的差异，因此会使一些不达标、不规范、以营利为目的的民办幼儿园成为"漏网之鱼"，在幼教市场中形成鱼龙混杂的现象。

许多民办幼儿园园长认为，政府对民办幼儿园的监管疏松，对民办幼儿园的投资方、园长、硬件设施、师资、幼儿园管理等方面的门槛要求低，只要有一所院子、一些硬件设备、部分资金，都可以开办幼儿园，这也就造成民办幼儿园的整体质量提不上去。另外，这些幼儿园很多质量都不达标，收费又低，一旦办起来，会给合格园造成很大的压力。

政策文件对民办幼儿园准入制度采取抽象和不清晰的表述方式，引发了管理部门和社会对民办幼儿园教育质量的目标缺乏明确的理解与认识，再加上制定的标准未能与现实情况相匹配，导致各个部门在执行民办幼儿园的教育质量监管工作时"到处碰壁"，这一问题成为政府在治理民办幼儿园时的一大难点。

"到处碰壁"的问题不仅给政府治理民办幼儿园带来困难，而且也继续成为困扰民办幼儿园提升保教质量的难题。尽管各个部门在治理民办幼儿园时"困难重重"，但多数部门考虑到本地区实际情况，只要民办幼儿园态度端正，不存在安全隐患，基本的硬件设备能满足要求就可以开办，而对民办幼儿园的教师资质、师幼比、班级规模、保育与教育等就"睁一只眼，闭一只眼"，这就使民办幼儿园的"大班额""低师幼比"等隐患成为阻碍民办幼儿园保教质量提升的困扰因素。

为了改变这种状况，河南省启动了省级示范幼儿园建设评比活动，到2016年底，河南省已经评出16批共313家省级示范幼儿园。创建和管理省级示范幼儿园，对全省幼儿园的发展将起到引领带动作用。为完善省级示范幼儿园创建和管理机制，河南省教育厅于2016年11月15日印发了《河南省省级示范幼儿园评估及管理办法》（以下简称《办法》），并对评估标准进行了修订。《办法》是河南省加强示范幼儿园政府规制的重要举措。

《办法》及评估标准从园舍设备、园务管理、队伍建设、保育保健、教育教学、幼儿发展6项大指标（总分为1000分）规定了准入标准，各项大指标下面又规定了A、B、C三项二级指标。《办法》所规定的准入标准具体包括：省级示范幼儿园建园5年以上，市级示范幼儿园建园2年以上；总得分达到920分以上，各项A级指标得分率在85%以上；不得出现以下任何一种情况：非独立建筑群体，无专用幼儿厨房、厨房烧煤或用液化气罐，教室、寝室、厨房是彩钢板房，寄宿制幼儿园无隔离室、浴室和教职工值班室，不足6个班或有学前班设置，近3年内出现重大意外事故、较大责任事故或因违反师德造成重大影响。

《办法》第2条规定："本办法所称省级示范幼儿园，是指经省教育厅评估认定并予以命名的幼儿园。"

《办法》第14条规定："省级示范幼儿园不能履行职责、发挥示范辐射带动作用，且有下列情形之一者，一经查实，撤销其省级示范幼儿园称号：①违背学前教育规律，小学化倾向比较严重的；②虐待、体罚幼儿造成重大影响的；③违反政策规定乱收费、乱涨价，造成恶劣影响的；④发生重大安全责任事故，幼儿园负有直接管理责任的；⑤评估或复评期间弄虚作假的；⑥由其他主观原因造成恶劣社会影响的；⑦不参加复评或复评不合格的。"

《办法》对于省级示范幼儿园的收费没有进行规定，但河南省发改委、教育厅和财政厅于2012年联合印发的《河南省幼儿园收费管理暂行办法实施细则》对幼儿园收费进行了规制。该实施细则第6条和第10条分别规定：公办幼儿园保教费、住宿费实行政府指导价，分级管理；民办幼儿园保教费、住宿费收费实行市场调节价。

《河南省省级示范幼儿园评估标准》加强了对幼儿园内涵建设的要求和评价标准，对幼儿园内在的比如课程的评价，将逐步在实践经验层面形成相对成熟的评价体系。随着新修订的《民办教育促进法》的实施，对营利性幼儿园以及非营利性幼儿园也将有一个比较合理的评价机制，这些都将推动河南省的幼儿教育督导体制更加合理与完善。

第十章　家教指导 科学育儿

"家园合作"并非新话题，幼儿园一直比较重视"家长工作"以及与家庭的"联系"和"配合"。从 20 世纪五六十年代开始，家校（园）合作的问题都受到幼儿教育各相关主体，包括政策制定、幼儿园、幼师和家长的重视。70 年代末和 80 年代初，许多学校在教育实践中逐渐意识到，学校要主动争取家庭、社会各方面的支持和配合，90 年代至今，特别是 2001 年《幼儿园教育指导纲要（试行）》的颁布，家校（园）合作更是受到前所未有的重视。良好的家园合作关系的建立有其独特的、重要的价值，它不仅是促进儿童全面发展的需要，而且也是学前教育依法治教的需要，同时还能推进我国幼儿教育改革的国际化进程，在教育实践中也有重要的现实意义。

第一节　家庭教育指导的发展

1956 年 12 月 11 日，中华全国民主妇女联合会在北京举行的第三次妇女儿童福利工作会议结束。这次会议着重讨论了农村妇女劳动保护、保护儿童安全和健康以及托儿组织等工作。参加会议的有各地妇联代表和有关部门的代表共 147 人。会议认为，各地妇联首先必须在发动妇女参加生产时，重视协助有关部门做好农村妇女劳动保护工作。会议指出，农村妇女劳动保护是一件细致的、长期的工作，关系对封建残余思想和旧习俗的改造问题。因此，各地妇联必须深入地向男女农民和农业社的干部进行宣传教育，改变某些社员和干部不重视妇女在生产中的安全以及轻视或歧视妇女的观点，树立尊重和保护妇女的新道德风气。各地妇联还应广泛宣传保护儿童安全健康和育儿知识，在社会上树立爱护儿童的新风气。教养子女问题是一项艰巨、长期而细致的工作，各地妇联应把它作为日常工作中的一项重要内容。

1981年3月3日，全国妇联在人民大会堂举行报告会，纪念"三八"国际劳动妇女节。时任中共中央书记处书记、组织部部长宋任穷在会上所做的报告中说，最近，中央书记处在讨论妇女工作时提出，妇联应把抚育、培养、教育三亿以上的儿童和少年作为工作的重点。还要求妇联在工作中抓住六个环节：帮助群众建立美满的家庭，正确处理婚姻问题；搞好计划生育；积极解决少年儿童需要的托儿所、幼儿园、儿童剧场、玩具、画报、读物、娱乐场所、医院等问题；帮助每个家庭加强对子女的教育，要关心和培养儿童少年工作人员；加强待业女青年的教育；研究解决好女职工、女社员的劳保福利问题。

1984年4月22日，为培养好祖国的下一代，全国儿童少年工作协调委员会向全国城乡各族儿童少年的父母发出"做合格家长"的倡议：一是提高自身的思想道德修养，做子女的榜样；二是学习抚育、培养、教育子女的科学知识；三是爱护子女，对子女耐心诱导，不娇惯、不打骂；四是积极配合学校（托儿所、幼儿园）、社会对子女进行教育，农村儿童少年的父母要保证适龄子女入学；五是培养子女在德、智、体、美方面全面发展。

1989年1月，省教委、省计经委、省财政厅等11部门《关于改革和加强幼儿教育工作的意见》提出，幼儿园教育还要同家庭教育密切配合，主动争取社会、家庭的支持，使家长及时了解幼儿园对幼儿教育的情况和要求，听取他们的意见，不断改进工作。同时，对如何做好家庭教育及时提出意见和建议。有条件的幼儿园可以成立家长学校，定期向家长讲授幼儿教育的科学知识。对办园思想端正、保教质量好、受到家长和社会好评的各级各类幼儿园，政府应予以表扬和奖励。一些幼儿园开始办起了家长学校，将幼儿园教育和家庭、社会教育结合起来，深入幼儿所在的厂矿单位，为青年父母举办"家庭教育讲座"。

1995年，《中华人民共和国教育法》第49条规定"未成年人的父母或者其他监护人应当配合学校及其他教育机构，对其未成年子女或者其他被监护人进行教育；学校、教师可以对家长提供家庭教育指导"，这从法律上明确了教师和家长的合作关系。

1996 年，《幼儿园工作规程》第八章更详细地指出了幼儿园应如何与家庭合作，幼儿园应主动与幼儿家庭配合，帮助家长创设良好的家庭教育环境，向家长宣传科学保育、教育幼儿的知识，共同担负教育幼儿的任务；应建立幼儿园与家长联系制度。幼儿园可采取多种形式，指导家长正确了解幼儿园保育和教育的内容、方法，定期召开家长会议，并接待家长的来访和咨询。幼儿园应认真分析、吸收家长对幼儿园教育与管理工作的意见与建议。幼儿园可实行对家长开放日的制度，幼儿园应成立家长委员会。该规程明确指出家长委员会的主要任务是帮助家长了解幼儿园工作计划和要求协助幼儿园工作，反映家长对幼儿园工作的意见和建议，协助幼儿园组织交流家庭教育的经验，这为家园合作工作的开展提出了具体的指导意见。许多幼儿园加强了对家庭教育的指导，建立家长委员会，普遍开设家长学校，定期举办家庭教育讲座，宣传幼教法规。

为了贯彻《国民经济和社会发展"九五"计划和 2010 年远景目标纲要》，加强社会主义精神文明建设，落实《90 年代中国儿童发展规划纲要》中家庭教育的目标，提高全民族的家庭教育水平，1996 年 9 月 10 日，全国妇联、国家教委联合发布了《全国家庭教育工作"九五"计划》。该计划强调"家庭是儿童身心健康成长的摇篮"，"家庭教育是社会主义教育的部分"，明确指出了"九五"期间家庭教育工作的总目标：到 2000 年，使 90% 儿童（14 岁以下）的家长不同程度地掌握保育、教育儿童的知识。引导家长树立正确的教子观念，掌握科学的教育方法，提高家长素质；使家庭、学校、社会协调配合，面向 21 世纪，共同促进儿童身心健康发展，培养有理想、有道德、有文化、有纪律的社会主义事业的建设者和接班人。并根据各地经济条件、人口状况、地理环境、家庭教育工作基础和普及九年义务教育等情况的不同，按"划三片，分两步走"的原则，确定了阶段性目标，提出了实施家庭教育的各种措施。该计划的实施，对于农村家庭整体素质的提高和农村幼儿教育质量的改善无疑是一个重大促进。

1997 年 3 月，国家教委和全国妇联联合颁发并试行《家长教育行为规范》，就家长如何教子做人、创设良好家庭教育环境、学习和掌握教育子女的科学知识及方法等内容予以规定，要求广大家长深刻领会该规范精神，自觉树立为国教子的思想，科学育儿，为幼儿健康成长创设和睦、平等、民主的家庭氛围。

从 2010 年开始，我国从中央层面设立了学前教育宣传月，将每年的 5 月 20 日至 6 月 20 日作为向社会、家庭进行科学育儿的宣传月，通过电视、广播、网络、手机、社区宣传、报纸等来强化社会的儿童意识。2012 年，为了加大对学前教育的宣传力度，向广大家长和社会公众传播和普及"让孩子们快乐生活、健康成长"的科学育儿理念，教育部委托中国学前教育研究会与中国教育电视台联合制作大型系列访谈节目《回归快乐童年》。访谈节目的播出在一定意义上带动了家长的观念更新。

2012 年，《3～6 岁儿童学习与发展指南》颁布，这是国家第一个同时面向幼儿园、家庭和全社会发布的学前教育指导性文件。该指南基于对幼儿身心发展规律与学习特点的把握，基于对中国 3～6 岁儿童学习与发展状况的调查研究，以一整套比较科学、明确、具体的目标与教育建议，来指导家长和教师建立对幼儿的合理期望，实施科学的保育和教育。该指南一经发布，立即受到全社会的重视和高度评价。社会普遍认为其对于提高公众对早期儿童学习与发展的科学认识、监控和提高学前教育质量、改进学前教育师资培养培训工作、提高家长的教育能力，都将产生积极的影响。

2012 年 5 月，教育部启动全国学前教育宣传月活动，围绕学前教育中的突出问题和关键环节，深入社区，面向基层，宣传科学保教，助力儿童快乐生活，健康成长，通过多种形式的宣传，让广大家长和教师全面了解 3～6 岁幼儿学习与发展的基本规律和特点，把科学保教的先进理念和成熟经验变成全社会的共识和行动。

2018 年 5 月 24 日，全省学前教育宣传月在郑州幼儿师范高等专科学校拉开帷幕。本次宣传教育月的主题为"我是幼儿园教师"，首次聚焦幼儿园教师群体，旨在多视角、多形式宣传呈现幼儿园教师工作、学习的真实情景和具体案例，帮助社会和家长认识幼儿园保育教育活动的特点，理解幼儿园教师职业的专业性。其间，启动实施了"百城千园·家园共育工程"项目，动员由老干部、老战士、老专家、老教师、老模范组成的"五老"队伍、家长及社会志愿者力量共同参与家园共育，完善幼儿园治理体系，健全幼儿园、家庭和社会协同推进科学保教工作的机制。

我国现有的学前教育法规对家长参与学前教育的政策很少,只有个别的法规有零散的条文规定,主要是1979年的《城市幼儿园工作条例(试行草案)》、1989年的《幼儿园工作规程(试行)》、1991年的《关于改进和加强学前班管理的意见》、1996年的《幼儿园工作规程》和2001年的《幼儿园教育指导纲要(试行)》等。但是这些相关的法规中家长参与的内容更为单薄,不能让家长意识到参与学前教育既是他们的权利,也是他们的义务,从而淡化了家长教育的作用,影响了家长参与家园合作的积极性和主动性。连续多年的幼儿教育主题宣传月活动营造了全社会重视幼儿教育的良好氛围,增强了家长参与幼儿园教育教养活动的意识。

第二节　家庭教育指导的研究与实践

随着学前教育改革的深入,针对如何满足儿童成长需要,关注并引导社会、家长的教育期待,园长们开始关注体现学前教育价值的幼儿园文化的创建,并以此为基础逐渐发展幼儿园特色内涵的核心力,提升办园品质,让幼儿园的孩子和教师在高品质的文化氛围中不断创造出生命的新价值。

郑州市汝河新区第一幼儿园"幼儿档案评价"的创建活动中,幼儿同伴之间、幼儿与教师之间、幼儿与家长之间发生多次的多边互动活动,在多种教育资源综合利用的过程中,在创建"档案"中的材料时连续的制作、添加的过程中,促进了教师与幼儿之间的交往,也促进了教师与家长的合作与沟通。

家园合作下的档案评价活动不仅拓宽了家园互动的渠道,实现无障碍的沟通方式,而且在共同的探索中大家达成了共识:树立科学的赏识孩子、评价孩子,以发展的眼光看待孩子的现代教育观念。在课题的实验中,教师也改变了以往的评价理念,与家长一起携手,努力去发现每个幼儿的智能强势,尝试通过创设环境、家园共育等方法实现幼儿优势智能领域中表现出来的智能特点和品质向弱势智能领域的迁移,为最大限度全面发展幼儿的智能提供条件和机会,使幼儿整体智能水平得到不断提高。

巩义市直幼儿园通过教研增进家长对幼儿园教育的理解与支持,缩小了家庭和幼儿园的目标差距。在开展多功能智能研究之前,很多家长盲目地以为只有数学、识字学得好的孩子才是聪明的孩子，对自己的孩子进行粗暴的"填鸭式"教育。在研究过程中，幼儿园不断给家长做多元智能培训，请家长参与教育活动，使每个家长都能看到自己孩子的进步与成长，家长开始了解并参与到幼儿园的教学中来，使家庭教育目标和幼儿园教育目标在实践的过程中逐步趋向一致。

通过研究提高了家长的教育水平，丰富了幼儿园的教育资源。一方面，在家长参与的过程中，大到幼儿园教育决策，小到针对某个具体问题的讨论，家长不仅可以对自身的教育进行反思，还可以从老师和其他家长那里学到相应的教育内容和方法，从而在家庭教育中进行迁移、补充、拓展，以改善自身的家庭教育策略；另一方面，家长的积极参与丰富了幼儿园的教育资源，节省了幼儿园和老师大量的人力物力，大大提高了教学效率。

这些幼儿园的实践说明，系统、完善的评价机制是保证幼儿园家长工作有效性的重要途径。长期以来，教育行政部门对幼儿园工作的评价重结果、轻过程，重量化、轻质化，重当前、轻长远，重硬件、轻软件。对幼儿园家园合作活动的评价更是缺乏计划性、连续性，随意性强，这造成了很多教师积极应付、家长消极配合的情况，使很多的家园共育活动流于形式，不能很好地达到促进幼儿全面发展的目的。因此，教育行政部门应该建立完善、细化的评价机制，将家长工作纳入幼儿园考核、评价范围之内，要求幼儿园将每次活动的具体方案用文字记录下来。另外，评价结果一定要建立在对过程的考核之上，使评价真正发挥反馈、激励和改革作用。

第三节　家庭教育指导的培训与交流

社会的巨变和家长结构的变化亟须幼儿园做好家庭教育指导工作。河南处在剧烈的城市化变革过程中，各地可以在几年间建设一个新城区，让农民住上洋房，过上市民的生活，但要真正调适他们的观念、习俗等内隐的文化因子，使他们和他们的子女真正适应城市生活，还需要一代人或几代人的漫长历程。在这个历程中，大量的细致的社会干预工作必不可少，其中高质量的能引领社区文化生活的幼儿教育是非常重要的组成部分。幼儿期是人生的起点，幼儿教育对人的影响根深蒂固，终其一生。亲子关系是一切社会关系的基础，民主科学的亲子关系的建立是现代化社会建构的基础。而现代化的科学的早期教育能深入社区家庭，有效地帮助社区家庭建立现代化社会所需的人际关系，从而在根本上以教育手段促进社会的现代化进程。具有良好质量的幼儿教育是构建新型社会关系的桩基工程，它对转变农村的社区文化，对提高农村人口与农村家庭的基本素质，促进其融入现代城市生活有极其重要的意义。

与此同时，高度工业化而形成的高度城市化所带来的城市环境综合症，造成学前儿童的环境缺失，对于好奇、好玩的幼儿极为不利，他们失去了农业社会所拥有的自然环境和空间所带来的童年快乐。高度城市化又带来了住宅高层化、独户化，这种住宅对学前儿童的生活能力和健康都有负面影响。由于高科技化所形成的高度工业化、高度城市化及高层住宅、独户化等社会环境问题而导致学前儿童的健康危机、情感危机和能力危机，使学前教育必须正视儿童的发展危机，并应努力为幼儿创设适宜的生活和学习环境。高度科技化使现代儿童在享受现代物质文明的同时，也承受着所带来的负面效应。如儿童失去了许多通过各种学习机会而获得的各种能力（现代工具取代原始工具），生活能力的替代而导致学习能力的替代，这对于幼儿的身心发展极为不利。一方面，伴随着"少子化"社会的到来，幼儿教育与家庭教育普遍存在溺爱过度、缺乏科学教养知识等问题。这与现代社会文明的要求格格不入，与建构现代社会所必须具备的国民素质相去甚远。另一方面，早期教育中存在严重的片面追求智力开发的现象。应试教育的大环境和社会转型期所遇到的一些现实问题，使家长走入片面进行智力开发的误区，教婴幼儿识字是"越早越好、越快越好"，城市家长中重在知识的传授和进行专门的技能培养（艺术教育热、语言教育热等）是其突出表现。农村的家长评价幼儿在幼儿园受到的教育效果大部分是看幼儿每天学会了多少个字，会算多少数学加减法，这种片面的幼儿教育观不利于幼儿发展。

以上这些问题，就需要幼儿园把提高家长的教育素养、促进幼儿身心健康发展，当作造就新一代国民的重要一环，认真做好与家长的交流与培训工作。从园长到教师对幼儿家长应有一个正确的导向，应积极向家长宣传正确的幼儿教育理念，帮助家长树立起正确的教育观，让家长们意识到幼儿教育不仅仅是为了让幼儿获得知识，更是促进幼儿思维、智力、心理和情趣的发展，最终促进幼儿的全面和谐健康发展。同时，要引导家长应实事求是地面对自己的孩子，量力而行；引导家长要尊重孩子的兴趣和意愿，不要盲目赶"潮流"；引导家长认识到未来社会不仅需要专才，更重要的是通才；引导家长不要过早地给孩子定型，这样会扼杀孩子成才，扼杀幼儿学习的兴趣。幼儿园还要帮助家长了解幼儿的年龄特征，明确幼儿园开展特色教育的目的，端正家长在特色教育上的模糊认识，指导家长进行科学的家庭教育，共同教育幼儿，使特色教育真正起到促进幼儿全面和谐发展的作用。

随着市场经济以及城镇化的发展，农村幼儿园的亲师关系在保有独特性的同时，又深受城市的影响而逐渐发生着变化，呈现向城市靠拢的倾向，二者间的差异也在逐渐缩小；在互动的形式上，虽然乡村幼儿园亲师互动形式的现状以面谈为主，但随着信息社会的飞速发展和科技的不断进步，农村幼儿园不断开辟新的网络交流平台，如校讯通、QQ、微信等方式；在互动内容上，亲师在关注孩子的身心养护、知识传授的同时，逐渐意识到家长参与教学活动和生活管理的权利，并通过家长开放日、家长会等形式保障家长的参与权利。

从社会大教育观念出发，幼儿园肩负着向家长和社会宣传科学的幼儿教育理念、知识和方法的任务，要不断向社会宣传科学的幼儿教育理念和知识，提高全社会的幼儿教育水平，促进家长转变教育观念。当今，幼儿教育社会化的价值得到社会的普遍认可，个人和社会力量愿意投资幼儿教育，支持幼儿教育的发展，形成了全社会重视和关心幼儿教育的氛围。幼儿教育需要幼儿园、家庭和社会的密切合作，协调一致，共同促进幼儿良好社会品质的形成，这已经成为全社会的共识。

附录 河南省幼儿教育70年发展相关数据

表1 1950~1989年河南省幼儿园数及在园幼儿数

单位：所，万人

年份	1950	1956	1965	1978	1986	1987	1989
幼儿园数	7	1329	481	1191	4436	3676	5211
在园幼儿数	0.05	—	5.15	16.87	85.90	98.89	113.40

表2 1956~1989年河南省幼儿教育教职工数

单位：万人

年份	1956	1965	1978	1986	1987	1989
教职工数	0.56	0.62	1.02	3.70	4.04	4.69
其中专任教师	0.33	0.15	0.44	2.77	3.00	3.51

表3 1990~2009年河南幼儿教育情况

年份	幼儿园数（所）	在园幼儿数（万人）	教职工数（万人）	专任教师数（万人）	在园幼儿/万人（人）	师幼比
1990	4786	115.65	4.96	3.40	140.50	1：34
1991	2087	131.57	3.05	1.98	153.60	1：66
1992	2171	154.85	2.70	1.47	176.70	1：105

续表

年份	幼儿园数（所）	在园幼儿数（万人）	教职工数（万人）	专任教师数（万人）	在园幼儿/万人（人）	师幼比
1993	2248	183.48	2.84	1.68	208.20	1∶109
1994	2417	211.31	2.91	1.76	234.09	1∶120
1995	2575	230.59	3.09	1.89	253.40	1∶122
1996	3119	234.57	3.06	1.89	255.75	1∶124
1997	2657	222.19	3.24	2.04	240.39	1∶109
1998	2763	204.17	3.17	2.04	219.18	1∶100
1999	2943	178.52	3.30	2.12	190.18	1∶84
2000	2937	156.37	3.60	2.44	164.81	1∶64
2001	1757	124.05	3.08	1.88	129.83	1∶66
2002	2163	164.58	3.56	2.24	171.21	1∶73
2003	2659	149.43	4.18	2.93	154.58	1∶51
2004	3467	149.02	4.89	3.09	153.36	1∶48
2005	4142	153.50	5.73	3.64	157.15	1∶42
2006	4761	157.64	6.44	4.16	160.53	1∶38
2007	4859	159.34	6.94	4.50	161.46	1∶35
2008	5617	164.52	7.86	5.14	165.88	1∶32
2009	6355	171.65	8.92	5.83	172.22	1∶29

表 4 2009 年河南省幼儿教育基本情况

项目	园所数（所）	班数（个）		入园人数（万人）		在园人数（万人）	
		计	其中学前班	计	其中学前班	计	其中学前班
合计	6355	53238	21941	114.11	67.33	171.65	75.58
其中：女	—	—	—	50.42	29.87	76.05	33.39
少数民族	—	—	—	1.02	0.37	1.60	0.42
独立学前班	—	46	—	0.14	0.14	0.14	0.14
教育部门	1046	24432	16919	71.04	56.59	86.52	59.36

项目	园所数（所）	班数（个）		入园人数（万人）		在园人数（万人）	
		计	其中学前班	计	其中学前班	计	其中学前班
集体办	183	1206	162	1.72	0.34	3.68	0.53
民办	4913	25561	4716	39.24	10.24	75.07	15.21
其他部门办	213	2039	144	2.12	0.17	6.38	0.48
城市	1573	12193	1366	15.32	2.96	35.26	4.67
教育部门	162	2259	400	4.07	1.52	8.34	1.80
集体办	79	620	68	0.81	0.15	1.76	0.21
民办	1148	7483	787	8.59	1.17	19.44	2.28
其他部门办	184	1831	111	1.86	0.11	5.72	0.38
县镇	1609	12121	3324	24.89	10.37	42.29	13.28
教育部门	401	4947	1948	13.32	7.48	20.59	8.75
集体办	31	236	31	0.37	0.07	0.78	0.11
民办	1158	6793	1331	11.05	2.81	20.47	4.37
其他部门办	19	145	14	0.16	0.02	0.46	0.04
农村	3173	28924	17251	73.90	54.00	94.09	57.64
教育部门	483	17226	14571	5.37	47.58	57.60	48.81
集体办	73	350	63	0.54	0.12	1.14	0.21
民办	2607	11285	2598	19.61	6.26	35.16	8.57
其他部门办	10	63	19	0.10	0.04	0.20	0.06

表5　2009年河南省幼儿园教职工情况

单位：人

项目	教职工数					代课教师	兼任教师
	合计	园长	专任教师	保健员	其他		
合计	89211	7627	58312	8413	14859	7251	911
教育部门	18141	1243	13789	900	2209	2416	253
集体办	3463	234	2209	259	761	205	49
民办	60103	5765	37942	6821	9575	3928	570
其他部门办	7504	385	4372	433	2314	702	39

续表

项目	教职工数					代课教师	兼任教师
	合计	园长	专任教师	保健员	其他		
合计中：城市	37790	2494	23648	3084	8564	2456	234
教育部门	6117	346	4277	254	1240	716	42
集体办	2184	121	1331	151	581	88	25
民办	22704	1689	14115	2276	4624	966	130
其他部门办	6785	338	3925	403	2119	686	37
合计中：县镇	25625	2052	18003	2337	3233	3160	276
教育部门	8663	547	6854	465	797	1372	133
集体办	548	40	383	37	88	81	20
民办	15825	1430	10412	1809	2174	1693	121
其他部门办	589	35	354	26	174	14	2
合计中：农村	25796	3081	16661	2992	3062	1635	401
教育部门	3361	350	2658	181	172	328	78
集体办	731	73	495	71	92	36	4
民办	21574	2646	13415	2736	2777	1296	319
其他部门办	130	12	93	4	21	2	
合计中：女	80673	6505	57070	7684	9414	6456	735
合计中：幼教毕业	53257	4074	46363	1519	1301	4272	287
合计中：少数民族	1114	129	782	50	153	94	2

表 6　2009 年河南省幼儿园园长、专任教师学历、职称情况

项目	合计	按学历分					按职称分					
		研究生	本科毕业	专科毕业	高中阶段毕业	高中阶段毕业以下	中学高级	小学高级	小学一级	小学二级	小学三级	未评职称
合计	65939	117	6042	33986	23732	2062	506	8112	10836	4259	967	41259
园长	7627	54	1325	3874	2223	151	242	1524	814	218	44	4785
教师	58312	63	4717	30112	21509	1911	264	6588	10022	4041	923	36474
合计中：城市	26142	87	3406	14994	7295	360	291	4038	4028	2255	453	15077

续表

项目	合计	按学历分					按职称分					
		研究生	本科毕业	专科毕业	高中阶段毕业	高中阶段毕业以下	中学高级	小学高级	小学一级	小学二级	小学三级	未评职称
园长	2494	36	678	1410	351	19	137	715	272	93	8	1269
教师	23648	51	2728	13584	6944	341	154	3323	3756	2162	445	13808
合计中：县镇	20055	25	1862	10945	6725	498	152	3085	4254	1232	209	11123
园长	2052	15	385	1057	567	28	69	510	211	41	13	1208
教师	18303	10	1477	9888	6158	470	83	2575	4043	1191	196	9915
合计中：农村	19742	5	774	8047	9712	1204	63	989	2554	772	305	15059
园长	3081	3	262	1407	1305	104	36	299	331	84	23	2308
教师	16661	2	512	6640	8407	1100	27	690	2223	688	282	12751

表7 2009年河南各省辖市幼儿教育基本情况

单位：所，人

项目	园数				在园人数	教职工		代课教师	兼任教师
	计	教育部门	民办	其他部门		计	专任教师		
全省	6355	1229	4913	213	1716461	89211	58312	7251	911
郑州市	591	86	463	42	138707	13798	8270	540	66
开封市	284	59	206	19	90414	4349	2751	137	17
洛阳市	342	73	221	48	99314	5287	3446	723	21
平顶山	403	70	319	14	76213	5967	3940	230	4
安阳市	615	68	542	5	96168	7197	4390	380	52
鹤壁市	156	6	141	9	26489	1744	1174	119	8
新乡市	609	72	517	20	116698	6933	4740	357	91
焦作市	454	57	394	3	75908	5974	3930	188	146
濮阳市	175	13	142	20	55997	3626	2301	348	21
许昌市	436	24	410	2	76859	5420	3454	205	62
漯河市	205	25	179	1	45809	2626	1697	147	66

续表

项目	园数				在园人数	教职工		代课教师	兼任教师
	计	教育部门	民办	其他部门		计	专任教师		
三门峡	195	29	149	17	44178	3471	2219	179	5
南阳市	312	156	155	1	140486	3281	2457	743	22
商丘市	226	30	196	—	86639	3595	2400	356	61
信阳市	224	114	106	4	110686	2635	1884	224	53
周口市	335	131	202	2	132634	2436	1766	1011	20
驻马店	356	119	234	3	144228	4379	3175	336	88
济源市	53	8	44	1	10388	739	492	65	12
巩义市	72	17	54	1	19829	1352	708	204	13
邓州市	82	39	43	—	44216	899	704	78	16
永城市	41	2	39	—	26279	1253	841	95	18
固始县	65	6	59	—	21060	682	451	125	13
项城市	80	5	75	—	18035	831	651	444	36
中牟县	44	20	23	1	19227	737	471	17	—

表 8　2010~2018 年河南幼儿教育情况

年份	幼儿园数（所）	在园幼儿数（万人）	教职工数（万人）	专任教师数（万人）	在园幼儿/万人（人）	师幼比	学前三年毛入园率（%）
2010	7698	196.67	11.06	7.20	197	1∶27.32	52.80
2011	10304	282.21	15.10	9.36	270	1∶30.15	55.50
2012	12912	319.82	18.36	11.26	305	1∶28.40	66.63
2013	14485	346.95	21.54	12.94	327	1∶26.81	75.43
2014	15821	369.22	23.75	14.28	392	1∶25.86	78.56
2015	17481	393.37	27.33	16.53	417	1∶23.80	83.18
2016	18695	408.68	29.20	17.82	429	1∶22.93	85.14
2017	20613	424.93	33.23	19.78	446	1∶21.48	86.45
2018	22128	437.99	36.77	21.45	458	1∶20.42	88.13

表 9　2018 年河南省幼儿教育基本情况

单位：所，万人

项目	园所数	入园人数					在园人数				
		合计	托班	小班	中班	大班	合计	托班	小班	中班	大班
合计	22128	140.57	12.63	79.23	18.54	30.17	437.99	14.00	104.78	138.43	180.79
其中：女	—	67.19	6.05	37.78	8.88	14.48	207.06	6.60	49.48	65.56	85.43
教育部门	4441	50.06	1.39	25.75	5.74	17.19	127.05	1.49	28.96	36.58	60.01
其他部门	87	1.05	0.09	0.83	0.08	0.05	3.49	0.10	1.05	1.17	1.18
地方企业	103	0.83	0.18	0.48	0.09	0.08	3.07	0.19	0.79	1.02	1.07
事业单位	37	0.42	0.04	0.35	0.02	0.02	1.36	0.04	0.39	0.45	0.49
部队	25	0.13	0.02	0.09	0.01	0.01	0.51	0.02	0.13	0.17	0.20
集体	142	0.55	0.09	0.31	0.07	0.07	2.05	0.11	0.54	0.67	0.74
民办	17293	87.53	10.82	51.47	12.53	12.76	300.46	12.06	72.92	98.38	117.09
民办普惠园	8253	43.33	5.03	25.43	6.42	6.44	149.06	5.61	35.92	48.44	59.09
合计中：城区	4504	29.57	3.46	16.28	4.42	5.42	96.69	3.93	23.80	31.07	37.89
教育部门	427	6.42	0.23	4.47	0.59	1.13	18.11	0.24	4.97	5.78	7.13
其他部门	54	0.87	0.06	0.72	0.06	0.03	2.81	0.07	0.86	0.96	0.93
地方企业	90	0.76	0.16	0.44	0.08	0.07	2.80	0.17	0.72	0.94	0.97
事业单位	33	0.39	0.04	0.32	0.02	0.01	1.28	0.04	0.37	0.42	0.46
部队	24	0.13	0.02	0.09	0.01	0.01	0.50	0.02	0.13	0.16	0.19
集体	38	0.21	0.03	0.13	0.02	0.02	0.74	0.03	0.20	0.26	0.25
民办	3838	20.79	2.92	10.10	3.63	4.13	70.45	3.37	16.56	22.55	27.96
其中：民办普惠园	1722	10.00	1.20	4.58	1.95	2.27	33.52	1.42	7.49	10.57	14.05
合计中：镇区	7806	53.25	5.09	30.27	7.35	10.53	167.45	5.64	40.21	53.18	68.42
教育部门	1503	17.12	0.49	9.48	2.08	5.07	46.53	0.55	10.73	13.66	21.59
其他部门	31	0.17	0.03	0.10	0.02	0.01	0.64	0.03	0.17	0.20	0.23
地方企业	9	0.04	0.02	0.02	—	0.002	0.18	0.02	0.05	0.05	0.06
事业单位	2	0.02		0.02	0.003		0.07	—	0.02	0.02	0.03
部队	1	0.002	—	0.001	—	—	0.01	—	0.001	0.002	0.008
集体	49	0.22	0.04	0.12	0.03	0.03	0.79	0.04	0.21	0.25	0.30
其中：民办	6211	35.68	4.51	20.53	5.22	5.42	119.23	5.00	29.04	39.00	46.20
其中：民办普惠园	2973	17.35	2.11	10.24	2.51	2.49	58.43	2.32	14.24	19.00	22.87

续表

项目	园所数	入园人数					在园人数				
		合计	托班	小班	中班	大班	合计	托班	小班	中班	大班
合计中：乡村	9818	57.75	4.08	32.67	6.77	14.22	173.85	4.42	40.77	54.18	74.48
教育部门	2511	26.52	0.66	11.80	3.07	10.99	62.40	0.70	13.26	17.14	31.30
其他部门	2	0.02	—	0.01	—	0.002	0.04	—	0.02	0.01	0.01
地方企业	4	0.02	0.001	0.02	0.002	0.003	0.09	0.001	0.02	0.03	0.04
事业单位	2	0.01	—	0.005	0.003		0.01	—	0.005	0.004	0.004
集体	55	0.12	0.03	0.06	0.02	0.02	0.52	0.03	0.14	0.16	0.19
民办	7244	31.06	3.39	20.78	3.68	3.21	110.77	3.68	27.33	36.83	42.93
其中：民办普惠园	3558	15.98	1.72	10.62	1.96	1.68	57.11	1.87	14.19	18.87	22.17

表 10　2018 年河南省幼儿园教职工情况

单位：人

项目	教职工数						代课教师	兼任教师
	合计	园长	专任教师	保健医	保育员	其他		
合计	367742	26489	214494	10244	72460	42255	15227	1938
其中：女	338527	22769	212204	8656	72000	22898	14191	1580
少数民族	2416	300	1475	62	305	274	120	29
学前专业	196729	15720	167128	1075	10762	2044	6331	577
教育部门	54457	4462	36934	845	7941	4275	13100	296
其他部门	4508	169	2575	114	859	791	194	2
地方企业	4375	157	2394	97	909	818	58	8
事业单位	1514	70	822	42	309	271	123	10
部队	869	35	456	31	156	191	—	—
集体	2456	169	1366	73	470	378	173	3
民办	299563	21427	169947	9042	63616	35531	1579	1619
其中：民办普惠园	143744	10367	81037	4357	30880	17103	1192	983
合计中：城区	122079	6374	69015	3590	25205	17895	4675	354

项目	教职工数						代课教师	兼任教师
	合计	园长	专任教师	保健医	保育员	其他		
教育部门	15116	583	10210	315	2255	1753	3198	57
其他部门	3761	122	2106	87	735	711	88	2
地方企业	3977	141	2177	92	805	762	58	7
事业单位	1388	62	745	39	290	252	123	10
部队	850	32	449	31	152	186	—	—
集体	979	48	537	27	201	166	84	3
民办	96008	5386	52791	2999	20767	14065	1124	275
其中：民办普惠园	41437	2487	22783	1298	9090	5779	820	137
合计中：镇区	137340	9598	83257	3586	26744	14155	7002	1010
教育部门	22902	1598	16101	306	3304	1593	6573	158
其他部门	713	44	452	26	119	72	101	—
地方企业	255	10	151	2	58	34	—	1
事业单位	102	4	65	3	15	15	—	—
部队	19	3	7	—	4	5	—	—
集体	904	67	513	30	169	125	61	—
民办	112445	7872	65968	3219	23075	12311	267	851
其中：民办普惠园	54511	3789	31396	1586	11522	6218	205	572
合计中：乡村	108323	10517	62222	3068	22311	10205	3550	574
教育部门	16439	2281	10623	224	2382	929	3329	81
其他部门	34	3	17	1	5	8	5	—
地方企业	143	6	66	3	46	22	—	—
事业单位	24	4	12	—	4	4	—	—
集体	573	54	316	16	100	87	28	—
民办	91110	8169	51188	2824	19774	9155	188	493
其中：民办普惠园	47796	4091	26858	1473	10268	5106	167	274

表 11　2018 年河南省幼儿园园长、专任教师学历职称情况

项目	合计	按学历分					按职称分				
		研究生	本科毕业	专科毕业	高中阶段毕业	高中阶段毕业以下	中学高级	小学高级	小学一级	小学二级	未定职级
合计	240983	533	33455	146507	54130	6358	1457	11345	17060	8733	202366
园长	26489	237	7378	15883	2769	222	779	2843	1861	619	20386
教师	214494	296	26077	130624	51361	6136	678	8502	15199	8114	181980
合计中：城区	75389	340	15423	48025	10694	907	691	4615	7062	3278	59733
园长	6374	151	2470	3393	338	22	327	718	531	218	4580
教师	69015	189	12953	44632	10356	885	364	3897	6531	3060	55153
合计中：镇区	92855	145	11938	57854	20639	2279	541	4725	6283	3135	78160
园长	9598	64	2674	5831	946	83	294	1017	557	176	7553
教师	83257	81	9264	52023	19693	2196	247	3708	5726	2959	70607
合计中：乡村	72739	48	6094	40628	22797	3172	225	2005	3715	2320	64473
园长	10517	22	2234	6659	1485	117	158	1108	773	225	8253
教师	62222	26	3860	33969	21312	3055	67	897	2942	2095	56220

表 12　2018 年河南省幼儿园校舍建筑面积

单位：万平方米

项目	合计	框架结构	砖混结构	砖木结构	土木结构
合计	2589.65	810.00	1716.98	62.64	0.03
其中：危房	3.85	—	3.48	0.37	—
新增校舍	60.38	25.23	34.33	0.83	—
教学及辅助用房	1911.77	596.39	1270.06	45.32	0.003
活动室	1142.81	355.45	759.81	27.56	—
洗手间	191.54	60.50	125.46	5.58	—
睡眠室	427.42	143.10	276.31	8.01	—
保健室	63.21	14.98	46.37	1.86	0.001
图书室	86.79	22.37	62.11	2.32	0.002
行政办公用房	196.26	57.15	133.61	5.48	0.02

续表

项目	合计	框架结构	砖混结构	砖木结构	土木结构
其中：教师办公室	122.73	32.28	86.57	3.87	0.02
生活用房	226.85	64.36	155.61	6.88	—
其中：厨房	125.43	34.91	86.73	3.79	—
其他用房	254.77	92.10	157.71	4.96	0.007

表 13　2018 年河南省幼儿园占地面积及其他办学条件

项目	占地（万平方米）			图书（万册）	数字资源			
	计	其中：绿化用地	运动场		电子图书（万册）	电子期刊（万册）	学位论文（万册）	音视频（万小时）
总计	5052.72	760.42	1655.64	2701.29	279.11	36.76	10.90	332.53
城区	1125.32	174.68	401.25	797.46	82.18	13.92	6.20	106.97
镇区	1864.92	275.21	598.99	1011.28	102.04	15.85	2.78	114.24
乡村	2062.48	310.52	655.40	892.55	94.89	6.99	1.92	111.32

表 14　2018 年河南省省辖市幼儿教育基本情况

单位：所，人

省辖市	园所数		入园人数	在园人数	教职工		代课教师	兼任教师
	计	其中：民办			计	其中：专任教师		
郑州市	1528	1166	106728	364200	47645	25653	2023	116
开封市	992	735	52975	174877	16778	9250	270	50
洛阳市	1238	1103	77162	262703	25218	14059	981	65
平顶山	1108	858	51543	172941	16896	9325	510	24
安阳市	1546	1339	49362	182484	19592	10135	846	148
鹤壁市	423	386	14393	61076	6383	3560	166	9
新乡市	1638	1354	57567	230103	22344	13256	928	60
焦作市	726	619	36118	139375	13918	7716	620	36
濮阳市	959	714	46249	175040	16245	9384	563	64

续表

省辖市	园所数		入园人数	在园人数	教职工		代课教师	兼任教师
	计	其中:民办			计	其中:专任教师		
许昌市	1236	1038	53210	209001	20995	11576	84	23
漯河市	524	324	28634	98098	8918	5026	318	97
三门峡	413	298	20053	78052	8868	5265	379	15
南阳市	1638	1224	134839	373194	23428	15106	1834	389
商丘市	1341	918	104691	344092	25258	15530	702	43
信阳市	1098	722	104801	259388	14722	8950	1372	179
周口市	2077	1505	142797	394855	24530	16634	1723	360
驻马店	976	860	111419	295863	16701	10372	449	36
济源市	186	111	9372	32345	3873	1757	164	2

表15 2018年河南省省直管县幼儿教育基本情况

单位:所,人

直辖市	园所数		入园人数	在园人数	教职工		代课教师	兼任教师
	计	其中:民办			计	其中:专任教师		
巩义市	123	119	10776	33483	4255	1998	—	2
兰考县	215	162	20212	41243	3149	1805	54	24
汝州市	439	380	14073	58509	4664	3044	64	1
滑县	388	361	18637	63522	4261	2537	371	2
长垣县	217	178	8931	39249	3593	2260	50	3
邓州市	395	195	35684	74714	3633	2483	702	114
永城市	226	219	40509	76265	5909	3951	—	7
固始县	306	289	24096	64751	3676	2204	27	35
鹿邑县	135	87	14442	39551	1482	1114	27	34
新蔡县	37	29	16413	40918	808	544	—	—

表 16 2018 年河南省省辖市幼儿园专任教师学历情况

单位：人,%

省辖市	计	研究生毕业		本科毕业		专科毕业		高中毕业		高中以下	
		计	占比	计	占比	计	占比	计	占比	计	占比
全省	214494	296	0.14	26077	12.16	130624	60.90	51361	23.95	6136	2.86
郑州市	25653	105	0.41	5615	21.89	15892	61.95	3717	14.49	324	1.26
开封市	9250	10	0.11	1076	11.63	6028	65.17	1988	21.49	148	1.60
洛阳市	14059	24	0.17	1682	11.96	8380	59.61	3539	25.17	434	3.09
平顶山	9325	3	0.03	1215	13.03	5028	53.92	2624	28.14	455	4.88
安阳市	10135	13	0.13	842	8.31	5338	52.67	3362	33.17	580	5.72
鹤壁市	3560	11	0.31	332	9.33	2250	63.20	838	23.54	129	3.62
新乡市	13256	11	0.08	1492	11.26	8353	63.01	3059	23.08	341	2.57
焦作市	7716	2	0.03	1184	15.34	4717	61.13	1672	21.67	141	1.83
濮阳市	9384	4	0.04	1007	10.73	5453	58.11	2456	26.67	464	4.94
许昌市	11576	—		1068	9.23	7610	65.74	2862	24.72	36	0.31
漯河市	5026	2	0.04	667	13.27	3006	59.81	1220	24.27	131	2.61
三门峡	5265	10	0.19	899	17.08	3083	58.56	1086	20.63	187	3.55
南阳市	15106	5	0.03	1428	9.45	8174	54.11	4718	31.23	781	5.17
商丘市	15530	2	0.01	1376	8.86	10103	65.05	3644	23.46	405	2.61
信阳市	8950	14	0.16	1431	15.99	5237	58.51	2082	23.26	186	2.08
周口市	16634	71	0.43	1585	9.53	10585	63.63	4021	24.17	372	2.24
驻马店	10372	4	0.04	1081	10.42	6764	65.21	2238	21.58	285	2.75
济源市	1757	1	0.06	336	19.12	1079	61.41	337	19.18	4	0.23

表 17 2018 年河南省省直管县幼儿园专任教师学历情况

单位：人,%

直管县	计	研究生毕业		本科毕业		专科毕业		高中毕业		高中以下	
		计	占比	计	占比	计	占比	计	占比	计	占比
巩义市	1998	2	0.10	186	9.31	1318	65.97	449	22.47	43	2.15
兰考县	1805	—	—	82	4.54	1154	63.93	521	28.86	48	2.66
汝州市	3044	2	0.07	214	7.03	1501	49.31	1178	38.70	149	4.89

续表

直管县	计	研究生毕业		本科毕业		专科毕业		高中毕业		高中以下	
		计	占比	计	占比	计	占比	计	占比	计	占比
滑县	2537	—	—	110	4.34	1080	42.57	1079	42.53	268	10.56
长垣县	2260	—	—	159	7.04	1507	66.68	547	24.20	47	2.08
邓州市	2483	—	—	193	7.77	1473	59.32	765	30.81	52	2.09
永城市	3951	—	—	437	11.06	3127	79.14	374	9.47	13	0.33
固始县	2204	—	—	202	9.17	1156	52.45	743	33.71	103	4.67
鹿邑县	1114	—	—	129	11.58	771	69.21	204	18.31	10	0.90
新蔡县	544	—	—	49	9.01	457	84.01	38	6.99	—	—

表18　2018年河南省省辖市幼儿园专任教师职称情况

单位：人

省辖市	计	中学高级	小学高级	小学一级	小学二级	小学三级	未评职称
全省	214494	678	8502	15199	8114	21	181980
郑州市	25653	127	1311	2608	1553	—	20054
开封市	9250	23	397	843	400	—	7587
洛阳市	14059	24	559	674	233	—	12569
平顶山	9325	8	516	799	653	9	7340
安阳市	10135	44	350	460	172	—	9109
鹤壁市	3560	14	83	84	38	—	3341
新乡市	13256	24	289	535	305	12	12091
焦作市	7716	12	217	743	285	—	6459
濮阳市	9384	37	317	680	177	—	8173
许昌市	11576	33	331	495	575	—	10142
漯河市	5026	15	353	275	114	—	4269
三门峡	5265	10	303	663	347	—	3942
南阳市	15106	74	663	1145	643	—	12581
商丘市	15530	36	609	1680	585	—	12620
信阳市	8950	37	465	755	289	—	7404
周口市	16634	31	590	922	595	—	14466
驻马店	10372	61	588	560	338	—	8825
济源市	1757	7	32	131	46	—	1541

表 19　2018 年河南省省直管县幼儿园专任教师职称情况

单位：人，%

省辖市	计	中学高级	小学高级	小学一级	小学二级	未评职称
巩义市	1998	2	38	107	55	1796
兰考县	1805	4	33	19	39	1710
汝州市	3044	6	41	39	255	2703
滑县	2537	1	13	47	13	2463
长垣县	2260	—	21	58	62	2119
邓州市	2483	4	99	272	105	2003
永城市	3951	3	78	184	119	3567
固始县	2204	6	35	87	49	2027
鹿邑县	1114	5	150	196	23	740
新蔡县	544	—	21	138	46	339

表 20　2018 年河南省省辖市幼儿园规模情况

单位：人

省辖市	师幼比		园均规模		平均班额			在园幼儿/万人
	计	其中乡村	计	其中城区	计	其中城区	其中乡村	
全省	1：20.42	1：27.94	172	210	26.70	27.01	25.05	442
郑州市	1：14.20	1：17.36	238	263	28.57	28.16	28.26	387
开封市	1：18.91	1：24.24	164	192	27.33	26.69	27.47	431
洛阳市	1：18.69	1：27.64	195	203	26.87	26.31	25.30	379
平顶山	1：18.55	1：24.11	153	190	27.54	25.95	27.72	425
安阳市	1：18.01	1：21.83	111	151	22.21	23.34	20.91	439
鹤壁市	1：17.16	1：22.42	138	157	23.88	23.82	23.33	399
新乡市	1：17.36	1：22.53	134	190	24.29	24.98	23.32	446
焦作市	1：18.06	1：23.17	174	218	24.72	25.42	23.32	380
濮阳市	1：18.65	1：23.55	164	205	25.45	26.73	24.60	467
许昌市	1：18.05	1：21.61	165	216	26.78	27.55	25.71	466
漯河市	1：19.52	1：24.99	173	273	28.01	31.61	24.75	369

续表

省辖市	师幼比		园均规模		平均班额			在园幼儿/万人
	计	其中乡村	计	其中城区	计	其中城区	其中乡村	
三门峡	1∶14.82	1∶16.98	186	253	25.82	27.68	20.30	334
南阳市	1∶24.71	1∶41.41	180	187	26.39	27.10	22.55	401
商丘市	1∶22.16	1∶26.57	215	232	27.30	27.53	26.35	518
信阳市	1∶28.98	1∶46.25	185	152	29.15	25.73	25.19	445
周口市	1∶23.74	1∶29.08	155	215	26.82	28.32	26.00	500
驻马店	1∶28.53	1∶43.43	203	222	28.67	31.43	25.97	474
济源市	1∶18.41	1∶23.53	170	205	26.69	28.46	19.90	436

表 21　2018 年河南省省直管县幼儿园规模情况

单位：人

直管县	师幼比		校均规模		平均班额			在园幼儿/万人
	计	其中乡村	计	其中城区	计	其中城区	其中乡村	
巩义市	1∶16.76	1∶17.72	270	261	28.47	27.90	28.25	377
兰考县	1∶22.85	1∶27.56	170	—	27.57	—	27.44	544
汝州市	1∶19.22	1∶22.77	119	143	24.48	25.42	23.68	624
滑县	1∶25.04	27.43	126	—	24.44	—	24.40	606
长垣县	1∶17.37	1∶20.67	154	—	25.98	—	25.94	496
邓州市	1∶30.09	1∶44.52	148	222	26.89	32.51	23.59	570
永城市	1∶19.30	1∶39.41	255	251	26.63	27.20	24.62	614
固始县	1∶29.38	1∶38.82	177	—	28.75	—	23.88	448
鹿邑县	1∶35.50	1∶51.70	151	—	25.70	—	24.87	425
新蔡县	1∶75.22	1∶233.83	273	223	32.09	26.13	30.90	526

参考文献

一　资料类

中华人民共和国教育部办公厅编《教育文献法令汇编 1949~1952》。

中华人民共和国教育部办公厅编《教育文献法令汇编 1954》。

中华人民共和国教育部办公厅编《教育文献法令汇编 1955》。

中华人民共和国教育部办公厅编《教育文献法令汇编 1957》。

河南省教育厅编《河南省教育事业统计资料（1949~1959 年）》。

河南省教育厅编《河南省教育事业统计资料（1962 年）》。

河南省教育厅编《河南省教育事业统计资料（1964 年）》。

河南省教育厅编《河南省教育事业统计资料（1965 年）》。

河南省教育厅编《河南省教育事业统计资料（1982 年）》。

河南省教育厅编《河南省教育事业统计资料（1984 年）》。

河南省教育厅编《河南省教育事业统计资料（1986 年）》。

河南省教育委员会编《河南省教育统计年鉴 1987》。

河南省教育委员会编《河南省教育统计年鉴 1990》。

河南省教育委员会编《河南省教育统计年鉴 1991》。

刘相如、杨学勇主编《河南省教育统计年鉴 1994》。

河南省教育委员会编《河南省教育统计年鉴 1999》。

张冰燕主编《河南省教育统计年鉴 2003》，河南大学出版社，2004。

张冰燕主编《河南省教育统计年鉴 2005》，河南大学出版社，2006。

董玉民、张琳主编《河南省教育统计年鉴 2008》。

董玉民、王磊主编《河南省教育统计年鉴 2009》。

董玉民、王磊主编《河南省教育统计年鉴 2010》。

河南省教育委员会编《河南省教育经费统计年鉴 1989~1990》，河南大学出版社，1992。

《河南教育年鉴》编纂委员会编《河南教育年鉴 1987》，河南教育出版社，1988。

《河南教育年鉴》编纂委员会编《河南教育年鉴 1988》，河南教育出版社，1989。

《河南教育年鉴》编纂委员会编《河南教育年鉴 1989》，河南教育出版社，1990。

《河南教育年鉴》编纂委员会编《河南教育年鉴 1990》，河南教育出版社，1990。

《河南教育年鉴》编纂委员会编《河南教育年鉴 1991》，河南教育出版社，1991。

孙增福主编《河南教育年鉴 1992》，河南教育出版社，1992。

《河南教育年鉴》编纂委员会编《河南教育年鉴 1993》，河南教育出版社，1993。

《河南教育年鉴》编纂委员会编《河南教育年鉴 1994》，河南教育出版社，1994。

河南省教育史志年鉴编纂委员会编《河南教育年鉴 1996》，河南教育出版社，1996。

孙增福主编《河南教育年鉴 1997》，大象出版社，1997。

河南省教育史志年鉴编纂委员会编《河南教育年鉴 2000》，大象出版社．2000。

高培华主编《河南教育年鉴 2001》，大象出版社，2001。

高培华主编《河南教育年鉴 2002》，大象出版社，2002。

高培华主编《河南教育年鉴 2003》，大象出版社，2003。

高培华主编《河南教育年鉴 2004》，大象出版社，2004。

河南省教育史志年鉴编纂委员会编《河南教育年鉴 2005》，大象出版社，2005。

河南省教育史志年鉴编纂委员会编《河南教育年鉴 2006》，大象出版社，2006。

河南省教育史志年鉴编纂委员会编《河南教育年鉴2007》，大象出版社，2007。

河南省教育史志年鉴编纂委员会编《河南教育年鉴2008》，大象出版社，2008。

高培华主编《河南教育年鉴2009》，大象出版社，2009。

高培华主编《河南教育年鉴2012》，大象出版社，2012。

河南省教育史志年鉴编纂委员会《河南教育年鉴2015》，大象出版社，2017。

二 著作类

河南省教育厅编《让我们在生产劳动中成长》，河南人民出版社，1958。

河南省教育局办公室编《辛勤的园丁》，河南人民出版社，1979。

河南省沈丘县教育委员会编《沈丘县教育志》，1986。

申志诚等编著《河南近现代教育史稿》，河南大学出版社，1990。

张先华主编《耕耘序曲：1987~1991年〈教育时报〉通讯报道选》，河南大学出版社，1992。

周培聚主编《信阳师范学校志（1903~1992）》，中州古籍出版社，1993。

楚学襄主编《扶沟县学校志》，1994。

欧阳连选主编《沈丘县学校人物志（上）·学校志》，中州古籍出版社，1995。

叶鹏主编《洛阳师范高等专科学校志（1916~1995）》，中州古籍出版社，1996。

高宏华主编《改革理论与实践（教育卷）》，社会科学文献出版社，1996。

淮阳师范学校志编写组编《淮阳师范学校志》，中州古籍出版社，1999。

中华人民共和国教育部编《共和国教育50年（1949~1999）》，北京师范大学出版社，1999。

中国学前教育研究会编《中华人民共和国幼儿教育重要文献汇编》，北京师范大学出版社，1999。

何振民主编《西华师范学校志》，周口地区新闻出版局，2000。

叶平枝：《河南省幼儿园创新教育体系研究结项报告书》，2002。

信阳师范学校校志编纂委员会编《信阳师范学校志续编》，中国民族摄影艺术出版社，2003。

范向宾主编《郑州市盲聋哑学校校志》，珠海出版社，2004。

中华人民共和国教育部编《深化农村教育改革 加快农村教育发展——全国农村教育工作会议文件汇编》，人民教育出版社，2004。

河南省教育科学研究所编《研究与探索（1984~2004）——河南省教育科学研究所建所20周年纪念》。

贺巷超主编《洛阳师范学院校史》，河南大学出版社，2006。

校志编纂委员会编《沁阳师范学校志（1907~2002）》，中州古籍出版社，2007。

金法、董学胜、宋辉：《河南省构建和谐教育概论》，河南大学出版社，2007。

林宪斋主编《河南城市改革发展报告2009》，社会科学文献出版社，2009。

方晓东主编《中华人民共和国教育60年》，湖北教育出版社，2009。

胡松柏主编《中华人民共和国教育发展史（1949~2009）》（上），广西教育出版社，2009。

胡松柏主编《中华人民共和国教育发展史（1949~2009）》（中），广西教育出版社，2009。

胡松柏主编《中华人民共和国教育发展史（1949~2009）》（下），广西教育出版社，2009。

李海云：《新教育中国化运动》，社会科学文献出版社，2009。

重大战略专题调研组编《河南省中长期教育改革和发展规划纲要》，2009。

肖非、王秀琴、李晓娟编著《共享阳光：共和国特殊教育报告》，湖南教育出版社，2009。

芮鸿岩：《新中国初期中共教育方针政策的三维向度》，社会科学文献出版社，2011。

刘道兴：《教育投入的革命》，社会科学文献出版社，2011。

刘惠林：《中国农村教育财政体制》，社会科学文献出版社，2012。

蔡蕾主编《学前融合教育理论与实务》，河南大学出版社，2012。

粟高燕：《中国百年幼儿师范教育发展史研究（1904~2004）》，天津古籍出版社，2014。

毛德富主编《百年记忆——河南文史资料大系（教育卷）》，中州古籍出版社，2014。

三　学位论文类

严新丽：《农村幼儿园混龄教育个案研究》，硕士学位论文，西南大学，2009。

侯元：《城郊村学前教育变迁之研究——以河南省 H 市 S 村为例》，硕士学位论文，浙江师范大学，2010。

王蕊：《关于家园合作进行英语教育的研究——以河南省开封市六所幼儿园为例》，硕士学位论文，河南大学，2011。

刘利：《高校学前教育专业技能课实践教学现状研究——以河南省×学院三年制大专为例》，硕士学位论文，东北师范大学，2011。

王叶：《农村学前教育家长满意度调查研究——以河南省南阳市 A 镇为例》，硕士学位论文，浙江师范大学，2012。

李金涛：《农村家庭学前教育投资研究——以河南省某县为例》，硕士学位论文，河南师范大学，2013。

史鹏霜：《息县学前教育资源配置均衡问题研究》，硕士学位论文，广西大学，2014。

张小培：《农村父母参与幼儿园教育的现状研究——以河南省沁阳市 4 所幼儿园为例》，硕士学位论文，华中师范大学，2014。

郑聪聪：《留守儿童家长学前教育需求研究——以 F 县农村地区为例》，硕士学位论文，浙江师范大学，2014。

秦慧君：《农村留守儿童学前教育现状研究——以河南省驻马店市 A 镇为例》，硕士学位论文，天津理工大学，2017。

郭薇：《公平视域下城乡学前教育资源配置差异分析——以河南省 A 市为例》，硕士学位论文，杭州师范大学，2017。

邓宇超：《家长对学前融合教育接纳度的调查研究——以河南省×市为例》，硕士学位论文，河南师范大学，2018。

四 报刊类

王彩凤：《幼儿园心理健康教育现状调查研究——以河南省为例》，《早期教育》（教师版）2011 年第 7 期。

韩和鸣：《对发展河南省学前教育几个问题的思考》，《河南教育学院学报》（哲学社会科学版）2012 年第 1 期。

赵玉国：《对河南省职业教育专业结构的思考》，《中州大学学报》2012年第 6 期。

张吉珍：《河南农村留守儿童学前教育普惠机制》，《南都学坛》2013年第 3 期。

王彩凤：《市场经济背景下推进幼儿教育社会化问题研究——以河南省为例》，《河南社会科学》2013 年第 6 期。

刘洋洋：《新政策背景下河南省民办学前教育改革方向》，《开封教育学院学报》2013 年第 8 期。

石晓波、李相禹：《幼儿园教师培训需求现状分析及思考——基于对河南省幼儿教育国培学员的调查》，《幼儿教育》2013 年第 18 期。

曹思敏：《河南省农村学前教育办园条件现状调查》，《新课程研究（下旬）》2014 年第 2 期。

张岩莉：《"学前三年行动计划"实施后河南省学前教育城乡发展状况分析》，《河南科技学院学报》2014 年第 8 期。

杜利娜：《幼儿园教育小学化问题的社会学审视——基于河南省的调查数据分析》，《学海》2015 年第 5 期。

周宝荣：《河南学前教育发展问题及对策研究》，《安阳师范学院学报》2015 年第 6 期。

王明亭：《河南农村学前教育教职工配备标准探讨》，《河南教育》（职成教版）2015 年第 C1 期。

郑国香：《城镇化进程中河南省学前教育发展的突出问题研究》，《郑州师范教育》2016 年第 1 期。

李秀章：《中部乡村教师队伍建设的教育社会学研究——以河南省上蔡县为例》，《绵阳师范学院学报》2017 年第 4 期。

李辉：《普惠性民办幼儿园教育成本分担机制的建构策略研究——以河南省许昌市为例》，《教育现代化》2019 年第 76 期。

杨慧：《学前融合教育中教师的工作困境与对策研究——以河南省 Z 市某幼儿园为例》，《考试周刊》2019 年第 78 期。

图书在版编目（CIP）数据

当代河南幼儿教育发展报告/贾全明著. -- 北京：
社会科学文献出版社，2020.12
（当代河南教育发展报告/胡大白主编；6）
ISBN 978-7-5201-7733-7

Ⅰ.①当…　Ⅱ.①贾…　Ⅲ.①学前教育-发展-研究
报告-河南　Ⅳ.①G619.2

中国版本图书馆 CIP 数据核字（2020）第 256258 号

当代河南教育发展报告

当代河南幼儿教育发展报告

著　　者／贾全明

出 版 人／王利民
组稿编辑／任文武
责任编辑／王玉霞　李艳芳

出　　版／社会科学文献出版社·城市和绿色发展分社（010）59367143
　　　　　　地址：北京市北三环中路甲 29 号院华龙大厦　邮编：100029
　　　　　　网址：www.ssap.com.cn
发　　行／市场营销中心（010）59367081　59367083
印　　装／三河市龙林印务有限公司

规　　格／开　本：787mm×1092mm　1/16
　　　　　　本册印张：17　本册字数：265 千字
版　　次／2020 年 12 月第 1 版　2020 年 12 月第 1 次印刷
书　　号／ISBN 978-7-5201-7733-7
定　　价／498.00 元（全 6 册）